苦旅寻真

求索中国仿真解困之道

田锋 编著

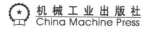

机械工业出版社
China Machine Press

图书在版编目（CIP）数据

苦旅寻真：求索中国仿真解困之道 / 田锋编著 . —北京：机械工业出版社，2020.8
（2023.1 重印）
（工业控制与智能制造丛书）

ISBN 978-7-111-66237-2

I. 苦…　II. 田…　III. 企业经营管理－仿真系统－研究－中国　IV. F279.23

中国版本图书馆 CIP 数据核字（2020）第 144232 号

苦旅寻真：求索中国仿真解困之道

出版发行：机械工业出版社（北京市西城区百万庄大街 22 号　邮政编码：100037）			
责任编辑：余　洁		责任校对：李秋荣	
印　　刷：北京建宏印刷有限公司		版　　次：2023 年 1 月第 1 版第 3 次印刷	
开　　本：170mm×230mm　1/16		印　　张：19.5	
书　　号：ISBN 978-7-111-66237-2		定　　价：79.00 元	

客服电话：（010）88361066　68326294

面对这本《苦旅寻真：求索中国仿真解困之道》，我仿佛看到了中国成千上万名工业仿真软件开发者、实践者的急迫面孔，仿佛听到了他们几十年来为中国工业仿真软件发展呐喊的声音。在第四次工业革命的大潮面前，仿真软件的落后成为中国工业软件的切肤之痛。中国制造"大而不强"的核心问题是研发能力不强、中国智能制造"缺芯少魂"。"魂"就是工业软件；智能制造的难点是建模，焦点在仿真，因此大规模的工业仿真软件应用是基础。如何解脱仿真困境，本书作者给出了一条可供选择的道路。

瓦特蒸汽机是第一次工业革命的代表产品，发电机、电动机和内燃机则是第二次工业革命的代表产品。这些工业产品的实现离不开几百年来数学、物理、化学等学科定律、算法和方法的发现与确认，以及在工业产品研制过程中的持续应用。从手工设计绘图到工艺编制、试制出产品，再到用试验来确认产品的功能和性能，反复迭代，优化和修改设计、工艺、生产过程、试验过程，直到满足人们的设计需求，才可以投入批量生产。这就是爱迪生的典型"试错法"。

第三次工业革命是以电子计算机、核物理、激光、太空技术等为代表的革命，其中，最重要的就是电子计算机的出现。如果说机器的出现大幅度代替了人的体力劳动，电子计算机的出现则代替了人的大量脑力劳动。当我们把几百年来形成的大量成熟的方法和算法，以及产品研发中的知识和经验甚至技能变成软件和模型后，就可以用仿真软件的方法来大幅度降低产品研发成本，缩短研制时间，提高产品质量了。这已经被国内外众多产品的研发实践所证明。

2004 年到 2006 年，笔者参加了复杂产品虚拟试验、仿真验证的论证工作，参加人员是国内众多高水平的专家，最后形成的总报告结论用一句话说就是："用仿真和虚拟试验来指导、简化、减少甚至取消实物试验，必将在未来复杂产品研发中起到重要作用。"

2010 年 6 月 4 日，"猎鹰"可回收式运载火箭发射成功，其机械分离式助推器的研发没有做任何实物验证试验，完全依靠仿真计算来保证合理性和可靠性。火箭分离器取消使用火工品是一种创新，而取消大量实物试验的原因就是将软件作为工具用于大量计算和仿真。大量工业软件的应用就是把人的知识和智能赋予软件，这也就是中国工程院周济院士所说的具备了新一代智能制造 HCPS（Human-Cyber-Physical System，人 – 信息 – 物理系统）的基础。

最后，以我最尊敬的科学家钱学森的论点作为小结。1997 年 9 月，钱学森先生已经预见到虚拟工程与科学在未来的重要性，他在为清华大学工程力学系（现清华大学航空航天学院）建系 40 周年的贺信中写道："随着力学计算能力的提高，用力学理论解决设计问题成为主要途径，而试验手段成为次要的了。由此展望 21 世纪，力学加电子计算机将成为工程设计的主要手段，就连工程型号研制也只用计算机加形象显示，都是虚的，不是实的，所以称为'虚拟型号研制'（virtual prototyping）。最后就是实物生产了。"

本书对中国仿真软件的过去、现状和未来做了详尽的分析，为中国智能制造的发展方向描绘了清晰的蓝图，是一本不可多得的好书，值得我们长期研读，深入思考。

是以为序。

宁振波

Preface 前　言

要么仿真，要么被打败！

20 年前，笔者踏入仿真领域时，仿真还是阳春白雪。但今天，工业产品的研制已经离不开仿真了。仿真的范围也从机械走向流体，从电磁走向多物理场，从物理仿真走向系统仿真，从研发走向工艺乃至生产，从后期确认走向前期预测，从"选修"走向"必修"，从学校走向科研和企业，从大企业走向中小企业，仿真从业人员也从散兵走向方阵，仿真组织从队伍化走向产业化……

然而，现在你看到的很多仿真都是"假仿真"。很多仿真都是锦上添花，无法成为设计依据，因为仿真人员自己都不清楚：怎么保证仿真够"真"？怎么能得到稳定的仿真结果？为什么不能与试验结果一致？

2018 年至 2019 年的几个国际事件让国人突然发现：对于某些短板领域，如果别人愿意，卡你脖子是易如反掌。在这个短板领域清单中，工业软件赫然在列，仿真软件尤其脆弱。我国工业体系中普遍应用的仿真软件绝大多数都是国外的，尤以欧美的居多。从 20 世纪 70 年代起，我国就开始了这场仿真征途，但 50 年的苦旅走到今天，非但没有赶上国际同行，反倒眼睁睁地看着这些同行建起一座"珠峰"，而我们一直在"珠峰"脚下原地打转，甚至沉湎于强大易用的国外软件而乐不思蜀。

在我看来，今天中国的仿真困局体现在以下三个方面：

1）大企业"假仿真"。

2）中小企业"无仿真"。

3）全中国"邻家仿真"。

历数中国仿真困局不仅是恨铁不成钢，更是要问：中国仿真如何破冰，如何走出困局？这也是本书探讨的核心。

"仿真驱动研发"是仿真人的梦，但这场梦屡屡沦为黄粱梦。"假仿真"一日不破，梦想就一日不能成真。如果没有一个完善和科学的企业仿真能力体系，梦想只能沦为空想，这也是造成大企业"假仿真"困局的主要原因。本书提出了一套建立"企业仿真体系"的方法论，在适当引导和咨询下，企业可完成该能力体系建设。

"高质量发展"是产业界的共识，但在资金、人才和技术三大门槛前，中小企业"活着"是首要诉求。如果没有一股力量拉中小企业上岸，它们只能继续无奈地在激流中漂泊，"无仿真"的困境也将持续下去。今天，互联网给工业带来了便利，让我们有机会将技术和人才通过"仿真云生态"低成本地输送到"河中央"。政府在这个过程中将起到重要作用，我们愿意将"百万企业上云"工程视为一股重要的牵引力。

"核心技术自主可控"当属今天中国工业界的最强音，"仿真软件自主研发"也是中国仿真走出困局的必经之路。对于这件事，"为什么""是什么"和"怎么做"很容易回答甚至无须回答，但"如何成功"却难以作答。没有商业成功路线，就没有技术成功的可能，"邻家仿真"就无法突破。这也是在自主研发面前，仿真业界专家一直顾左右而言他的主要原因。在本书中我们试图来回答这些问题。

本书取名《苦旅寻真》，没错，我们不仅要寻到仿真，还要触达仿真的真实，更想取得仿真的"真经"，拓得中国仿真解困之道。寻找的过程是一场苦旅，更是一场修行，只有坚持修炼，才能拨开迷雾，寻到真理。本书不仅要回顾中国仿真的艰苦旅程，而且要分析这种苦旅带给我们的体悟，最重要的是提出我们的解决方案。全书共分四篇：

- 第一篇　维谷叩天：仿真困局求解
- 第二篇　迷途破晓：仿真体系修炼
- 第三篇　云桥飞架：仿真生态衍进
- 第四篇　天路漫漫：仿真自主征途

第一篇综合讨论中国仿真面临的三个困局，并综述性地提出三项破冰方案。后面三篇就这三个困局及其破冰方案分三个专题展开介绍：第二篇就如何在大企业建立仿真能力体系提出一套方法论，以提升大企业的仿真效益；第三篇针对降低中小企业仿真应用门槛，提出仿真生态理念，论述如何开发一个仿真云平台和如何进行生态衍进；第四篇围绕中国仿真软件自主研发，测量了国际仿真"珠峰"的高度，提出了我们攀登"珠峰"的路径和节奏。

Contents 目　录

序
前言

第一篇　维谷叩天：仿真困局求解

第二篇　迷途破晓：仿真体系修炼

第三篇　云桥飞架：仿真生态衍进

第四篇　天路漫漫：仿真自主征途

第一篇 维谷叩天：仿真困局求解

作为本书的开篇，我们将从不同以往的视角综述现代工业仿真。我们从正向设计模型出发来审视仿真的用途及价值，厘清看似纷杂的仿真软件，了解仿真该有的所有类型，并解释为什么会有这么多仿真类型。

现代工业的发展让仿真的应用越来越深入，我们不仅要探寻业界已经出现的仿真深层应用，也要倾听更多正在到来的隆隆之声，特别是"数字孪生体"这样一个"仿真新巅峰"，值得我们用更多笔墨介绍。

当然，本篇的主题还是"维谷"和"叩天"。在快速简介现代工业仿真后，我们将历数中国仿真在进退维谷之下的艰难求索之路。

本篇名称的第一个关键词是"维谷"，反映了笔者对中国仿真现状所持的观点：

- 大企业仿真效益安弱守雌。
- 中小企业仿真门槛高不可攀。
- 中国仿真自主研发山重水复。

本篇名称的另一个关键词是"叩天"。笔者试图在困局中求索出路，并提出以下破冰方案：

- 提出企业仿真能力体系建设方法论，以提升大型企业仿真效益。
- 提出基于工业云的仿真生态衍进方案，以降低中小企业仿真门槛。
- 提出中国仿真自主研发的双驱路线——高点起跳，赋能开道。

在本篇，这些解决方案只谈核心，不做深究。对于时间有限的读者，只需阅读本篇，便可了解本书要义。对详细内容感兴趣的读者，可与笔者一起走进后面三篇，其中会展开详细论述和延伸性讨论。

现代工业仿真

仿真作为工业生产制造中必不可少的重要技术，已经被世界上众多企业广泛应用到各个工业领域中，是推动工业技术快速发展的核心技术，也是工业 3.0 时代最重要的技术之一，在产品优化和创新活动中扮演着不可或缺的角色。近年来，在工业 4.0 时代，智能制造、工业互联网、数字孪生等新一轮工业革命兴起，新技术与传统制造的结合催生了大量新型应用。工业仿真软件也开始与这些先进技术结合，在研发设计、生产制造、试验运维等各环节发挥更重要的作用。

第一节　仿真是正向设计的核心

系统工程是被世界先进企业广泛采用的复杂产品的研发方法与理论体系，而正向设计是系统工程理论的核心。应用系统工程理论对产品设计过程进行分解和展开，形成 V 字流程，如图 1-1a 所示。

理想的产品设计过程的起点是涉众需求，经过需求定义、功能分解、系统综合、物理设计、工艺 / 试制、部件验证、系统集成、系统验证和系统确认等阶段，最后完成产品的验收。V 模型的右边部分既是产品交付，又是对左边相应部分的验证。如果验证出现问题，会回到左边的相应流程进行修正。这个过程称为"正向设计"，图 1-1a 则是正向设计模型。该模型有两个特点：①标准的对称模型；②设计入手点很高。

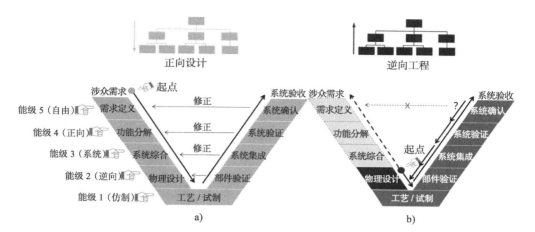

图 1-1　基于 V 模型的正向设计和逆向工程

但通常来说，企业发展都会经历一个逆向工程过程。产品设计的起始点不是涉众需求，而是从 V 模型中间某个点开始，如图 1-1b 所示。"物理设计"是中国企业的常见起点，本阶段仿照已经存在的产品，绘制图纸，进入试制和验证各阶段，完成产品交付或推向市场。V 模型的右边出现问题时，由于左边无法对应，所以只能回溯到前一阶段查询和解决问题。当回溯到物理设计阶段仍然解决不了问题时，则成为永远的问题。清醒的企业会有意识地研究物理设计之前的各个过程，以图追溯和还原仿制对象的本源，当然，这样只能还原部分本源。以上过程我们称为"逆向工程"，图 1-1b 则是逆向工程模型。相对正向设计，逆向工程模型也有两个特点：①不对称的残缺模型；②设计入手点比较低。

依据产品设计的起点可以评判一家企业的设计能力。从 V 模型的哪个阶段入手设计产品，基本可以断定该企业的设计能力就是这个起点所对应的能级。这样，我们可以把企业设计能级（成熟度）分为五级：仿制级、逆向级、系统级、正向级和自由级。

为了保证 V 模型左半边的四个设计过程结果正确，需要引入五个小 V 循环，分别是需求确认、功能确认、系统确认、物理确认和制造确认。由于在设计过程中，实物并没有被制造出来，所以在数字化仿真技术出现之前，这种确认只能用实物的替代品来实现，确认难度非常大，效果也很不理想。自从仿真技术出现后，可以通过计算、分析、模拟或仿真等手段对设计进行确认和优化，如图 1-2 所示。

这样最终确定的研发体系是由多个 V 嵌套的模型（确切地讲是六个 V），姑且称为"多 V 模型"。整体来看，多 V 模型的最左侧是设计过程，最右侧是试验与验证过程，最底层是试制过程，中间则是一系列仿真过程。

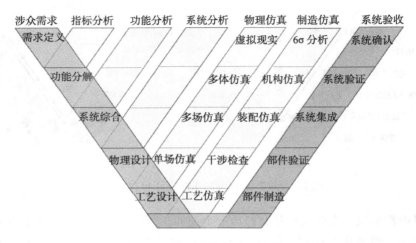

图 1-2　产品研发的完整过程

　　如图 1-3 所示，在正向设计多 V 模型中，仿真的位置预示着它是正向设计的核心，事实上也的确如此。仿真是产品得以正向设计的保障，或者说，没有仿真，正向设计无从谈起，至少无法顺利进行。设计在任何一个阶段都应该在得到验证后才往下进行，否则后期返工带来的成本和周期难以承受。对设计的最终验证是物理试验，但在设计前期产品尚未成形，根本无法做物理试验，有时候可以用替代品做一定程度的验证，但往往无法达到目的。所以，在计算机中的虚拟验证就变得无比重要，仿真就是在计算机中做虚拟试验的过程。

　　所谓仿真，是利用虚拟模型替代真实世界的物理模型，在计算机中对真实世界进行模拟，从而以较低的成本和较短的时间，获得对真实世界更为完整和全面的理解。

　　仿真可以用于透视产品特性，看到产品的运行本质和规律，预测产品性能，譬如刚度、强度和疲劳寿命。采用仿真技术可以快速进行虚拟试验，大量减少实物试验次数。与实物试验相比，仿真能看到实物试验看不到的数据，提前发现缺陷，预测运行期间的故障以及引起故障的原因。同时仿真具有低成本和高效率的特点，所以可以做遍历仿真，发现新方案，验证各种创新思路的可行性。

　　仿真最基本的作用就是对设计各阶段的结果进行验证。设计过程具有需求定义、功能分解、系统综合、物理设计和工艺设计等过程，对每一个设计子过程都有相应的仿真验证手段，所以，仿真可以分为以下五大类：指标分析、功能分析、系统分析、物理仿真和制造仿真。

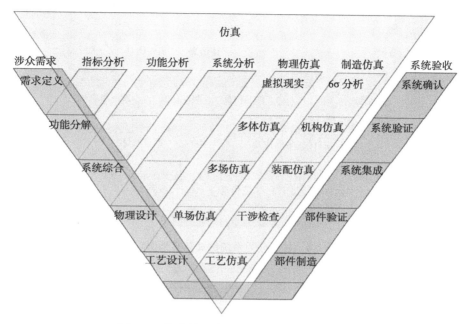

图 1-3　仿真处于产品设计体系的核心位置

习惯上，人们把指标分析、功能分析和系统分析统称为系统仿真，把物理仿真与制造仿真统称为实物仿真，如图 1-4 所示。系统仿真的模拟对象是系统架构，属于抽象模型，而物理仿真和制造仿真的模拟对象是产品实体，属于实物模型。因此，系统仿真往往用来在概念阶段确认产品的总体架构（图 1-5），实物仿真通常用来确认物理产品的初步设计、详细设计、工艺设计和制造过程（图 1-6）。

到了物理设计阶段，产品的形态已经比较具体，仿真的类型开始丰富起来。根据分析目的的不同，将物理仿真分为单场仿真、多场仿真、多体仿真和虚拟现实，制造仿真分为工艺仿真、干涉检查、装配仿真、机构仿真和 6σ 分析等。根据物理场的不同，分为结构场仿真、流场仿真、电磁场仿真等。根据分析对象的不同，分为机械仿真、流体仿真、电气仿真、电子仿真、液压仿真等。根据计算方法、模型处理方法的不同，还有更多分类方法，此处不再赘述。

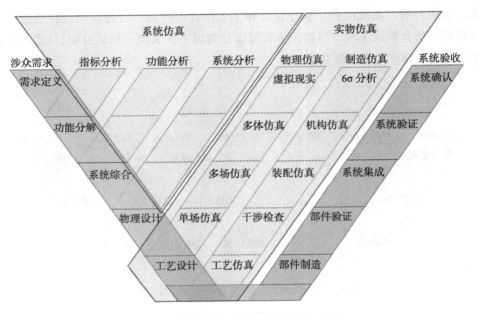

图 1-4   仿真分为系统仿真和实物仿真

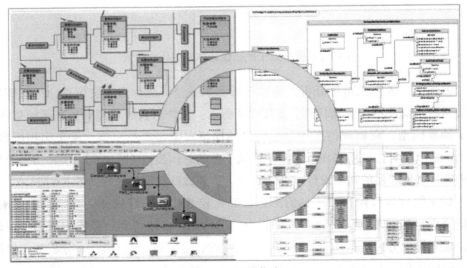

图 1-5   系统仿真

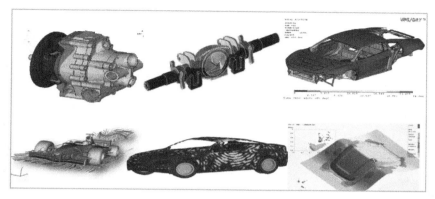

图 1-6　实物仿真

第二节　仿真技术的常规化应用

仿真是利用数字化手段对真实物理世界的模拟，在计算机中透视真实世界的各种现象，而这种透视在物理世界往往成本高、难度大甚至做不到。

越来越多的企业已经充分理解仿真对创新设计能力提升的重要性。在汽车、航空、航天、船舶等工业领域的大量工程运用实践，验证了其适用性和准确性。仿真技术成为企业产品转型、研发创新和技术突破的最基本手段。

从 20 世纪 60 年代开始到未来几十年的时间里，仿真分析逐步成为产品研发的必经过程。仿真分析的数量和产生的仿真数据也随之大量增加。伴随着计算机性能的不断提升，仿真分析成本大幅降低，而物理试验成本却在不断增加，因此，大量物理验证正在通过仿真来完成。以汽车工业为例，在过去的 20 年时间里，通过采用碰撞仿真技术，对于汽车平台车型的开发，碰撞试验的次数由 240 多次下降到了 80 多次，大大缩短了汽车开发的周期。与此同时，世界各大汽车公司每天都有几十次甚至近百次的碰撞仿真计算，从事碰撞仿真的仿真工程师数量也在急剧增加，每家公司从事碰撞仿真工作的工程师达上百人。

仿真技术产生之初主要是为产品设计服务，用于对产品特性进行预测或确认。随着技术和应用的发展，仿真技术逐步拓展到制造模拟和试验模拟。当前，仿真应用集中在三个方面，即产品仿真、工艺（制造）仿真和试验仿真（或称虚拟试验），分别应用于产品生命周期的三个主要阶段：产品设计、产品制造和试验验证，如图 1-7 所示。

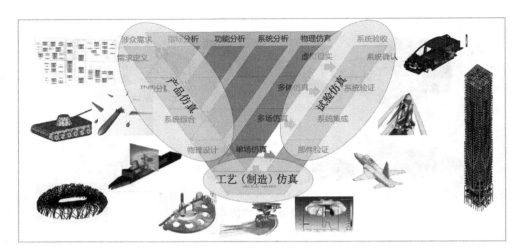

图 1-7　仿真应用集中的三个方面

本节对仿真技术在产品（设计）、工艺和试验领域的常规化应用做简单介绍。我们在每个领域保留一项深层应用——产品再设计、增材仿真及虚拟试验，这些应用都是工业 4.0 时代仿真的新应用方向，在后续三节将对这些新应用进行深入介绍。

1. 产品仿真

产品仿真是产品研发设计过程中的主要仿真类型，它使产品研发模式从过去的试验驱动模式转变为仿真驱动模式。图 1-8 的下半部分展示了曾经的试验驱动模式。这种模式的特点是串行，仿真是在试验之后进行分析确认。在这种模式下，仿真的作用很小，处于辅助地位。串行模式在产品周期和成本方面都具有较大风险。

图 1-8 上半部分展示了仿真驱动的研发模式。在概念设计之后，建立虚拟样机，利用仿真手段进行大量的循环迭代，对各种可能的工况和参数进行模拟试验，获得确认后再进行详细设计、物理样机试验和产品投产。在这种模式下，仿真是研发最重要的工具，对研发成本的节约和周期的缩短作用巨大。

通常，产品设计可分为以下三类，每类对仿真的需求不同，作用也不同：

- 在现有产品基础上的改进设计。这种设计模式对仿真的需求较小，有时甚至不需要仿真。
- 在现有产品基础上的系列化设计。这种设计模式对仿真有一定的需求，不同参数的选取对产品性能的影响需要做研究。

- 全新产品设计（开发新产品）。这种设计模式对仿真的需求是最大的。

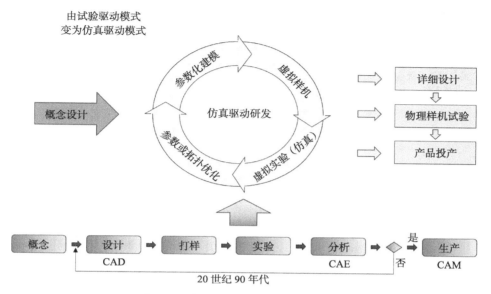

图 1-8　仿真驱动模式与试验驱动模式

在产品研发的各个阶段，仿真的价值各不相同。认识到研发早期、中期、后期等各阶段的不同作用，才能正确发挥仿真的价值，也才能获得仿真的最大效益，譬如：

1）在产品研发早期，仿真可以探索新设计，发现新方案，在几个可选项中正确挑选设计方案，预测产品性能。

2）在产品研发中期，仿真可以确认参数的正确性，修正不合理的设计细节，优化设计参数。

3）在产品研发后期，仿真可以帮助产品定型，在加工过程中返回设计问题时选择最优方案，当产品在市场中出现质量问题时选择最需要召回的批次等。

仿真技术和软件的终极目的是对产品进行优化甚至创新。工业技术的任何一次革命性的进步都可能让传统产品焕发新生。仿真技术总是在这种革命性时刻发挥巨大作用，产品再设计就是这样一个实例。对此，我们将在第三节展开介绍。

2. 工艺仿真

目前，仿真已经在工艺设计中广为应用。图 1-9 反映了工艺设计引入仿真前后的差别。在引入仿真技术之前，工艺设计的特点是利用大量实物试验确认工艺的可行性。而在引入仿真技术之后，工艺方案通过仿真手段进行确认和优化，形成最优方案后进行实物试验确认。通常仿真确认和优化后，只需要经过很少的实物试验即可形成最终方案，在成本和周期方面具有巨大效益。

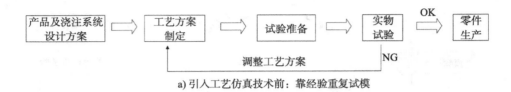

a) 引入工艺仿真技术前：靠经验重复试模

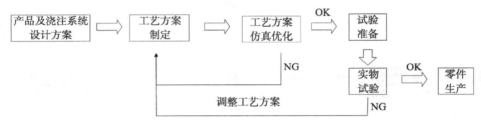

b) 引入工艺仿真技术后：采用计算机快速试模，大大降低试模次数

图 1-9　工艺仿真驱动工艺设计

　　常见的工艺仿真包括铸造、体成形、板成形和热处理等的仿真，如图 1-10 所示。

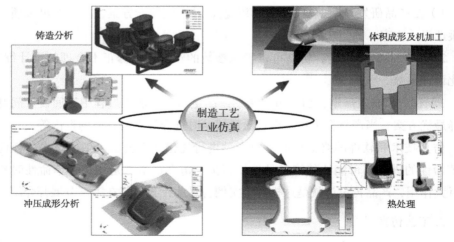

图 1-10　工艺仿真的类型

在工业 4.0 时代，增材制造是一项革命性新工艺，这种工艺的仿真是仿真技术的一项新挑战，我们将在第四节展开介绍。

3. 试验仿真

即使产品仿真和工艺仿真可以在计算机中对产品和工艺进行虚拟运行，确认了产品和工艺的可行性与合理性，在实践中仍然需要进行实物试验。将实物试验作为一种最终确认，通常也是国家和行业的规范要求。此处的虚拟试验特指用仿真方法对试验过程进行模拟，以提高试验策划、方案设计及试验执行的效率，它对试验结果的解读也大有裨益。这种以数字化技术改进实物试验的方法，将过去纯粹的实物试验方法升级为虚实结合的验证方法（图 1-11），是试验和测试技术发展的必然趋势。

图 1-11　虚拟试验过程

图 1-12 展示了几例常见的虚拟试验：数字风动试验（图 1-12a）、汽车虚拟试验场（图 1-12b）、电子产品跌落试验（图 1-12c）。

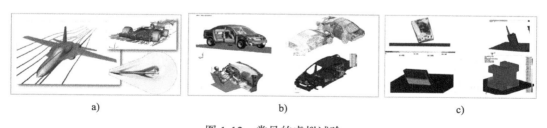

图 1-12　常见的虚拟试验

虚拟试验不仅仅是仿真技术和工具的应用，还需要建立完整的体系和平台，这将在第五节中展开介绍。

第三节　深层应用之一：产品再设计

产品再设计是仿真技术在产品研发方面的体系化发展和深层次应用，是近几年业界提出的一套将仿真技术与突破性新工艺（本书称之为精密制造，包括增材制造、精密铸造等）相结合的一套产品设计方法。

1. 产品再设计概念

产品再设计是仿真技术的升华应用，是一种全新的工程设计思想和方法。它让研发设计回归需求本源，重新审视原有设计，以最自然的方式来探索设计的本质，效法自然；剔除以前由于各种原因或限制导致的不合理之处，或纠正以往对客户需求的错误认知或满足偏差，重新设计核心零部件或整机，达到当前技术条件和认知水平下的最优。

之所以能做再设计，往往是由于突破性新技术和新工艺的出现与成熟。再设计其实就是把握这些已有的新技术和工艺，促使其成果最大化。产品再设计就是将工程仿真手段和精密制造先进工艺相结合。由于精密制造技术具有任何复杂产品均可制造的特点，彻底解放因制造工艺的限制而对产品设计带来的制约，使得在产品研发设计过程中，工程师只需关注产品功能的最佳而无须顾忌制造工艺的约束，极大地拓展了设计人员的自由设计空间，使他们能最大限度地发挥创新性，做到"效法自然"。工艺束缚的消失使得传统的产品设计模式将被根本性颠覆，真正实现仿真驱动产品设计。这样不仅可以对各类工业产品整机及其关键零部件进行程度不一的改良，甚至能够实现颠覆式创新。

由于再设计过程产生的均是非标准化甚至反传统的产品，没有设计标准及知识经验可参考，唯一能依赖的设计手段就是工程仿真和实物试验。在再设计体系面前，传统的标准、规范、知识和经验都将失效甚至成为创新的制约。掌握仿真技术并进行了大量工业实践应用的组织将具有更强的竞争力，成为中国产品再设计体系的主力团队。

2. 产品再设计流程

图 1-13 展示了再设计的完整过程。首先是追根溯源，回归需求本源，重新审视原有设计，获取再设计对象（核心零部件或整机）的设计指标和边界条件，作为再设计的输入。

然后，采用仿真模拟、设计创新、参数优化、拓扑优化等手段开展创新设计，并借助虚拟试验技术进行验证。在设计过程中，工程师完全可以打破工艺束缚，只专注于需求，设计任何结构的产品。

最后进行物理试验，这有可能是一个迭代过程。在精密制造技术的支撑下，将实现快速迭代，并尽快实现再设计定型，以及推出最终的目标产品。在这一过程中，实现对再设计对象的跨量级优化，系统性能指标将有明显提升。

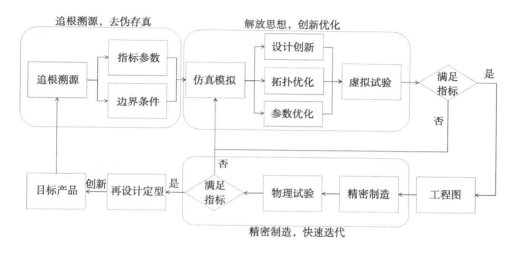

图 1-13　产品再设计流程

3. 产品再设计实例

产品通过优化手段再设计后会获得明显优势，有可能颠覆大量工业行业。从已经完成再设计的产品来看，在维持原装备性能、不改变装备制造材料的前提下，通过再设计，普遍可以实现减重 15% ~ 60%。

目前再设计已经在装备制造、汽车、航空航天等多个领域发挥了巨大作用，也涌现出数目众多的成功案例。图 1-14 展示了汽车前桥的再设计案例。

- 在原结构基础上，将内部镂空和加筋处理，采用精密制造技术整体成形，实现了将原来由 78 个钢制零件连接而成的前桥壳整体制造成一个铝制零件的目标，在不降低性能指标的前提下，减重达到 63.2%。

- 重量的下降使得产品在使用过程的能耗、仓储、运输方面的节能降耗的效益更为巨大。

- 省略了焊接环节及其他各种连接模式，提高了装备的整体可靠性，减少了

　　污染。

- 整体制造的车桥有精确的近净形尺寸精度与形位公差，减少了后续的机械加工甚至可以免加工，实现了使用过程中的高效率替换和维修。

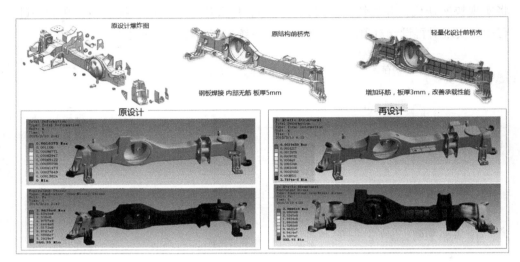

图 1-14　汽车前桥再设计

4. 产品再设计效益

　　产品再设计的直接效益是节材减重。通过再设计，普遍可以实现装备减重15% ~ 60%。

　　产品再设计的间接效益是绿色生态。产品节材减重之后，在全生命周期形成一个绿色产业链，譬如体积减小、仓储节约、降低材料要求、寿命延长、成本降低、节能降耗、环保治污等。绿色效益往往是节材效益的五倍之多。

　　产品再设计的第三种效益是效能跨越。譬如有效载重、机动性能、动力效能、产品质量、可靠性都将提高。例如，航天某院武器系统壳体重量实现了超过50%的降低，使之在动力系统明显落后的情况下，实现了在航程、航速、精确性方面对仿制对象的全面超越；某飞机的导弹挂架经过再设计减重后可以增挂数发导弹，提升战斗力，减少空载油耗，扩大作战半径。

第四节　深层应用之二：增材仿真

增材制造俗称3D打印，是20世纪末出现的一种新的制造工艺。由于各种限制，未能在工业界普遍应用。在新工业时代的技术条件和应用环境下，这一技术被工业界重新重视，并得到快速应用，这种新工艺的仿真也自然而然成为仿真界的热点。本节就应用较为广泛与深入的金属材料的增材仿真做展开讨论。

1. 金属增材制造面临的挑战

虽然金属增材制造增长速度近年来非常可观，但无论是直接能量沉积工艺还是粉末床融化工艺，都存在几大类挑战：

- 可打印的金属材料种类有限，急需开发更多金属种类以满足工业需求。
- 受打印速度和效率制约，不适合量产。
- 打印成本过高，包括机器成本、粉末成本及较高打印失败率带来的额外成本。
- 需要烦琐冗长的打印后处理环节。
- 打印件质量保证及工艺调试难度很高。

其中，质量保证是获得合格打印件至关重要的因素。金属增材制造可能出现部件变形、开裂等问题。在加工参数、层数、材料相同的条件下，同一部件采用不同取向和位置，其成品微观组织和属性就不同，譬如，垂直方向柱状晶的残余应力水平低，水平方向马氏体相残余应力水平高。

增材制造工艺仿真主要研究加工参数、粉末、几何构型等因素对于宏观变形、残余应力、部件微观内部金相组织及性能的影响。宏观控形与微观控性是金属增材工艺中两个重要考察指标：宏观控形重点关注翘曲变形、部件开裂、刮板碰撞或支撑开裂等问题；微观控性需要关注孔隙率、相变、球化、颗粒尺寸、一次和二次枝晶结构和初始位错密度等微观特性，这些将决定金属件力学性能和特性。

金属增材制造看似简单，但真实过程非常复杂。能否成功打印出一个合格的零部件，受到材料、打印机器设备、工艺设计、工艺参数和设置以及后处理等诸多因素的影响，如图1-15所示。对于一个实际金属打印件，完全凭借经验或者直观感觉，打印的成功率较低。试错方法既增加成本，又延长产品制造周期。

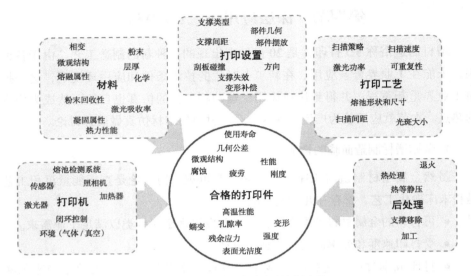

图 1-15　金属增材打印的影响因素

2. 金属增材工艺仿真的意义

利用仿真技术提前获取打印产品的性能特性，是解决金属增材工艺质量问题的一个重要手段和方法。通过提前预测并在此基础上进行工艺优化，可降低打印失败概率，同时可较大程度地减少打印成本，不合格产品的数量和试错次数也大为降低。

虽然增材打印技术具有"无论多复杂都可制造"的特性，但相同功能的产品采用了稍微不同的设计，可打印性就能大大增强。这对于打印成功率和制造补偿都有重大影响，可以提高机器利用率，缩短产品打印周期，产品打印的可重复性和质量也能够得到保证。如果微观金相组织和特性预测也能够通过仿真实现，将大大加快新材料、新机器、新工艺参数包的开发，减少研发成本和周期，获得个性化微观结构和控制材料属性将成为可能。仿真对于金属增材打印的价值汇总如图 1-16 所示。

3. 金属增材工艺仿真的困难

虽然增材工艺仿真的价值巨大，但实现难度同样巨大，主要困难包括以下几个方面。

改善	减少	开发
• 设计流程 • 对工艺过程的了解 • 机器生产率 • 材料利用率 • 可重复性 • 质量	• 打印失败 • 打印时间 • 不合格零件 • 后处理 • 试错 • 设备维护 • 环境影响	• 新材料 • 新机器 • 新参数 • 个性化微观结构 • 期望的材料属性

图 1-16　金属增材工艺仿真的价值

（1）空间离散规模庞大，时间离散步长数庞大，计算时间长

光斑尺寸之微，宏观尺寸之巨，它们之间的尺寸反差使得网格化离散的规模巨大。同时，打印件的打印时间一般比较长，小件以数小时计算，大件则以天计算，而热-固耦合仿真的时间步长需要在微秒甚至更小量级上离散。以现有的计算硬件资源，实现打印工艺的模拟难度非常大。

（2）宏观、微观、介观并存的多尺度问题

无论是物理现象还是研究对象尺度，针对熔池内部的快速冷却凝固非平衡态的动力学研究需要采用材料微观理论来进行。如何引入介观，将微观现象与宏观现象进行统一，则需要从多尺度的角度入手进行分析（图 1-17）。

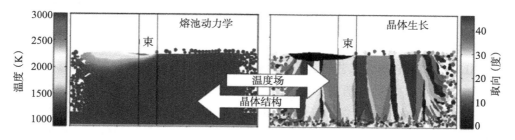

图 1-17　金属增材工艺多尺度现象

（3）物理过程机理复杂

仅仅考虑熔池内的物理现象，增材金属打印就已经非常复杂，其中包含浸润、毛细、表面张力、马兰戈尼对流、熔池动力学、相变等物理过程（图 1-18）。其物理变化的准确机理和演变规律须在工程中利用试验来进行验证和总结，很难仅用物理控制方程完全预测和归纳。

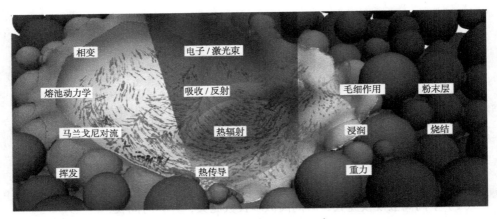

图 1-18　熔池内物理机理现象

（4）涉及因素和环节多

增材金属制造的质量不仅与金属粉末的质量和特性有关，还与增材设计的可打印性、机器设备、打印工艺和打印参数包及后处理等都关系重大。

（5）不确定性和误差来源多

由于环节长，涉及因素多，因而不确定性和误差来源也较多。

4. 典型金属增材工艺 SLM 的仿真

金属增材工艺除 SLM、EBM、SLS 和 DMD 外，还有衍生的工艺方法如 LBW、EBW、RPD 等。本书以比较流行和常用的 SLM（粉末床熔化工艺）为例，来介绍金属增材工艺的仿真。

SLM 金属增材制造工艺仿真是一个非常复杂的典型多尺度和多物理场分析过程（图 1-19）。多尺度体现在从宏观到介观再到微观的尺度跨越，多物理场则需要对成形温度场、气场（保护气体）、熔体流场（熔池流体）、速度场（铺粉过程）及打印结构的固体应力和变形场等进行分析，可应用于金属增材制造成形的每个阶段。

（1）宏观尺度的工艺过程仿真

宏观尺度的仿真分析主要是针对零件成形的工艺仿真，对成形过程中的应力应变、成形温度场以及成形过程中可能存在的风险给出预测。宏观分析的对象是打印件自身和工艺设计的支撑对象，也可能包括基板和必要的机器设备信息（如激光光源）。根据工艺仿真算法的不同，目前应用于宏观尺度的金属增材制造工艺仿真的方法主要有两种，即温度与结构耦合的（热弹塑性）有限元分析方法和固有应变有限元分析方法。宏观尺度工艺过程的仿真分析结果通常包括：部件和支撑的变形和残余应力（去除支撑前 / 去除支撑后）、逐层应力和变形、变形补偿、刮板碰撞检测、高应变区域和基于应力优化支撑等。

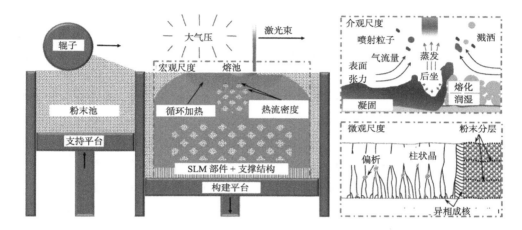

图 1-19　金属增材制造过程中涉及的多尺度和多物理场

（2）介观尺度的熔池和粉末分析

介观尺度的仿真分析主要是针对熔池和粉末的分析，包括熔池流动性、熔池大小形貌以及粉末的流动性、粉末传热和熔化后的蒸发、飞溅等现象，须考虑熔池内部的表面张力、毛细、浸润及马兰戈尼对流等现象，目前主要有等效热耦合和 CFD 等方法应用于该分析。通过熔池动力学预测熔化过程及凝固过程，获取相变历程、温度历程、温度梯度历程以及凝固冷却速率。

目前应用于介观尺度的金属增材制造工艺仿真的方法主要有两种，即熔池内部不考虑粉末尺度的方法和考虑粉末影响的方法。介观尺度的仿真分析通过模拟较小尺度熔池内部的流动和传热，除了预测温度、温度梯度及冷却速率外，还可以预测表面的质量、层间的黏性力、孔隙率等。介观尺度的仿真分析一般是单道扫描对象，极少进行多道扫描，但得到的结论和结果可以修正宏观仿真结果，也可以作为后续微观尺度分析的输入。

（3）微观尺度的组织模拟

利用宏观或介观尺度分析得到的温度梯度或凝固冷却速率，微观尺度的仿真可用于预测制品的晶体组织形态、晶粒大小与取向以及缺陷和性能等。目前主要用到的重要方法包括相场（phase field）法、元胞自动机法等，不同的方法各有特点和限制。

金属增材制造过程获得的微观组织结构将直接影响成形件的性能，获得高致密度和具有良好晶粒取向及大小的晶体组织是金属增材制造的重要目标。受金属增材制造复杂过程的影响，晶体的仿真分析也具有相当的难度。

通过宏观分析或介观分析得到的温度场或相变结果数据，可进一步计算得到热梯度、固化速率、冷却速率和形态因子，这是微观尺度进行金相组织模拟的输入参数。

微观组织数值模拟通常包含确定性方法、概率法和相场法。确定性方法通常有前沿跟踪法，概率法则包含蒙特卡罗法和 CA 法。确定性方法和概率法模拟晶粒生长时都须跟踪固液界面，以此模拟枝晶的形貌，但对三维形貌模拟有一定困难。相场法以金兹堡 – 朗道理论为基础，用微分方程体现扩散、有序化和热力学驱动的综合作用，用统一的控制方程，不必区分固液相及其界面，能够直接模拟微观组织的形成。相场法和元胞自动机法是微观组织模拟仿真常用的两种数值模拟方法。

（4）金属 SLM 增材工艺宏观、介观、微观尺度仿真分析的关系

金属 SLM 增材工艺宏观、介观、微观尺度仿真分析的关系如图 1-20 所示。

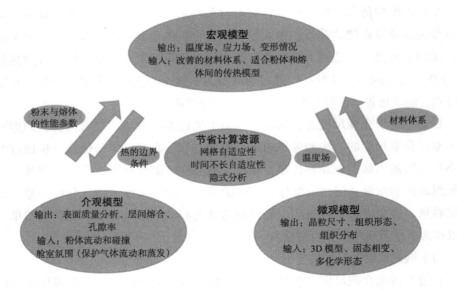

图 1-20　金属 SLM 增材工艺宏观、介观、微观尺度仿真分析的整体关系图

5. 增材工艺仿真的其他关注方向

增材工艺仿真目前比较受关注的应用还包括以下内容，细节不在此赘述：

- 特殊后处理（如热等静压）、热处理对宏观变形和消除残余应力影响的分析、微观模拟（如致密度提升及金相组织改善模拟）、后续机加工艺过程模拟、流内表面光滑模拟等。
- 宏观模拟中的支撑处理和等效模拟，包括体支撑、Cone 支撑和 Block 面片支撑，后续更丰富的支撑也会在宏观工艺过程模拟中考虑。
- 微观金相组织模拟，这将直接支撑材料力学性能预测和评估。

6. 增材工艺仿真的趋势和发展方向

增材工艺仿真的发展趋势主要包括以下几个方向：

- 宏观尺度的增材工艺仿真模拟将越发普及和适于工程化应用，增材设计、工艺和制造等全周期将逐步引入增材工艺仿真，以保证设计产品的可打印性。
- "材料—设备—被打印件—支撑设计和工艺设计—工艺参数包—宏观特性—微观特性—后处理—性能预测"，整个过程将被流程化和平台化。
- 介观分析和微观分析将逐步从研究和科研阶段迈入工程化应用。
- 基于物理过程模拟驱动的支撑设计及优化软件将逐步面世。
- 利用测试数据和仿真数据，AI 算法和多尺度算法将实现增材工艺的线下预测。
- 更多金属材料数据将被测试并录入，更多金属增材工艺方法将得到仿真。

第五节　深层应用之三：虚拟试验

　　虚拟试验是仿真在试验领域更为体系化的应用，是试验仿真的深层次发展。随着现代技术的发展，产品越来越复杂，传统试验方法已无法满足客户对加速装备研制和部署、降低研制风险和成本、提高经济可承受性的需求。于是，在信息技术、仿真技术等飞速发展和广泛应用的推动下，自 20 世纪 80 年代起，各国开始寻求产品试验验证技术的变革，虚拟试验技术是其中一项重要策略。

1. 虚拟试验概述

虚拟试验是一种贯穿于复杂产品研制全生命周期，涉及关键系统数据产生、获取、分析和评价的系统工程。在产品研制过程中，采用虚拟试验技术可以解决大型试验设施能力不足问题，减少试验投资，缩短研制周期。例如，美国在研制第四代攻击机 F-35 项目时就提出目标：从设计到飞行试验全面数字化，研制周期较 F-22 缩短一半，风洞吹风试验减少 75%，试飞飞行架次减少 40%，定型试验周期缩短 30%。

虚拟试验能够减少研制过程的盲目性和不确定因素，增强决策的合理性和科学性。通过构建虚拟试验平台，不仅可以部分取代实物试验，对复杂产品或系统的设计方案进行分析和评估，以减少研制过程的盲目性和不确定，增强了决策的合理性和科学性，而且可以实现产品虚拟样机和实物样机在同一个网络化平台上得到验证、修改及优化。

虚拟试验是计算机仿真技术、科学计算可视化和虚拟现实技术有机结合的产物，是解决仿真、试验、计算结果可视化问题的有效手段。虚拟试验是在长期积累的大量数据、虚拟样机模型、动力学模型以及各种环境等三维模型的基础上，利用高性能计算机、网络环境、虚拟仿真系统和各种虚拟现实设备，建立能方便进行人机交互操作的环境。在此环境中对虚拟样机进行试验，用可视化的方法观察被测物体的性能及其间的相互关系，并对试验结果进行分析与研究。虚拟试验体系能够把设计验证的模式从传统实物验证转变为"试验建模→仿真与虚拟试验→改进模型→实物验证"的虚实结合模式。

2. 体系建设思路

虚拟试验验证技术正朝着规范化、集成化、体系化的方向发展。企业的当务之急是构建虚拟试验支撑软件平台框架，制定出适合高端复杂产品研制试验需求、自顶向下的虚拟试验验证标准规范体系，进而推动产品研制技术的变革。可以考虑从以下几个方面入手进行虚拟试验体系的建设：

1）构建虚拟试验软件支撑平台，搭建虚拟试验环境。在虚拟试验软件支撑平台上，试验者能够将试验产品（虚拟原型）"安装"在虚拟试验环境下进行"试验"。借助仿真技术、交互式技术和试验分析技术，使设计者在设计阶段就能对产品运行性能进行评价或体验。

2）通过构建试验模型库及虚拟试验样机管理机制，解决试验模型的统一管理、改进等问题。

3）虚拟试验过程和任务能被统一管理和调度。工程师能够通过交互界面完成虚拟试验的数据监视与执行控制。

4）通过构建试验评估机制，实现虚拟试验结果的分析、评估与参数修正。主要对虚拟试验过程中收集到的数据进行分析，确定试验结果的合理性，分析试验参数的灵敏度。为产品设计和实物试验提供支撑。

5）进行虚拟试验数据的全生命周期管理，获取外部实物试验数据，并进行虚实对比分析。

6）针对高端复杂产品，研究建立完整的虚拟试验验证标准规范体系。

3. 体系建设方案

根据建设思路，搭建虚拟试验的信息化支撑系统，同时应建设虚拟试验验证标准规范体系、虚拟试验模型库、高性能计算及基础 IT 平台、基础仿真工具体系以及信息化平台与外部试验的接口。体系整体框架如图 1-21 所示。

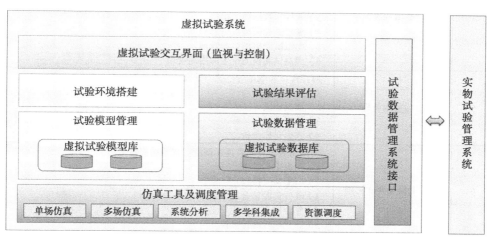

图 1-21　虚拟试验体系整体业务框架

虚拟试验系统由虚拟试验交互界面、试验环境搭建、试验结果评估、试验模型管理、试验数据管理、仿真工具及调度管理以及试验数据管理（TDM）系统接口等模块组成。如表 1-1 所示。

表 1-1　虚拟试验系统的模块组成及其主要功能范围

序号	模块	主要功能范围
1	虚拟试验交互界面	实现虚拟试验任务的统一管理、虚拟试验的监视与控制。主要功能包括： 1）虚拟试验数据监视 2）虚拟试验控制（人机反馈） 3）虚拟试验任务统计 4）虚拟试验任务状态管理
2	试验环境搭建	完成试验对象、设备、环境的配置，试验数据的采集，人机接口及仿真引擎的设定。主要功能包括： 1）试验对象设定与配置 2）试验设备与环境配置 3）测试与控制（数据采集） 4）人机接口设定（操控） 5）仿真引擎设定（计算类别）
3	试验结果评估	对虚拟试验的结果数据进行分析，并将虚拟试验数据与 TDM 系统中的实物试验数据进行对比分析，确定试验结果的合理性及试验模型的正确性，为试验模型的改进提供依据
4	试验模型管理	实现虚拟试验模型的定义、存储与管理。主要功能包括： 1）虚拟试验模型定义 2）软件驱动接口 3）软件间数据模型接口 4）虚拟试验模型统一管理 5）虚拟试验模型版本管理 6）虚拟试验模型全生命周期管理
5	试验数据管理	对虚拟试验数据进行统一管理。主要功能包括： 1）数据统一管理 2）数据检索 3）数据可视化 4）数据对比分析
6	仿真工具及调度管理	实现仿真工具的管理和调度。主要功能包括： 1）仿真工具管理 2）License（授权）资源整合 3）硬件资源整合 4）作业调度，多用户多任务并发 5）简化高性能计算操作
7	TDM 系统接口	TDM 系统接口用于获取外部实物试验数据

　　虚拟试验验证标准规范体系应包括虚拟模型描述方法、虚拟试验过程的组织管理方法、虚拟试验数据分析方法、虚拟试验模型校验和修正方法等相关标准规范。

4. 虚拟试验关键技术

　　虚拟试验是仿真技术与更多技术结合的综合应用模式，其中大量关键技术需要持续积累、创新和突破，才能逐步形成高可用的支撑体系。

（1）虚拟试验验证体系构建技术

该技术主要研究产品虚拟试验验证体系的描述方法、试验验证体系中多系统的边界描述和状态涌现机制、虚拟试验系统组织规范和接口管理等问题。

（2）虚拟试验中间件技术

该技术主要研究将"虚实结合"起来的通信转换、映射和发布机制，包括实物、半实物、数字模型和系统之间的异构消息映射和状态更新技术研究，以及试验模型的交互性、可重用性和可组合性研究。

（3）虚拟试验过程可视化技术

该技术解决的问题是如何在试验模型的驱动下，运用先进的虚拟现实技术构建一个逼真环境，为进行可视化验证提供技术支撑。

（4）虚拟试验综合环境生成技术

该技术研究包括虚拟试验综合环境数据表示模型、虚拟试验综合环境数据编码规范、空间环境参考模型、综合环境接口规范和传输格式等。

（5）虚拟试验 VV&A 技术

该技术研究虚拟试验验证过程中试验模型的验证和评价方法，从试验模型的产生到使用过程进行全生命周期的验证和评估，确保虚拟试验验证过程的可信性。

（6）虚实试验数据融合技术

该技术研究在虚拟试验验证过程中不同的信息获取方法，支持实物、半实物和虚拟试验的数据采集，并在此基础上进行数据分析。

（7）虚拟试验样机（Virtual Test Prototype，VTP）技术

VTP 是近年来从虚拟样机概念延伸而来的一种新型复杂产品试验验证方法，是一种基于集成化产品和过程开发策略的试验验证手段。VTP 将系统建模方法、系统集成分析和验证方法有机地结合起来，构建支持复杂产品虚拟试验验证的模型簇，为产品开发过程中的试验验证提供数字化的模型生成、表现、评估的标准规范，并为在此基础上构建的虚拟试验验证应用系统提供模型和数据来源。VTP技术的研究为虚拟设计样机和试验样机之间的模型映射和数据交换提供了技术基础。

（8）虚拟试验验证分析、评估与参数修正技术

该技术主要对试验过程中收集到的数据进行分析，确定试验结果的合理性，分析试验参数的灵敏度，为产品设计和实物试验提供技术支撑。

第六节　仿真新巅峰：数字孪生体

这几年，数字孪生体的概念炙手可热，越来越成为从工业到产业、从军事到民生各个领域的智慧新代表。在工业界，无论智能制造还是工业 4.0，这些智能化体系都需要网络化和数字化两只轮子来支撑。在中国，工业互联网已成为其中一只，而数字孪生体将成为另外一只。在我看来，继《黑客帝国》开创"仿真巅峰"以来，数字孪生把仿真应用推向一个新的巅峰。

1. 黑客帝国开创的仿真巅峰

时钟拨回 20 年前——1999 年，那是《黑客帝国》的上映年。当时被"矩阵（Matrix）"惊到怀疑人生。时隔 4 年，第二集和第三集推出，虽然没有第一集那么惊艳和震撼，但其持续的创新和立体化的脑洞，让笔者将这三部曲定义为电影的巅峰，直到现在。

笔者痴迷于《黑客帝国》的原因正与仿真有关。作为一个仿真老兵，20 多年的职业生涯就是 20 年的仿真生涯。该电影之所以让一个仿真老兵如此痴迷的原因是，它告诉我们，世界上存在一个令人神往的世界，仿真可以无处不在，而这些年仿真界的新成就也证明确实如此。仿真除了在产品研发设计、制造和试验广泛应用外，现在出现在其他更多场景中，譬如生产仿真、工厂仿真、运维仿真、物流仿真、流程仿真、组织仿真、交通仿真、人群仿真、战场仿真、虚拟现实（VR）等。这些新型仿真技术或多或少都与人类行为甚至思维有关，表现出一定的社会学特征，即人工智能。在《黑客帝国》里，自然界和人类社会可以被事无巨细地建模并仿真，几无破绽。

随着现代仿真技术发展，《黑客帝国》三部曲展现的奇特和科幻的场景离我们越来越近。在笔者看来，《黑客帝国》是电影的巅峰，其中的世界更是仿真的巅峰。

2. 数字孪生的仿真新巅峰

不过这几年，《黑客帝国》创立的仿真巅峰被一个新的理念刷新，那就是数字孪生（digital twin）。数字孪生系统是由物理对象、数字镜像及互动系统构成的一个体系（图 1-22）。数字孪生体将仿真技术发挥到极致，使得物理世界和数字世界的互动更加直接、方便和全方位。

相比《黑客帝国》，数字孪生体的突破在于：数字世界不满足于展现一个旧的物理世界，还要模拟新的物理世界；既要实时接收物理世界的信息，还要预测物理世界；既要接受物理世界的操纵，更要反过来驱动物理世界；数字世界要进化为物理世界的先知、先觉甚至超体。

图 1-22　数字孪生体系的逻辑

3. 无仿真，不孪生

我们把数字孪生体的进化过程称为数字孪生体成熟度模型，即一个数字孪生体的生长发育将经历数化、互动、先知、先觉和共智等几个过程（图 1-23）。在每个过程中，仿真都扮演着不可或缺的角色。

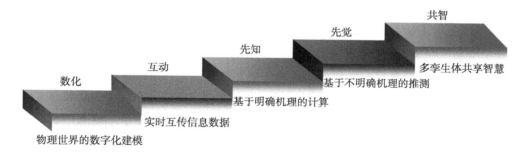

图 1-23　数字孪生体成熟度模型

（1）数化与仿真

"数化"是对物理世界数字化的过程。这个过程需要将物理对象表达为计算机和网络所能识别的数字模型。建模技术是数字化的核心技术，譬如测绘扫描、几何建模、网格剖分、系统建模、流程建模、组织建模等技术。在业界，建模技术总是与仿真联系在一起，甚至被视作仿真的一部分。

（2）互动与仿真

"互动"主要是指物理对象和数字对象之间的动态互动，当然也隐含了物理对象之间以及数字对象之间的互动。后两者在物联网和仿真世界中已经实现，而前者是数字孪生体独有的特征。这种互动是半实物仿真中司空见惯的场景。

（3）先知与仿真

"先知"是指对物理世界的动态预测。这需要数字对象不仅表达物理世界的几何形状，更需要在数字模型中融入物理规律和机理，这是仿真世界的特长。仿真技术不仅建立物理对象的数字化模型，还要根据当前状态，通过物理学规律和机理来计算、分析和预测物理对象的未来状态。这种仿真不是对一个阶段或一种现象的仿真，应是全周期和全领域的动态仿真。

（4）先觉与仿真

如果说"先知"是依据物理对象的确定性规律和完整机理来预测数字孪生体的未来，那么"先觉"就是依据不完整的信息和不明确的机理通过工业大数据技术来预感未来。如果要求数字孪生体越来越智能和智慧，就不应局限于人类对物理世界的确定性知识，其实人类本身就不是完全依赖确定性知识而领悟世界的。不过"先觉"不完全是"直觉"，总是尽其所能地将不明确的机理"确定化"，以获得某种程度上的"推理"能力，能推理才可预测。因此，有学者将工业大数据视为一种新的仿真范式。

（5）共智与仿真

"共智"是通过云计算技术实现世界上所有数字孪生体智慧的交换和共享，其隐含的前提是单个数字孪生体内部各构件的智慧首先是共享的。多个数字孪生单体可以通过"共智"形成更大的数字孪生体。这种"共智"不仅仅是信息和数据的交换，更需要通过不同孪生体之间的多种学科耦合仿真才能让思想碰撞，才能产生智慧的火花。

数字孪生体的应用十分广泛，在我们看来，至少在四个场景中将发挥巨大的作用，即制造、产业、城市和战场，数字孪生体也因为仿真而在这些场景中无处不在，并成为智慧的源泉与核心。本节我们对这些场景中的仿真方法做一个简单梳理。为了保障可读性，我们尽量用直白的语言解释，而不刻意追求其定义的准确性。

4. 数字孪生制造中的仿真

由于仿真兴起于制造业，在制造业的应用也最为广泛，所以在制造场景下的仿真类型也最为丰富，涉及的仿真包括产品仿真、制造仿真和生产仿真等几大类，每项大类又包括一系列小类。

（1）产品仿真

1）系统仿真：系统仿真主要关注构成系统的整体特性，并不关注其构件本身的特性。把构成系统的各个部件用最简单的符号来表示，但这个符号需要赋予能表征这个部件的特性。各个部件之间用简单符号（如线条）连接起来，这个连接需要赋予能代表两者作用关系的特性。通过整体计算来仿真整体系统的特性。

2）多体仿真：多体仿真主要关注构成结构的构件之间的运动关系，不关注构件自身的内部特性。把构成系统的各个部件用简单的刚体建模，各部件之间的连接关系按照实际情况定义，这个连接需要赋予能代表两者作用关系的特性。通过整体计算来仿真整体和单个构件的运动。

3）场仿真：场仿真是对物理场[譬如应力应变（即结构）场、温度场、流场、电磁场等]进行仿真。采用计算对象（结构及其运行环境）的真实材料特性，用逼近真实（或做一定程度的简化）的形状对计算对象进行建模，通过物理场方程准确计算其性能参数。

4）虚拟试验：利用仿真技术来模拟试验过程，施加的环境条件与试验现场相同，以提高试验的效率和质量。

（2）制造仿真

1）工艺仿真：通过对类似铸造、锻造、切削、热处理、焊接这样的工艺机理的模拟，利用材料学、传热、固体力学、流体力学等科学计算来判断这些工艺实施的可行性、效率和效果。工艺仿真不同于后文的数控加工仿真，后者是通过图像学原理来对数控程序进行校正。

2）装配仿真：利用图形图像学技术，特别是其中的干涉技术，对装配对象的装配过程进行模拟，以验证装配的可行性及工艺效率，可为各类复杂机电产品的设计和制造提供产品可装配性验证、装配工艺规划和分析、装配操作培训与指导、装配过程演示等。

3）数控加工仿真：为了确保数控程序的安全性和加工结果的正确性，利用图像干涉的原理对生成的刀轨进行检查校验，检查刀路是否有明显的过切或者加工不到位，同时检查是否发生与工件及夹具的干涉。在这个过程中，会获得加工之后的零件形状，并发现更优化和高效的刀轨，据此优化数控程序。

（3）生产仿真

1）离散制造业的工厂仿真：该仿真类型主要关注离散制造的生产规划环节，

通过利用虚拟仿真技术，可以对工厂的生产线布局、设备配置、生产制造工艺路径、物流等进行预规划，并在仿真模型"预演"的基础之上进行分析、评估、验证，发现系统运行中存在的问题和有待改进之处，并进行调整与优化。

2）流程制造业的工厂仿真：该仿真类型主要关注流程制造业生产运行的效率和安全性。管路系统是流程制造业的常见系统，通过仿真手段对管路系统中流通物的流动进行模拟，可以计算出其系统效率和安全性，达到优化制造系统设计的目的。

如图 1-24 所示为生产系统仿真。

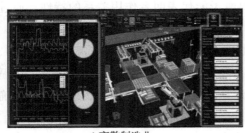

a) 离散制造业　　　　　　　　　　　　b) 流程制造业

图 1-24　生产系统仿真

5. 数字孪生产业中的仿真

1）物流仿真：评估物流系统（配送中心、仓库存储系统、拣货系统、运输系统等）整体能力的一种评价方法。物流仿真是针对物流系统进行系统建模，模拟实际物流系统运行状况，并统计和分析模拟结果，用以指导实际物流系统的规划设计与运作管理。

2）组织仿真：主要通过对实体组织建模并模拟运行，来研究组织实体群的关系及其活动规律，将个体行为、组织现象与任务过程相结合，有效解决组织复杂性造成的任务积压、返工等问题。

3）业务流程仿真：流程是企业或产业运作的基本模式。对业务流程建模，通过流程引擎驱动流程模型运转（图 1-25），以实际情况（譬如操作周期、审批周期、意外等待、返工退回等）的各种潜在组合作为环境条件来模拟业务流转，可以判断流程的合理性。

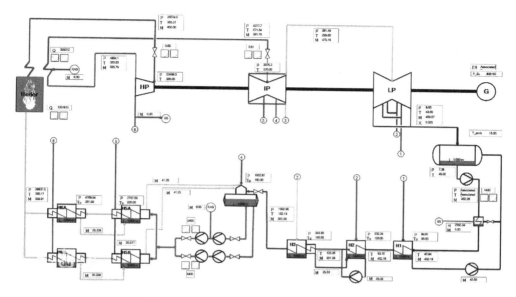

图 1-25　过程仿真（适合于业务流程仿真）

6. 数字孪生城市中的仿真

1）交通仿真：交通仿真指用仿真技术来研究交通行为，是一门对交通运动随时间和空间的变化进行跟踪描述的技术。交通仿真的作用在于对现有系统或未来系统的交通运行状况进行再现或预先把握，从而对复杂的交通现象进行解释、分析、找出问题的症结，最终对所研究的交通系统进行优化。

2）人群仿真：通过社会力模型模拟人群运动的行为，特别是在火灾或地震等突发事件下的人群运动特征，以优化建筑物内外的布局，特别是紧急通道的设计，也可以为人群疏散策略的制定提供参考依据。

3）大气仿真：通过流体动力学技术进行大气扩散的模拟，以判断有害气体、尘埃、雾霾等的扩散速度和路径；也可以计算城市楼宇之间的风速，用来进行建筑物的布局规划。

4）爆轰仿真：用来模拟城市某点发生的爆炸事件对周围的建筑、车辆、行人等的影响，特别是破坏情况。

5）城市仿真：通过将建筑物及其他设施的位置、高度、外观、空间形态等要素进行数据分析和处理，建立城市模型，用于规划真实环境，开展各类论证、试验、分析、运行、训练等工作，服务于城市规划、建设、管理等。它的主要应用方式有城市应急仿真、城市规划仿真、城市实时仿真等。

7. 数字孪生战场中的仿真

1）体系仿真：在现代系统工程方法和体系结构框架标准（如 DoDAF、TOGAF 等）的指导下，利用 IDEF、UML、SySML 等多种建模语言进行基于活动的建模和仿真，并与装备描述数据库、需求管理工具、作战想定编辑、想定验证工具等进行深度集成。体系仿真是复杂体系研发设计、布局指导、运行指挥的支撑工具，不仅常用于装备论证与研制过程，还常用于战场多兵种和战斗群的行为和效果推演，甚至用于战场指挥。

2）战场仿真：将虚拟现实与可视化技术、仿真技术、网络技术融合，生成虚拟作战自然环境，并在保证其一致性的基础上，通过计算机网络，将分布在不同地域的虚拟武器仿真平台或军事仿真系统连接到该自然环境中，进行战略、战役、战术演练的军事应用环境，以达到逼真的效果（图 1-26）。

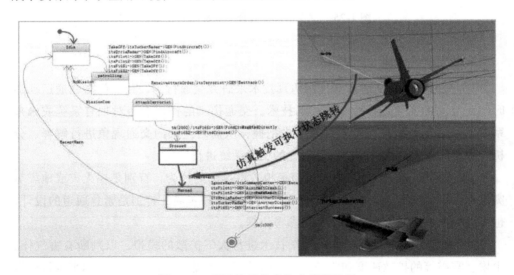

图 1-26　利用战场仿真技术模拟战场

8. VR、AR 及 MR

虚拟现实（VR）、增强现实（AR）及混合现实（MR）等技术在近几年发展迅速，而且在以上各个场景中都有重要应用价值。

（1）虚拟现实

虚拟现实（Virtual Reality，VR）利用现实生活中的数据，通过计算机技术产生的电子信号，将其与各种输出设备结合，使其转化为能够让人们感受到的现象，这些现象可以是现实中真真切切的物体，也可以是我们肉眼所看不到的物质，并通过三维模型表现出来。因为这些现象不是我们直接所能看到的，而是通过计算机技术模拟出来的现实中的世界，故称为虚拟现实。

虚拟现实技术是 20 世纪末逐渐兴起的一项综合性信息技术，融合了数字图像处理、计算机图形学、人工智能、多媒体、传感器、网络以及并行处理等多个信息技术分支的最新发展成果。虚拟现实利用计算机生成逼真的三维视、听、嗅觉等感觉，而人作为参与者，通过适当装置自然地对虚拟世界进行体验和交互。使用者移动位置时，计算机可以立即进行复杂运算，将精确的 3D 世界影像传回，从而产生临场感。

虚拟现实技术的研究内容大体上可分为 VR 技术本身的研究和 VR 技术应用研究两大类。目前虚拟现实系统主要划分为四个层次，即桌面式、增强式、沉浸式和网络分布式虚拟现实。VR 技术的实质是构建一种人能够与之进行自由交互的"世界"，在这个"世界"中参与者可以实时地探索或移动其中的对象。

虚拟现实的用户可以在虚拟现实世界体验到最真实的感受，其模拟环境与现实世界难辨真假，让人有身临其境的感觉。同时，虚拟现实具有一切人类所拥有的感知功能，比如听觉、视觉、触觉、味觉、嗅觉等感知系统。最后，它具有超强的仿真系统，真正实现了人机交互，参与者可以随意操作并且得到环境最真实的反馈。正是虚拟现实技术的存在性、多感知性、交互性等特征使它受到了许多人的喜爱。

（2）增强现实

增强现实（Augmented Reality，AR），也被称为扩增现实，是虚拟现实技术的发展。它促使真实世界信息和虚拟世界信息内容之间的综合，将原本在现实世界空间范围中比较难以进行体验的实体信息，通过计算机等科学技术实施模拟仿真处理，从而将虚拟信息内容叠加在真实世界中，并且能够被人类感官所感知，实现超越现实的感官体验。真实环境和虚拟物体叠加之后，能够在一个画面以及空间中同时存在。用户需要利用头盔显示器或眼镜，使真实世界和计算机图形重合在一起。

（3）混合现实

混合现实（Mixed Reality，MR）也是虚拟现实技术的发展，该技术通过在虚拟环境中引入现实场景信息，在虚拟世界、现实世界和用户之间搭起一个交互反馈的信息回路，以增强用户体验的真实感。混合现实是一组技术组合，不仅提供新的观看方法，还提供新的输入方法，而且所有方法相互结合，从而推动创新。

　　无论是虚拟现实、增强现实还是混合现实，在数字孪生体的各个场景中都有巨大的应用潜力。人类通过屏幕与数字世界交互不仅不直观、不真实，而且交互深度受到巨大限制。这三种技术提供的深度沉浸的交互方式让人类与数字世界的交互同物理世界交互方式类似，使数字化世界在感官和操作体验上更加接近物理世界，让"孪生"一词变得更为精妙。但在数字世界中，人类又具有超人般的特异功能，可以无限驾驭数字世界，如穿墙而过、隔空取物、时空穿越、变换大小等，将数字孪生体的应用推向极致。

　　未来，《黑客帝国》提供的驾驭数字世界的方式——人类的思维和意念以数字体的形式进入数字世界并操纵数字世界，将让人类将数字孪生体应用推向一个新高度。

　　在本书编写同期，笔者供职公司成立了数字孪生体实验室，并发布了《数字孪生体技术研究报告（2019）》。附录 A 给出了该研究报告的简版，以帮助读者理解本书的观点。

大型企业仿真

要么仿真，要么被打败！

仿真技术已经成为国际先进企业在技术竞争中的制胜法宝。在这些企业中，仿真技术的效益越来越高，在产品创新和技术突破方面的作用越来越大。

但在国内，仿真软件普遍无法实现企业的初衷。仿真活动中各种令人困惑的怪现象让企业"不明觉厉"[⊖]，特别是到处充斥的"假仿真"现象，让仿真结果无法成为设计依据。仿真软件因此无法成为设计工具，最终沦为一件奢侈品，主要用来展示"实力"和炫耀"资本"。（这里"实力"和"资本"打上引号的原因是，用一个假的东西来背书，反证了这种实力和资本根本就不存在！）

面对企业假仿真"维谷"，我们"叩天"的任务是：找到导致这些怪现象的原因，挖掘提升仿真效益的方案，让仿真成为设计工具，让中国仿真迷途破晓。

第一节　企业仿真之怪现象

在国内，至少在目前，仿真是大企业的"专利"。无论是自筹资金，还是立项拨款，仿真这样的奢侈品只有大企业有实力获得。所以，下文所述的怪现象也是大企业的"专利"。

我们对比仿真在国际标杆企业和国内企业的价值体现时发现，在国际标杆企业，仿真是设计的必修课，也是设计的必备手段；而在国内企业，仿真只是设计

⊖　这是一个热门的网络用语，是"虽然不明白在说什么，但好像很厉害的样子"的缩略说法。

的选修课，不到万不得已都不用仿真。在国际标杆企业，仿真可替代大多数试验，在研发全程成为设计依据；而在国内企业，仿真只是试验的附属品，多用于研发后期的设计校核。在国际标杆企业，"仿真驱动研发"已经成为企业战略；而在国内企业，仿真仍然是锦上添花。总体看来，仿真在国内企业的开发深度和使用效果远未达到预期。

其实，国内企业和国际标杆企业的仿真条件差别并不大。首先，我们使用的软硬件几乎无差别，在数量和版本上甚至优于国际标杆企业。其次，国内企业中使用仿真软件的人员与国际标杆企业也无差别。条件差别不大，但仿真的命运却有天壤之别，到底是为什么？

在企业调研时，多家企业讲到了同一个现象，我们把这个现象称为"大拿迷局"：

1）对于同一个问题，使用同一款仿真软件，两个"大拿"做出来的结果不同！

2）同一个"大拿"，用不同的软件，做出来的结果不同！

3）用试验进行验证，发现两个仿真结果与试验都不同！

面对这些怪现象，仿真人员往往给不出合理的解释。仿真人员当然坚称仿真具有价值，所以给出的解释往往是："仿真虽然不能告诉我们精确结果，但至少会告诉我们一个趋势，告诉我们哪个设计更好。"这样似是而非的解释，只会损害仿真的形象。这是给自己找了一个主动放弃仿真价值和地位的下台阶，是仿真界的"投降派"。这也解释了为什么仿真在设计人员的眼里毫无价值，进而在企业中的地位无关紧要。如果这些解释是合理的，那也代表仿真本身是无价值的，它无法解决设计中的问题，并成为设计依据！

当我们在企业内部深入探寻导致这个现象的原因时，不同人士给出不同答案：

- 高层说：中国企业存在人才断层，人员经验不足，欠缺高水平人才。
- 中层说：软件太多，使用太随意，想用哪个用哪个，没有规矩。
- 专家说：年轻人太浮躁，都希望"学而优则仕"，坚守技术者寥寥。
- 仿真者说：仿真与设计收入倒挂，画图比算题挣得多。吃的是草，挤的是奶。
- 设计者说：计算结果没谱，与试验结果不符，不能作为设计依据。
- 资深者说：没有工程经验，缺少知识沉淀，仿真这活儿新人干不好。
- 初学者说：软件应该定制化，过程应该模板化，可这些事儿老人不爱干。

- 信息部说：应用部门对软硬件的选型随意，重复购买，资源不共享。
- 专业室说：不知道仿真软件在何时用、在哪里用、用什么功能、怎么用才对。

说法很多，也并没有很好地解释"大拿迷局"。以上说法说明，中国企业存在的不仅仅是"大拿迷局"，还反映出企业存在的更多怪现象。

第一，企业有很多仿真软硬件，也不缺软件使用手册、使用指南、使用技巧和使用案例，但缺乏与产品研发流程相适应的仿真标准和规范。没有规范，企业就不清楚在设计和研发过程中何时用什么软件、做什么仿真。没有标准，仿真人员也不知道如何做、做成什么样才是对的。所以仿真结果一直波动，可信度不高，无法作为设计参考，更无法驱动研发。企业还是将"仿制＋试验"作为主要研发模式。

第二，企业不缺仿真团队、技术人员、技术培训和培养经费，也不缺身怀绝技的毕业生，但缺乏有利于人才培养、考核与激励的组织体系和文化环境。仿真团队和其他部门关系不明确，队伍不能稳定，人才不能持续进步。

第三，企业不缺软件需求和采购经费，也不缺采购体系和招标流程，但缺乏仿真装备的系统规划和建设路径。没有系统规划和资源共享，由各部门分别选型，一定会形成软硬件的重复和空白。有些领域"朱门酒肉臭"，有些领域"路有冻死骨"，造成软硬件与仿真需求不匹配，研发经费投入效益大打折扣。

第四，我们不缺企业战略，不缺领导指示，但缺乏一套仿真在本企业的定位描述，我们把这种描述称为"仿真战略"，用于指导企业工作人员应在仿真上做何种等级的投入。没有仿真战略，就像缺乏一把标尺，无法对仿真组织、人员培养、软硬件采购和配置进行正确评价，更无法指导仿真能力体系的规划与建设。

第五，我们不缺软硬件，也不缺仿真数据，但缺乏所有仿真资源的整合载体。仿真相关资源和数据零散分布，各自为战，无法形成合力。

通过前面总结，我们看到，中国的仿真看似缺乏很多东西，但可以提炼为"三轻三重"，即企业重设计轻仿真、重软件轻人才、重使用轻规范！这三轻三重，道出了当前企业在仿真方面的主要问题。我们看似很重视仿真，但是我们"偏食"。有些地方的建设冗余了，有些地方还是真空，有些地方有赘肉，但骨头还缺钙。

除了上面提到的各种怪现象，企业对仿真还有很多误区，以下观点是不是听起来很熟悉？

- 要想搞好仿真，就要买好的软件，买对的软件。
- 好马配好鞍，要想研发先进产品，软硬件就要先进。

- 能用起来的软件才是好软件，仿真软件精度高才有用。
- 仿真软件是工具，用好工具是工程师的职责。
- 搞仿真平台就是搞信息化，是信息化部门的职责。

以上观点不仅随处可见，多数人也认为是正确的，但在笔者看来都是误区！依照这些观点制定出来的仿真发展方案，在企业会处处碰壁，最终无法实施。

总之，我们轻视了仿真！过去，我们往往用朴素的方式来对待仿真，总认为既然供应商的专家们把仿真技术变成了软件，就应该像钳子、扳手那样，需要时则拿起来用，不需要时就放在一边。但前面的怪现象让我们意识到，仿真似乎不是这么简单。

第二节　体系是解决之道

面对不简单的问题，一个有效的解决途径是从更高的层面和更广的视角进行系统思考。为此我们引入了社会技术学，因为前文所述的现象让我们意识到，我们遇到的仿真问题是一个典型的社会技术学问题。从社会技术学模型看，仿真的确不是一项简单的技术，而是一项在人类社会中发挥作用的复杂技术，符合社会技术学特征。

社会技术学是运用社会学的理论、观点和方法，研究技术对社会的影响、作用以及协调发展的科学。社会技术学认为，社会技术体系由一个中心（战略）和三个要素（组织、技术、流程）构成。在信息化和云计算时代，我们增加一个要素：信息化平台。最终形成的模型如图 2-1 所示。

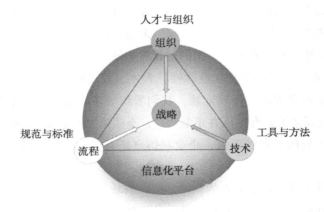

图 2-1　社会技术体系模型

该模型从战略、组织、技术、流程以及信息化平台几个方面对体系进行分析。战略是中心，组织、技术、流程围绕战略展开，信息化平台是战略实现和体系落地的支撑和载体。由此构成"1-3-1"结构模型：

- 一个中心——战略——决定了体系的愿景和使命。
- 三个要素——组织（人）、流程、技术——决定了体系的运行模式。
- 一个载体——信息化平台——利用了信息时代的便利性，为体系提供支撑。

社会技术体系的发展通常是从技术开始。当技术达到一定程度，需要进行社会化推广应用的时候，就必须明确战略体系、完善流程体系、组织体系及人才体系，最终形成完整和稳定的社会技术体系。在一个社会技术体系中，最不容易出问题的是技术，最容易出问题的是组织与流程。因此，建立完善的社会技术体系是保障技术良好应用的基础。

第三节　仿真体系参考架构

从社会技术学角度看，仿真不仅仅是一项简单的技术。如果不能建立一个科学、完整的社会技术学体系，仿真很难发挥作用。支撑企业仿真能力的不仅仅是仿真软硬件系统，而是由许多相互依赖、相互联系的要素构成并相互作用的一个复杂整体。这个整体除了仿真软硬件，还包括仿真相关的运作流程和标准规范，以及与组织和人员相关的其他能力要素。我们把这个整体称为综合仿真体系，它实际上是社会技术学在仿真领域的定制化应用。社会技术体系的标准模型在仿真领域实例化后，形成如图 2-2 所示综合仿真体系模型。

这个体系由仿真相关的技术、人和流程三个维度构成并相互影响。作为一个社会技术学体系，仿真体系也应基于企业研发体系进行整体规划和建设，单纯地围绕软件和硬件等技术要素进行建设，对技术体系的能力提升程度有限。所以仿真体系应在仿真战略指导下，从三个维度均衡建设：

1）技术建设：仿真装备的科学选型、规划与建设。仿真装备包括仿真软件、计算硬件、网络设备及操作系统，以及利用这些设备搭建的仿真云。

2）流程建设：包括综合仿真流程（包含对设计流程的仿真化改造形成的综合设计流程，以及从该流程中提取的多学科仿真流程）、仿真规范和标准的建设。

3）组织建设：仿真团队及组织结构建设，涵盖运行机制、任职资格、激励机制和人员培养等方面规划与建设。

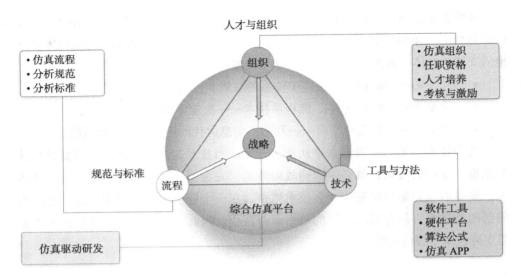

图 2-2　综合仿真体系模型

　　另外，在信息化和云计算时代，应该综合以上三个维度，建设体系要素的载体——综合仿真平台。

　　对以上各要素进行细分，可得到更多要素：战略、人才、组织、流程、标准、规范、软件、硬件，最终形成综合仿真体系的参考架构，如图 2-3 所示。

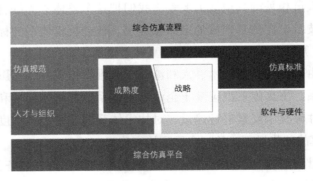

图 2-3　综合仿真体系参考架构

　　综合仿真体系参考架构给出了仿真体系的完整要素以及它们之间的关系。参考架构的价值在于：在建设仿真体系的时候可以帮助企业审视体系发展的均衡性，既不偏重也不偏废任何一个重要指标。

仿真体系其实是一种能力体系，所以也称为"仿真能力体系"。企业引进软硬件等资源后，便初步拥有了一定的仿真能力。但是，企业仿真能力建设过程中的大量实践也表明，一些企业把仿真能力建设与软硬件采购等同，而忽略了构成体系的其他要素。仿真软硬件很容易采购，国内企业的仿真软硬件配置基本与国外先进企业保持同步或接近，但仿真体系所蕴含的软能力无法购买，需要基于企业自身研发特点，开展系统的规划和持续建设。

在缺少能力体系支撑的情况下，很难对仿真技术进行积累，仿真软硬件往往会被闲置，仿真人员无法持续进步，整体仿真能力的提升速度缓慢。大多数国内企业对仿真体系本身的综合性和复杂性认识不足，在仿真技术的使用、仿真规范标准的完善、仿真过程及数据的管理、仿真人员能力的培养、仿真组织的进化等方面，与国外同行还有较大差距。这种差距往往不在于技术、软件、硬件等硬能力，而在于人才、组织、流程、标准、战略等软实力。因此，仿真体系建设是大量采购软硬件之后的必然发展阶段。通过仿真体系的整体提升，可以完善技术软实力，拉近与国外先进企业的差距。

第四节　综合仿真体系要素

依据图 2-3 所示的综合仿真体系参考架构，综合仿真体系包含的要素有：战略、成熟度、流程、标准、规范、人才与组织、软件与硬件、平台等，下文将给予简单介绍。

1. 企业仿真战略制定

企业仿真战略是仿真体系建设的顶层指导原则，需要确定仿真对于本企业的重要程度，这决定了一家企业将以何种力度对仿真体系进行投资。并不是每家企业都适合在仿真方面做重度投资，应该根据企业整体战略和产品研发战略来做出判断。对于一家将产品研发和创新作为重要战略的企业来说，仿真自然应该是最重要的投资之一。但是对于以来料加工为战略的企业，甚至不需要做任何仿真投资。

当然企业的战略不是一成不变的，战略本身的进化路线也是战略规划的一部分。对于可预期的未来（几年），如果在产品研发创新方面有投入计划，仿真也应作为其配套的计划之一。

2. 仿真体系成熟度规划

细心的人会发现，综合仿真体系参考架构中有一个特别成员：成熟度，而且我们把成熟度和战略放在同等位置，以示它的重要性。

你也许会问，体系的成熟度难道不是在发展过程中自然而然形成的吗？其实，在有战略设计的企业中，成熟度是被"选择"出来的，就像企业需要选择战略一样。因此，成熟度与战略相伴而生，它应与战略同时选择，也是仿真战略分阶段表达的一种方式。成熟度可让企业在仿真领域做适时和准确的投资，不早不晚，不欠不溢。

成熟度概念也是考虑到企业发展的渐进性而提出的，所以仿真体系建设也应该采用渐进策略，按照成熟度规律逐步进化。在仿真体系建设之前，或者仿真体系建设获得阶段性进展后，都应该对其成熟度进行评价，这有助于企业明确其当前位置，便于确定下一步的工作方向和重点。

我们把仿真体系的成熟度模型分为五级，分别是采纳级、重复级、预测级、驱动级和引领级，其评价基于企业仿真体系各个维度所达到的程度，成熟度的总体级别根据各维度加权平均而获得。这个过程可以协助企业盘点自身的仿真技术能力及资源，认识当前的不足和短板，从而制定体系目标规划和具体建设策略。

3. 仿真标准与规范建设

仿真标准与规范是企业仿真最佳实践的结晶，也是仿真技术能力提升的重要手段。

仿真标准与规范建设是以仿真化的设计流程——综合设计流程为前提的，所以基于仿真思维对设计流程进行改造和优化是仿真体系建设的关键内容之一，也是仿真驱动设计的具体体现。企业应通过分析自身的研发特点及仿真现状，基于企业核心研发活动，选取行业内标杆企业进行对标分析，梳理设计流程，找到流程中仿真性价比最高的环节，将仿真技术嵌入正确位置，并细化研发活动中各项仿真任务的技术标准和执行规范。

仿真规范主要解决什么时候做什么仿真的问题，规定了产品在各阶段和各专业应开展的仿真任务。仿真规范中的仿真任务须明确仿真任务的工作要求、输入 / 输出、上下游工作关系、使用的技术和工具、执行人员要求、标准工作量、可参考知识或规范等。

仿真标准主要解决如何做仿真的问题，是针对单项仿真问题做出具体规定的技术方法及强制执行的文件，包括计算方法、软件工具、模型处理、材料选择与等效、边界条件确定、计算控制、结果处理及评价、试验标定等。

仿真标准需要通过实物试验来标定，将计算结果与实验结果进行多轮迭代对比，充分论证计算过程、材料参数选取、模型等效、荷载工况及计算算法等的合理性。同时，该过程反过来会促进试验过程趋于合理和精益。

4. 仿真人才与组织建设

企业需要系统规划仿真人员配置、技术能力要求（KCI）、激励机制（KPI）、任职资格和分级标准，并制定能力培养计划。与普遍使用的 CAD 技术不同，仿真技术涉及数学、力学、电磁学、控制、优化等多种学科，对仿真人员的能力要求更高，一般应具备较强的数学和力学理论基础、丰富的工程实践经验以及多种仿真软件使用能力等。用户通常需要数年的工程实践和持续培训提升，才能具备对仿真过程的控制能力及对仿真结果的评价能力。

企业应创建并发展与仿真战略相适应的仿真组织，如仿真中心（科、室），并发展与之配套的文化与制度体系，包括组织使命、组织任务、组织文化、组织架构、部门职责、业务流程、跨部门协作等内容。专业的仿真组织除了执行企业各项重大仿真工作外，还要负责仿真体系的建设规划、建设和能力提升工作。

5. 仿真软硬件规划与选型

仿真软硬件是所有仿真活动开展的基础工具。一般来说，大中型企业都拥有数十种仿真软件，某飞机研究所等总体设计单位拥有数百种仿真软件，涉及前后处理、固体力学、流体力学、计算电磁学、系统控制以及仿真过程和数据管理等。此外，仿真硬件也从个人工作站逐渐向高性能计算（HPC）甚至企业云计算发展。

仿真体系中的软硬件规划及配置主要是基于仿真战略，结合企业产品研发特点及仿真需求，开展仿真软件及硬件体系的规划和选型，采购更恰当的软硬件种类和数量，完成仿真体系中软件资源的最优化配置，保护仿真软硬件投资，以及对软硬件进行安装、调试、集成、二次开发等。如有必要，可以建设企业的仿真私有云平台，以提高仿真相关资源的使用效率。比如，某集团建立的仿真软硬件资源公共服务平台，对集团内所有企业的仿真提供了最高性价比的软硬件支撑。

6. 综合仿真平台的建设

综合仿真平台是通过集成仿真体系相关的工具和技术、规范与标准、人才和组织而形成的一套信息化系统。通过综合仿真平台可以实现各类仿真相关的技术活动和管理工作的信息集成，共享仿真数据，规范仿真流程，还可以通过对各类仿真软硬件工具的技术改进和配置优化，将大量人工处理过程用计算机替代，开展效率更高、更广泛的多学科联合仿真。仿真部门可基于平台部署仿真任务、管理仿真过程。仿真人员基于平台开展具体工作、调用仿真软硬件工具、积累仿真知识和经验。仿真流程和数据通过平台管理，仿真标准和规范通过平台执行，仿真组件也通过该平台进行管理与调用。

7. 一个观念和两种能力

仿真体系建设可以帮助我们建立"一个观念"和"两种能力"。

- **"一个观念"**：是否用仿真不再是竞争力要素，知道在哪里用仿真才是重要的，如何用好仿真则更为重要。
- **"两种能力"**：①分析产品研发流程，找到研发流程中仿真价值最大的环节，在此凝聚正确的仿真资源；②让仿真资源在这些环节高效、正确地应用，从而获得稳定的仿真结果，成为设计的重要参考依据。

"一个观念"和"两种能力"也是"仿真驱动研发"战略对企业仿真能力建设的必然要求，核心是要做到"在合适的时候做合适的仿真，并且把仿真做正确"。

总之，通过仿真体系可充分激活企业的仿真潜力，提升仿真效益，实现企业当初引入仿真技术的初衷和愿望。

第五节　综合仿真体系建设

综合仿真体系的价值归结为一句话就是"系统化提升仿真效益"。据此，我们设计了仿真体系建设路线，如图2-4所示。

综合来讲，我们要从企业现状出发，根据企业战略和研发战略选择适宜的仿真战略。根据产品需求和研发流程，结合仿真战略对设计流程进行仿真化改造，形成综合设计流程。通过分析设计流程，形成一系列多学科仿真流程。基于该仿真流程，结合行业规范可形成仿真规范，结合试验标定可建立仿真标准。在组织建设方面，我们进行任职资格、人员培养和考核激励制度的建设。在装备建设方面，我们进行软硬件的规划与选型，搭建企业仿真云。在仿真体系建设过程中，根据统一规划、分步实施原则，逐步建设综合仿真平台。仿真平台是整个仿真体系的信息化载体，它将流程、标准、规范、知识、数据、组织以及软硬件集成起来，形成企业仿真的协同工作环境。

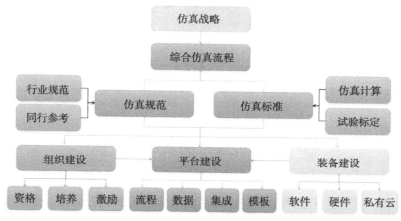

图 2-4   综合仿真体系建设路线

综合仿真体系的建设内容、过程及其带来的价值包括以下几个方面：

1）盘点企业现有的仿真资源，发现仿真体系存在的问题及需求，提出针对性的建设方案。

2）基于仿真成熟度评估，参考国内外同行最佳实践，明确仿真战略，对仿真的定位既不超高也不过低。

3）通过设计流程的仿真化改造，形成综合设计流程，实现仿真驱动研发。同时，基于此流程提取、形成一整套多学科协同和集成的仿真流程。

4）基于综合仿真流程，建设仿真规范，确保在正确的时间做正确的仿真，不会遗漏，也不会重复。

5）编制仿真标准，沉淀仿真知识和经验，形成企业最佳实践。仿真标准可以提高仿真应用效率和可信度，逐步替代传统物理试验。利用仿真模板固化仿真标准，形成"点击即用"的仿真模板，通过知识的软件化，保证标准执行不打折扣。

6）建立或完善仿真中心（科室），培养一批仿真人员，并完善组织结构和相关工作制度，理顺设计与仿真的相辅相成关系。进行人才梯队建设，给予价值认可，付出合理薪酬，有助于留住人才、发展梯队，人尽其才。

7）形成持续的仿真软件建设规划，综合考虑企业中各部门、各专业的仿真需求，充分利用现有资源，均衡建设，补充短板。

　　8）建设高性能硬件系统，大幅提高计算效率。科学的硬件选型可确保投资正确。建设仿真云，使计算设备物尽其用，既不冗余，也不"缺钙"。

　　9）建立综合仿真平台，整合仿真技术，管理仿真相关的软件模块、数据知识、仿真任务及过程等。综合仿真平台通过信息化手段保障仿真体系真正落地执行，避免人为因素阻碍体系的运行。

　　总之，仿真体系需要平衡推进，以确保所有的新投资（人力和经费）不会浪费，过去的投资得到保护。

第六节　仿真驱动研发的本质

　　"仿真驱动研发"是当今仿真界最强的呼声，越来越多的国际标杆企业将其作为仿真战略。对中国企业来说，这也是当前最合适的战略。但是，企业引入这一战略的时候，未必真正理解其内涵。如何做到"仿真驱动研发"，在业界众说纷纭，不同组织和机构各有一套观点。本节也提出我们的观点。

　　"在正确的时间做正确的事，并且把事情做正确"，是现代企业的一项重要观念。这一观念体现在"仿真驱动研发"战略中就是："仿真不再是竞争力要素，知道在哪里用仿真才是重要的，如何用好仿真则更为重要。"因此，"仿真驱动研发"其实就是在合适的时间做合适的仿真，并且把仿真做正确。这意味着，要在研发的关键环节正确利用仿真技术来打通设计瓶颈。这里强调让仿真只出现在正确的地方，好钢用在刀刃上，而不是在研发流程的所有环节泛滥。研发流程就像水利工程，仿真就像水泵，在哪里采用何种水泵才能多快好省地发挥水泵的作用，需要对整个水利管道进行充分论证和分析。综合和透彻地分析研发流程的每个环节，在关键和必要的环节中正确地采用仿真，让仿真这样一个高成本、高效益的工具在正确的地方发挥正确的作用，是"仿真驱动研发"的关键。

　　把正确的人安排到正确的岗位上，重要的事情让能力强的人来做，是现代企业的第一项重要能力。这种能力具体体现在仿真体系中就是："分析产品研发流程，找到研发流程中仿真价值最大的环节，在此凝聚正确的仿真资源，特别是人力资源。"

　　把事情做正确是战略落地的保障，是现代企业的第二项重要能力。这种能力具体体现在仿真体系中就是："让人力资源在关键环节高效、正确地应用仿真技术，获得稳定的仿真结果，成为设计依据。"仿真标准是将仿真做正确的保障，其根本目的是"保持计算结果的一致性"，是解决"大拿迷局"的重要途径。只要遵守同一个标准，对于同一个问题，不同的人用不同的软件仿真得到的结论都应该是一致的。标准所规定的方法未必是最优的，但结果是可重复的，可以被重现和追溯的结果才是最可靠的，才能作为设计依据。

第七节　走出企业仿真误区

建设综合仿真体系的前提是我们正确认识仿真。前文我们讨论了企业存在的各种误区，这些误区阻碍了仿真在企业的效益发挥。通过前文论述，我们可以就这些误区修正如下：

1）误区一：要想搞好仿真，就要买好的软件，买对的软件。

修正一：选择一个具有体系建设思路和能力的合作伙伴比购买软件更重要。

2）误区二：好马配好鞍，软硬件要先进。

修正二：单纯购买领先于体系成熟度的仿真软件，并不能提升仿真能力。仿真体系推进不能有短板，不要在某些维度上盲目推进。

3）误区三：能用起来的软件才是好软件。

修正三：仿真体系是唯一能保障仿真用起来的手段，仿真软件本身并不具有这个属性。

4）误区四：仿真是工具，是工程师自己的事情。

修正四：仿真是特殊工具，需要体系化保障。体系建设是组织的事情，不是几个工程师就能解决的。

5）误区五：建立综合仿真平台就是信息化。

修正五：仿真体系建设是信息化平台的基础，体系的欠债迟早是要还的。

本章通过对大型企业的问题分析，提出基于社会技术学的综合仿真体系理念。该体系包含技术、流程和人三大维度，涵盖战略、人员、组织、标准、规范、软件、硬件、知识、平台九大要素。只有建设仿真体系，企业才能真正建设本企业的仿真能力，进而提升企业的仿真效益。

本书的第二篇将对这套理念对应的方法论进行深入剖析。

第三章 | Chapter3

中小企业仿真

通常来说，中小企业要么制造简单产品，要么为大企业做配套，为整机制造零部件。在工业标准之下，很多零部件都是标准件，这种产品不需要复杂的研发设计过程。即使不是标准件，也可以根据大企业的图纸进行加工。因此，在设计创新方面的低需求决定了中小企业在仿真方面的需求明显低于大企业。

但是，随着企业制造能力和生产效率的提升，市场上同类产品越来越多，产品同质化越来越严重。即使社会企业总数不增加，仍能感觉到竞争不断加剧。中小企业不仅需要降低成本，更需要创新，研发出符合大企业功能、性能要求的更低成本的产品，甚至需要产品在功能和性能方面具有独到之处，才能赢得大企业的订单。因此，中小企业不能满足于标准之下的制造，也不能完全依靠大型企业的图纸来加工，而需要对原来的产品进行创新。

可见，研发创新不再是大企业的专利，而是越来越成为市场对中小企业的要求，甚至出现"不创新就死"的现象。中小企业必须通过产业升级提升品牌影响力，通过自主研发来增加产品附加值。与大型企业相比，虽然中小企业的研发创新基础较差，比如研发基础设施、人员储备、技术积累等方面均无法与大企业相提并论，但是他们具有运营机制灵活的优势。如果能够有效利用先进科研方法和技术资源，他们仍然可以通过适度的研发创新提升产品附加值，提升企业竞争力。

与研发创新伴随的是仿真应用，但中小企业在仿真道路上所面临的困难却是冰冷和现实的。缺人、缺钱、缺技术是中小企业采用仿真技术的三大门槛。没有仿真，中小企业的创新往往沦为"假创新"，即便不是脑筋急转弯式、给人做嫁衣的好点子，那也是瞬间可被人复制、缺乏持续生命力的创新。

在本章，面对中小企业的高门槛"维谷"，我们"叩天"的任务是飞架一座云桥，帮助中小企业跨越仿真门槛。

第一节　中小企业仿真之高门槛

我们将中小企业采用仿真的困难总结为"高门槛"，具体表现在如下几个方面。

首先是缺经费。销售收入较少和研发投入比重低，造成中小企业的研发经费较少，无法购置先进的软硬件设备以用于新产品的研发。仿真这样一个"成本大鳄"，当然是在排除之列。

其次是缺人。中小企业科技人员的数量和比例明显低于大企业，往往很难界定一个人的工种，可能同时是 A、B 和 C，即使做仿真也只是蜻蜓点水。

第三是缺技术。中小企业技术人员的技术积累和仿真经验较少，仿真这种对经验和技术积累要求较高的工作，中小企业的工程师常常无法独立完成。

因此，中小企业走上仿真道路比大企业更加困难。过去二十年，笔者供职的公司服务的客户往往是大企业，主要是基于投入产出比的考虑。大企业的采购量可以支付供应商一对一服务费，但中小企业不能。他们不仅支付能力弱，由于技术上的缺位，以及行业和专业的分散，在供应商服务上需要的人均成本反而高于大企业。这种不划算的买卖是无人做的。

第二节　云是中小企业的仿真天桥

为了帮助中小企业跨越仿真门槛，传统的做法肯定行不通，只能走不寻常路。而工业互联和工业云时代的到来，实现了让中小企业的仿真天堑变通途的愿景。在解决经费、人员和技术的不足方面，云都具有独特优势。云计算似乎就是那架让中小企业通向仿真的天桥。

首先，在互联网上，所有的技术都可以服务化，而软件技术具有天然优势。过去，软件是用来售卖的，现在却可以作为服务的载体，即所谓的 SaaS（软件即服务，Software as a Service）。认为仿真软件贵，其实是认为其性价比低。中小企业一年内使用仿真软件的机会远不如大企业多。在非云时代，仿真软件的销售模式只有买断或年租，这两种模式对于大部分时间闲置的资源来说，性价比都很低。

通过 SaaS 模式，软件可以通过订阅、时租甚至免费的方式提供给用户。因此，中小企业获得仿真软件的资金门槛基本消失。

其次，在互联网上，所有的服务可以社会化。过去产品相关服务只能由供应商或者代理商来提供，通过有限的供应商来提供服务不仅成本高，而且存在瓶颈。但在云时代，任何人都可以通过云平台为其他人或组织提供服务。通过这种有偿服务，社会上所有具备一技之长的人均可以获得一定经济收入。而且通过互联网提供服务，服务的对象也可以是无穷多的，向每个服务对象收取少量服务费就可获得可观的收入。同时，社会上的技术力量近似认为是无穷大的。这两个"无穷多 / 大"彻底打通了服务瓶颈。其实，能为你提供最"解渴"且低成本的服务的人往往是你的同行甚至是同事，而不是供应商。投入产出比最高的服务对象也是你的同行或同事，因为你已经掌握了他们需要的技术而不需要额外学习，所以用少量的服务成本即可获得不错的收益。特别是，如果你能把知识和技术封装成 APP，让 APP 成为你的智能服务代理，就能提供更多的服务却不需要额外成本，即服务的边际成本为零，这样投入产出比就更高了。因此，在云时代，中小企业缺少仿真人员的问题也能得到解决，因为你根本不需要雇用专人来做仿真。在这种模式下，中小企业"缺技术"的问题也随之解决，企业的仿真积累已经不再是必须的。在云上，你随时可以雇用到掌握相关技术的人。

第三节　仿真云的产品服务化

传统上，仿真软件和硬件需要通过购买来获得。购买软件可以获得终身使用授权（paid up license）或者阶段使用授权（lease license，通常是年租）。购买之后，软件安装在你的硬件设备上，你便拥有了软件，这是你的资产。硬件也是一样，当你付费之后，该硬件便安装在你的工作场所，你便拥有了这套硬件，这也是你的资产。与大多数资产一样，软硬件也会随时间贬值。我们把这个模式称为"商品模式"。

但云计算时代的新模式让产品可以回归其本质——使用后产生价值。用户拥有任何产品时关注的其实都是使用后产生的价值，而不是产品本身。过去迫于无奈，只能先购买且拥有它，才能使用并获得价值。现在实际上是直达价值本身，无须多一道购买（拥有）手续。我们把这种模式称为"产品服务化"，产品不再是用来买卖的，而是服务的载体。

其实，"拥有资产"不仅采购费用高，在拥有过程中产生的费用也许更高，所谓"买得起车但用不起"就是这个意思。在车的生命周期中，保险、折旧、维修、停车等费用之和远远大于买车的费用，买车期间花费的人力和精力等无法计算的无形成本则成为最大的成本。现下流行的网约车便是汽车产品服务化的结果，这种形式很好地解决了上面的问题。

仿真云的技术服务化表现在如下几个方面。

1. 仿真软件的弹性租赁

此处的"弹性租赁"模式与过去的年租模式有巨大差别，即使用软件的时候付费，退出软件之后不再付费。只为服务付费，不因闲置浪费，无须为拥有它而付出更多的显性和隐性成本，也不用担心它在需要的时候不能使用（这在商品模式之下是经常发生的）。云计算运营公司始终确保软件处于最佳状态，用户并不需要为此担心，也不需要支付费用。无论是网约车还是仿真云，对于运维这样的专业性强但不为用户产生增值的工作，请专业人士来做的性价比是最好的。

2. 仿真硬件的弹性租赁

与软件一样，硬件也不需要买回家，只是在使用的时候付费，不会因闲置造成浪费。其实，硬件因其不可移动性，被闲置的概率更高。弹性租赁的硬件同样不用担心它的可用性，也不用操心维修、机房、电费、折旧等事宜。

硬件一般是因为软件调用而被使用，所以，在使用云上软件的时候，硬件直接被调用，软件退出的时候，硬件也自动释放。因此，硬件的弹性租赁更加方便、直接，甚至费用的支付都可以由云软件运营者来代劳。

3. 仿真 APP 的订阅模式

比通用仿真软件更接近服务化形态的技术是仿真 APP。通用仿真软件的应用需要一定的业务知识和仿真知识才能发挥价值。仿真 APP 往往是将通用软件在特定业务场景的应用过程封装起来，形成一个小型的专用工具软件。其中不仅封装了仿真知识，也封装了业务知识。所以，相比通用软件，APP 更容易驾驭，使用更简单。我们经常把这种工具称为"仿真机器人"，犹如把手动档汽车变成自动驾驶汽车，汽车更像一个服务的载体了。仿真 APP 就变成了纯粹、直观、短平快的订阅模式。

4. 仿真 APP 开发的服务化

　　仿真 APP 的开发本身就需要技术支持和服务调用，除了需要调用网格算法、求解器、图像技术、公式计算等仿真专业技术外，还需要调用用户计费、付费、结算等非仿真专业的技术。这些技术都可以由云平台提供，而不需要 APP 开发者费心劳神地自己搜罗和创建。也就是说，APP 的开发者是仿真云平台 PaaS 层的用户，而 PaaS 层的技术本身就是以服务的形式提供的。当然，这些服务化技术也可能是全球其他技术人员开发的，这使得仿真云平台的开发变成了一个采用全球协作模式的工作，而不仅仅是仿真云运营商自己的工作，这些都得益于技术的服务化。

　　显然，仿真云的技术服务化实际上降低了软件使用的经济门槛和技术门槛，有利于中小企业应用仿真技术。

第四节　仿真云的服务社会化

　　过去，仿真软件的服务是由开发商来提供的，应用代理机制后，这种服务由代理来提供，这种方式更受欢迎，因为代理具有就近特征，可以快速且低成本地赶到现场并提供服务，使得服务的性价比较高，是软件开发商、用户和代理商三赢的模式。但这种模式在非云时代才有优势，那时候软件的交易、使用和服务都在线下进行。

1. 线下服务的缺点

线下服务具有瓶颈严重、价格昂贵、服务不精准的缺点。

（1）瓶颈严重

无论是开发商还是代理商，服务人员的数量是有限的，服务提供商只会选择那些投入产出比较高的用户来服务，因此制约了仿真用户数量的增加。

（2）昂贵

线下服务肯定存在大量的硬性成本，如差旅费用、额外时间、管理成本等，这些成本必然会转嫁到用户身上。另外，物以稀为贵，严重的服务瓶颈导致供给小于需求，所以，软件供应商的服务往往比较昂贵。

（3）不精准

仿真软件公司的技术服务人员的特长在于软件应用本身，而仿真软件的应用精髓在于与工程的结合。仿真软件应用于各行各业，特别是那些通用仿真软件，软件服务人员无法精通各行各业的工程知识，甚至连了解都谈不上。因此你会发现，这些服务人员的服务层次非常低，只局限于软件功能和使用方法的咨询，通常无法为用户提供针对工程应用的精准服务。

2. 社会化服务的优点

其实，没有规定仿真软件的服务只能由软件提供商来承担，这是线下时代的自然而然和不得已的产物。在云计算时代，仿真服务模式发生了天翻地覆的变化，这种变化就是"服务社会化"，也就是说，仿真服务可以由社会上任何一个人来提供。服务社会化有以下优点。

（1）无瓶颈

在云时代，人们可以通过互联网进行无成本、无时差、无空间限制的交流，只要平台上的服务人员足够多，这种服务就没有瓶颈。人人都可以是仿真服务提供者，人人也都是仿真服务的受益者。

（2）便宜

与线下服务的高成本相比，线上服务无差旅费用、无须额外时间、自组织（无管理成本），其硬成本几乎为零。无瓶颈的服务模式，加之人员数量的大增，使得服务价格必然趋于合理。

（3）精准

其实最懂你的人是你的同行甚至你的同事。当他们掌握了仿真技术，且解决过你准备解决的相同或相似的工程问题时，为别人提供服务就会非常精准和高效，不需要花费太多的时间和精力就可以快速提供高价值的服务。

仿真服务社会化后，软件公司服务的同城外包、用户的服务小队（类似私人医生）、特定技术咨询的社会化供应、技术知识与经验的有偿交流、仿真 APP 的开发等将会成为常态。

只要社会力量的服务能获得相应的回报，特别是经济回报，仿真服务社会化就可以实现。所以，除了提供人与人社交的互联网平台外，仿真云平台上各方角色的盈利和激励模式的设计是重中之重。

显然，仿真云的服务社会化实际上降低了软件使用的技术门槛和人才门槛，有利于中小企业应用仿真技术。

第五节　仿真云生态是解决之道

工业云从技术上提供了可能，但仿真云绝不仅仅是把仿真软件云化，放到网上让用户订阅这么简单。试想一下，在中小企业的技术人员尚未掌握仿真应用技术之前，任何形式的软件对他们来说都是有难度的，无论是云上还是线下。而在中小企业尚未大量成为仿真云的用户之前，也就是服务需求尚未成规模之前，提供服务的社会化服务资源也没有兴趣成为云的守望者。所以，仿真云上的单一价值模式和两三个物种无法支撑平台的持续运营，需要利用云技术打造一种新的产业模式，我们称之为"工业仿真生态"。

云计算模式与传统工业软件的运营方式不同，也正是这种不同为中小企业的仿真应用提供了可能，两者最大的不同是云计算提供了生态衍进的土壤。所谓生态，即不是只有一个物种，而是有很多利益相关的物种聚集在一起，形成一个或多个相互支持的完整闭环，称为生态链。工业仿真生态的本质是将仿真相关的所有资源聚集在一起，产生聚合效应，打造一个仿真价值共同体，与仿真有关的所有资源都可以在这里获得最大的收益。城市的商业地段之所以贵，是因为那里已经被经营得人流似水，有人便有市场，在这里卖什么东西都能有很好的收益。

生态意味着具有自生长特性，互联网的疆土无限大，地广人稀，在没有经营之前，一个领域就好似一片沙漠，几乎任何植物在沙漠里都无法存活。有了绿洲，生态才可能自维护、自生长。所以在考虑仿真生态时，我们首先要考虑：到底是在一个现成的绿洲中做仿真生态，还是先设法创立并经营一个绿洲，然后再建设仿真子生态？目前在中国乃至世界范围内，工业互联网尚处在萌芽期，众多平台逐鹿中原都是为了跑马圈地，尚未出现一家被广为认可的"绿洲"平台。所以，仿真云生态只能依靠创立而生，无法借助现有生态。

我们设想的理想仿真生态（参见图 3-1）包括软件供应者、知识提供者、软件应用者、APP 开发者、APP 应用者、线上服务提供者、线下服务合伙人、服务消费者、知识赞助者、知识消费者、PaaS 提供者、IaaS 提供者等。多角色相互提供对方需要的东西，形成正激励，推动生态逐步繁荣，生生不息。这种生态不是一朝一夕形成的，需要较长时间的经营，从一点一滴做起，从种子生态和小微生态起步。

图 3-1　仿真云生态示意图

第六节　云平台是仿真生态的基础

当然，仿真生态中各"物种"的生存需要一个特殊环境——仿真云平台，该平台为仿真生态提供以下支持：应用软件、APP 和底层硬件的应用环境，并对它们的订阅进行计费和付费；进行知识评价、赞助和收益计算；对服务交易进行担保、估价和交易管理；为开发者提供 APP 开发环境、微服务调用和计费服务；为合伙人在线上/线下服务客户时提供收益计算、结算和管理等服务。这些都是生态运行不可或缺的。

因此，仿真云平台（参见图 3-2）应该提供以下模块或功能：

- 仿真云桌面：应用人员进行三维仿真软件交互式操作的平台。
- 仿真云超算：提供大规模求解计算，支持各种仿真求解器及其并行计算。
- 仿真云数据：提供仿真数据的个人数据存放和组织（企业）数据管理。
- APP 开发环境：可调用微服务、算法、求解器，可进行交互式界面设计。
- 应用商店：仿真软件及 APP 的上传、管理、下载、配置和计费。
- 仿真社区：技术服务者可以在社区开店，供有需求的人购买需要的服务。
  仿真 APP 开发者可以在这里交流经验和分析技术。

图 3-2　仿真云平台界面

第七节　仿真生态带来的价值

总的来说，仿真生态为中小企业带来如下价值。

1. 随时仿真，捕捉灵感

仿真云提供了仿真软件 SaaS 模式，只要用户能接入互联网，就可以随时获得仿真软件。现在的网络速度使得在线软件的使用体验与使用本地计算机并无二致。只要有任何创新灵感需要仿真确认，就可以随时进行。

2. 无限的高性能计算资源

有了仿真生态，高性能计算的获得不再是瓶颈。以前，高性能计算机非常昂贵，一般大型企业都很难承担相关费用，中小企业更是不敢奢望。但云超算模式可以实现无须购置硬件、按需付费、可随时获得。由于是短时间使用，价格并非难以接受，所以需要时，用户可以调用近乎无限的计算资源。

3. 软硬件资源精益使用

在云时代，一方面软硬件资源无限多，无论是种类还是数量；另一方面，这种资源的使用非常精益，不使用则不付费。只有在云时代，无限多和精益化两个看似冲突的特性才能和谐统一起来。

4. 仿真软件全站式提供

仿真软件的求异特性使得软件种类非常之多，针对不同专业、不同行业和不同应用场景，要用到不同的仿真软件。即使是同一家企业，也可能需要种类众多的仿真软件。一个有多家和多类企业入驻的园区或者一个行业，对仿真软件种类的需求更是庞杂。而仿真云可以提供全站式软件（图 3-3），任何软件都可以通过仿真云集中提供给特定对象。当然，这需要仿真云和软件供应商做好对接，建立好生态，因此，对仿真云平台的运营者提出了较高要求。

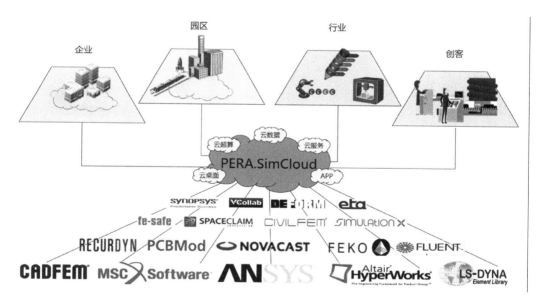

图 3-3　仿真软件全站式提供

5. 全社会服务资源对接

与仿真软件的全站式提供相对应的是全社会服务资源的对接。从来没有一个机会让如此之多的服务资源有如此统一的出口，也没有一个机会让企业从一个入口获得如此之多的服务资源，仿真生态为企业和用户提供了极大便利。

6. 企业仿真资产的积累

仿真技术的使用比较个人化，企业获得的往往是仿真人员计算后的结论，多数情况下只以文档报告的方式交付。其实，大量有价值的仿真资产往往蕴含在过程数据中。传统上，过程数据保存在个人计算机上，而仿真云的仿真数据是天然保存在云盘中，这为企业增加了一个将这些仿真资产积累下来的机会，而不会像过去那样由个人随意处置而导致资产流失。

仿真自主研发

就在本书写作期间，针对中国高科技企业的国际打压事件愈演愈烈。本书出版的时候，也许变缓，也许更烈。但无论如何，我国从上到下深深体会到，各个领域自主创新和转型升级已经不是能否过上好日子的问题，而是生死问题。

从芯片到机床，从手机到工业软件，中国太多行业存在核心技术的短板问题，缺乏核心竞争力，原因就是企业研发创新能力不强。正是基于对我国制造业现状的清醒认识，"中国制造2025"战略将提升企业自主创新能力作为重中之重。在该战略规划的指导下，尽快补齐我国在电子芯片、高端机床、航空发动机、工业软件等方面的短板，杜绝此类事件的再次发生，是我国目前必须着重解决的问题之一。

中国工业软件自主研发已经被产业界认为是中国工业转型升级、摆脱受制于人局面的必由之路。仿真软件作为工业软件的核心软件，更是被放在发展重心位置，是攻克卡脖子领域的重点工程。但如何发展，这是工业和软件业界一直孜孜求索的。

对当前中国企业来说，无论仿真技术和软件的需求是不是足够强烈，应用是不是足够深入，是不是设计的参考依据，都不影响仿真已经在全球现代工业进步和发展中占据不可或缺的地位，在中国也迟早如此。只要我们还有制造强国的梦想，仿真短板迟早都将成为我们的制约。所以，仿真技术的自主化突破，是当今中国工业管理部门不可推卸的责任，是中国工业软件界不可放弃的阵地。

但是，中国仿真自主研发之路一直崎岖不平。从20世纪70年代开始，经历

50 年，数次进攻，但屡战屡败，近年来大有弃阵而逃之势，只有零星几家私营公司苟延残喘。技术、人才、政策等原因找了很多，但根本原因是没有找到那条商业成功之路。没有商业成功带来的持续资金支持，国内企业都难以为继。多数所谓的自主研发，只能拿开源软件勉强封装而成，是低成本、快餐式的"假自主"。利用开源代码开发软件并没有错，很多伟大软件也是基于开源发展而来的。只是没有成功的商业推动，这些软件就不可能进入企业现场并得到工程应用，而不能经历实践验证的烈火考验，这些软件无法成为真金，无法持续进化，无法形成真正有价值的仿真软件。

　　在本章，面对中国仿真自主研发的商业化"维谷"，我们"叩天"的任务是找到那条商业成功"天路"。技术发展路径放在第四篇专题讨论，不是本章的重点。

第一节　全球仿真发展珠峰四起

　　从 20 世纪 60 年代初进入工程应用到今天，全球工程仿真已经经历了近 60 年的发展历程，总结来说分三个阶段。

1. 20 世纪 90 年代中期以前为发展期

　　该时期以软件技术提升与功能拓展为主。在 20 世纪 90 年代中期便形成了包含众多单元类型、材料模型及分析功能丰富的软件产品，并且经过了大量工程应用考核和专业机构认证，大型通用商业软件的发展达到顶峰。当时 Nastran 软件如日中天，它是 NASA 开发的仿真软件，MSC 公司将其成功商业化。同期，起源于美国核工业的 ANSYS 公司也逐步发展壮大，成为全球仿真界的一匹黑马。还有其他一批很有特色的软件也并驾齐驱，譬如结构仿真软件 ABAQUS 和 MARC、流体仿真软件 Fluent 和 CFX、电磁仿真软件 Ansoft 等。

2. 20 世纪 90 年代中期至 21 世纪初期 10 年为壮大期

　　这一时期主要以拓展市场为主、功能提升为辅。这期间更多的同类仿真软件同时出现在人们的视野，譬如 Hyperworks、Star-CD、CST 等。也正是在这个时期，国外仿真软件大举进入并占领了我国市场。

　　这十年，随着有限元理论与算法日臻成熟，数值计算方法和理论并没有新的突破，关键的仿真软件技术难点也没有太多进步。但是，国外商业仿真软件在功能上已基本满足现有工业设计的需求。因此，这一时期求解器技术上的发展虽不十分突出，但国外软件的发展已基本上可以巩固市场，并大举拓展新市场。

3. 21 世纪初期至现在的十年间为成熟期

在此期间，在技术上以通过并购实现横向扩展为主，纵向提升缓慢，技术能力处于平台期，软件的发展由核心技术发展转向概念创新发展。

自 2000 年起，全球仿真市场进入了大举并购阶段，各大仿真厂商忙于并购与重组，重新整合市场。根据统计，近二十年来，仅 ANSYS、MSC、达索、ESI 和西门子这五家厂商就并购了 100 多家软件企业，其中 30 多起并购事件发生在最近三年内，可以说全球仿真近十年来的发展基本上就是并购。此期间在分析能力上并没有太多新成就，技术水平提升缓慢，应该说软件的分析能力发展不超过 20%。

目前，全球工程仿真软件产业格局相对固定，以 ANSYS、MSC、达索、Altair、西门子等为代表的国际仿真软件巨头在技术、产品、市场等多方面均以较大优势领跑。随着工程仿真应用日趋广泛和复杂，并向多学科、多物理场和智能仿真发展，国际仿真软件厂商通过收并购、研发合作等方式推出新产品，以期继续引领产业甚至新一轮工业革命的发展。

第二节　中国仿真发展崎岖之路

国内仿真市场的总体规模自从产生之日起就逐年增长，近 10 年内增长更为明显。虽无确切数字，但通过对各主要供应商的调研做推测，近三年的数据应在 30 亿～ 40 亿元之间。

目前在中国市场流通的仿真产品数百款，原厂供应商数十家，通用软件十几家，代理商上百家。本书无意对这些数据做精确的统计和测算，只是想表达一个观点，如此巨大的市场和活跃的产业，却鲜有中国自主研发仿真软件的身影。在中国市场上，普遍应用的仿真软件大多数都是国外的，其中欧美的居多。

尽管如此，我国在仿真理论研究和软件自主开发方面的努力并没有停止过，也有一些拥有自主知识产权的软件系统脱颖而出，如大连理工大学开发的 JIGFEX、中国飞机强度研究所开发的 HAJIF、中国科学院数学与系统科学研究所开发的 FEPG、郑州机械研究所开发的紫瑞 CAE、航空工业总公司开发的 APOLANS、北京大学力学与工程科学系在美国 SAP 软件源码基础上开发的 SAP84 等。这些软件在 20 世纪 90 年代中期其分析能力达到了一定水平，甚至在某些方面并不亚于国外同类产品，甚至超过了国外商用软件的水平，但后来在国外产品的挤压下逐渐凋零。

　　伴随国际仿真软件的发展，国内仿真软件也同样经历了三个阶段，时间上也与国际大体重合。

1. 20 世纪 90 年代中期以前

　　这段时期可以认为是中国仿真技术的萌芽期。国内仿真软件开发起步并不晚，基本上从 20 世纪 70 年代就开始相关程序的研制。该时期主要以算法理论及程序编制与提升计算性能为主，严格意义上说还不能称之为软件，只是科研院所为解决科研问题或产品设计中遇到的需要通过计算机模拟的技术问题而编写的数值计算程序，只有参与编写程序的课题组人员才能熟练使用。它们属于专家科研程序，非一般工程师所能掌握。

2. 20 世纪 90 年代中期至 21 世纪初

　　这段时期是国内仿真软件的沉寂期。在这一时期，国外商业仿真软件进入稳定的商业化运作期，不再带有行业特性，更加突出了专业特性，使得无论是科研机构的科研人员，还是工业设计部门的工程师，都能够很便捷地借助国外商业仿真软件快速完成课题研究或产品设计。也正是在这一时期，仿真软件被广泛应用在装备和产品的研制过程中，逐渐体现出其对制造业的重要性。得益于政策上的许可，科研结构或产品设计部门都纷纷引进商业仿真软件，逐渐抛弃了操作原始的行业专用程序，促进了国产仿真软件的退场。

　　此时正值国外仿真软件的成长壮大期，在市场营销上依靠国内代理商或经销商向企业用户推广产品，以及采用"科研低价"和"高校免费"等战略，国外仿真软件迅速占领整个国内市场。

　　在这一时期多数仿真从业人员主要从事国外商业仿真软件的销售、培训、咨询、二次开发等工作，几乎无人从事仿真软件开发工作。可以说，国内仿真软件自主开发止步于 20 世纪 90 年代中期。到今天为止，落后国际水平三十年。

3. 21 世纪初至今

　　这十几年为国内仿真软件定制化开发期。国外商业仿真软件在中国市场经过十多年的开拓，基本上占领了国内绝大部分市场，涉及各个行业领域。当然，国外商业软件功能再强大，也不可能完全满足国内生产、制造、建设中遇到的所有仿真需求，这逐步促生了仿真软件定制化开发服务。国内以"自主仿真软件产品研发"为愿景和使命的公司到最后多数实质上沦为仿真软件的定制化开发公司。

第三节 中国仿真自主研发的障碍

中国仿真的主要差距不完全在技术本身，而在于如何将其从科学计算程序转向软件工程。从分散在各行业内部的仿真相关程序的水平看，国内外的差距有二三十年；从仿真软件的商业化进程看，我们的差距至少有四十年，还达不到国外20世纪80年代的水平，而且存在被逐渐拉大的势头。

与工业软件领域具有相同时代背景、相似国际格局和类似国内环境的工业设备类、硬件类产品却有不一样的发展态势。经过改革开放四十年的发展，在这些领域，中国制造不算强，但至少是最大的。类似的事情却未在中国软件行业发生，因此中国仿真软件发展应该有更深层原因和更难逾越的障碍。

在笔者看来，中国仿真自主研发的核心障碍有以下五个方面。

障碍一：技术上很难在短时间内追平国际对手，用户缺乏耐心

无论什么原因，即使让用户认可了发展和支持国产软件的必要性和重要性，但国内仿真软件的功能和性能与国际大牌软件有 30 ~ 40 年的差距，很难在短时间内赶上对手。如果用户对软件的完整功能和顶级性能的需求是刚性的（至少目前用户是这么认为的），那么对于这种差距用户基本不可能接受，也没有耐心等待中国公司的追赶。

障碍二：仿真软件的开发成本巨大，一般公司难以承受

国际大牌仿真软件公司一年的研发投入动辄数亿美元，据测算是我国所有工业软件研发投入三个五年计划的总和。这种研发成本在当前的中国公司是不可能承受的。

障碍三：研发企业难以短时间实现盈利，资本缺乏耐心

用户认可难度大，研发成本高，那么仿真自主研发企业的短时间盈利就成了小概率事件。社会资本的逐利本性，让这种投资几乎不可能发生。

障碍四：单凭功能、性能和价格，替换国外软件的难度较大

即使软件功能和性能接近国外软件，国内客户为什么要拿你的软件替换当前已经在用的国外软件？价格可能是个变量，但低价甚至免费就能获得客户吗？客户反倒会怀疑这个商业模式的可持续性。其实，在缺乏积累的当下，前期的高投

入会持续很长一段时间，即使采用零利润战略，价格也未必比国外软件低。

障碍五：知识产权保护弱，获得国际顶级软件的成本可以为零

我们之所以把这一障碍放到最后来讲，是觉得它对中国仿真软件自主研发的影响实在太大了。如果让笔者对这五个障碍做一个取舍，只能保留一个的话，那么笔者毫不犹豫保留最后一个，所以值得展开讨论一下。

知识产权保护问题是国家一直不懈努力解决的问题，但是仍然需要时间。仿真这样一个小众软件始终在市场上存在各种形态的盗版，如果不尊重知识产权，那么用户有可能以零成本获得仿真软件，这让后发软件企业根本没有生存空间。

在知识产权问题中，你会发现一个怪现象：在硬件行业，总是被侵权的企业强烈要求打击盗版，保护知识产权；在软件行业正好相反，总是那些没被盗版的公司对盗版行为痛心疾首，强烈要求打击盗版，保护知识产权！

对于任何一个行业，无论国外有多好的产品，在中国肯定能找到一批同类产品，也同样有其对应的市场。在硬件类行业，国外的好产品必然贵，因为成本是硬性的。中国制造的产品也许功能弱，质量差，但便宜，总是有支付不起好产品的市场空间留给我们，只要这个市场能覆盖我们的成本，就可以续存。

但软件市场不一样，特别是在中国市场。软件的一个重要特点是复制无成本、功能不降低、质量不下降。如果能免费获得质量高、功能强的产品，为什么要花钱买功能弱（先不说质量如何）的产品呢？所以，障碍四中讨论的价格问题，在盗版面前已经没有什么讨论的必要了。

另外，盗版软件的存在让中国仿真市场规模与工业增加值明显不匹配。类比欧美日市场，按照当前中国工业增加值，仿真软件市场规模应该在数倍以上。

所以，软件知识产权保护也许是中国工业软件发展缓慢的原罪。如果每份软件都是合法授权的，偌大的中国工业体系造就的巨大市场，总会有中国软件由小到大成长的空间。

当然我们欣喜地发现，我国相关机构打击知识产权侵权行为的力度日益加大。随着时间的推移，市场环境将会有所好转。但我们还是希望这种力度可以再大些，不然中国工业软件产业等不起。

其实，我们不主动打击盗版，国外原厂也不会视而不见，而且可能会利用这一现象设置陷阱和地雷。当前，中国仿真市场的盗版转正（其实就是有节奏的打击盗版）逐渐成为国外原厂新的收入来源。在互联网时代，软件供应商收集单位的软件使用证据如探囊取物。在证据面前，轻则补缴，重则受罚，而且有企业已经被

苛以重罚。

总之，纵观以上五大障碍，我们基本可以得到一条结论：国际仿真软件已经建立了足够高的技术门槛和商业门槛。按照常规的市场化模式，走国际大牌之路，中国自主仿真软件基本死路一条。

第四节　中国仿真自主研发的机会

中国仿真发展虽有障碍，但也不乏机会，尤其在国际贸易摩擦和科技竞争的国际背景下，这种机会明显增加。

机会一：中国软件虽然落后，但对国外软件的应用程度尚不深，依赖尚不强

相比 CAD 软件，中国企业对仿真软件开发程度远远不够，用户的依赖性还没那么强。这反倒给中国仿真软件一定的喘息之机，因为一切都还来得及。以前"高价购买的仿真软件没有发挥应有价值"这样一个令人痛心疾首的论断，在自主软件发展道路上，却很有意思地演变成了机会。因此，相对于 CAD 软件，笔者对中国仿真软件的自主化之路的信心更强。

机会二：中国仿真软件代理模式培育了众多仿真技术公司和技术人员

中国仿真技术公司和技术人员众多，不过目前仍是一盘散沙，互相争斗，各为其"主"：第一个是钱，这些公司生存并不容易，为了活下去必须在市场上战斗；第二个是国外软件供应商，我们争斗所使用的武器就是国外供应商提供的。如果说有一种机制可以让这股力量凝聚起来的话，将是中国仿真软件自主发展的生力军。

机会三：中国企业意识到危机，对工业软件国产化的要求越来越强烈

中国的先进企业都是仿真软件的巨大受益者，对仿真软件的应用开发到了很深的程度，软件的效益获得了最大化。今天，这些公司有些已经被断供，或受到断供威胁；有些企业目睹兄弟企业或兄弟行业的断供，危机感越来越强。大家都已经意识到，仿真软件的国产化势在必行。

机会四：中国政府对工业软件的空前重视与可观投资

自从工业强国战略提出以后，工业软件的重要性被专家和政府推向越来越重要的位置。特别是最近国际贸易摩擦和科技竞争，让工业软件的自主研发被空前重视，投资也越来越大。

机会五：中国知识产权保护力度的加强将激发和释放出更多需求

知识产权保护力度的增加使得以前通过非正常手段获得软件的途径被切断，正常途径增加的需求让中国国产软件有获得青睐的可能，至少用户还是需要公司的服务能力的。

机会六：中国巨大的市场潜力和需求潜力，具有足够的发展空间

中国市场之大，让无论多小众的产品都有一定的需求，仿真软件也是如此。如果把中国市场中的仿真需求完全激发出来，中国仿真软件将有更多市场空间。

机会七：仿真技术和需求的求异特征，给仿真软件发展留下足够空间

仿真软件具有求异特征，使得国际仿真软件并非几家独大，而是百家争鸣。仿真软件不同于 CAD 软件，很难被几家大鳄垄断，你总是会在任何一个行业或企业看到几款你不熟知的仿真软件。我们观察国际市场也发现，任何一款仿真软件总是能找到一定数量的用户。只要你的软件具有一定特色，就不会被完全打死，总是有生存空间，无论大小。

总之，以上机会给我们强烈和明确的信号：如果充分利用中国的市场特点、应用特征、服务能力和制度优势，是可以找到一条可行的发展路径的。

第五节　中国仿真自主发展策略初探

在当前技术和市场格局之下，仿真自主研发成功更多的不是技术问题，而是商业能否成功的问题。仿真作为一项较为成熟的学科，理论、方法和技术已经相对稳定。当前中国的自主仿真之路无必须突破的技术难题，或者说，就我们现在的发展阶段，还轮不到我们去解决顶尖技术难题。按照常规发展路线，发扬工匠精神，从零起步，持之以恒，假以时日，达到中国市场当前需求的技术能力是没有问题的。但最大的问题是，如果商业成功路线不通，就无法不断获得企业持续研发的资金。在市场经济时代，基本没有公司和资本有耐心让你"假以时日"。

所以，若要发展中国仿真，成功的商业路线是考虑的首要问题。但就技术路线的选择上，也需要不走寻常路的精神，下文是我们的思考。我们称这套思路为中国仿真自主软件发展的双驱策略，简称"高点起跳，赋能开道"，如图 4-1 所示。

1. 高点起跳

在我们来看，从零开始进行仿真软件研发的成功率为零，资本的耐心也为零。即使有可能在短时间内达到相对较高的技术水平，但在软件这样一个边际成本为零

的行业，行业领先者可以让你的努力成果在一夜之间归零。例如，谷歌公司的人工智能（AI）技术的开源就让全球从事 AI 开发的公司一夜之间失去发展方向和动力。

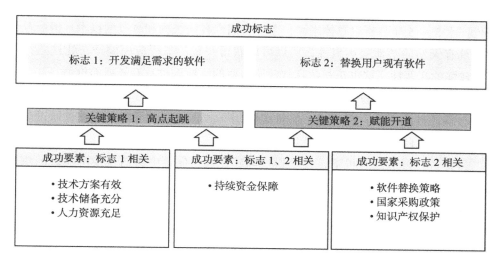

图 4-1　中国自主仿真发展的双驱策略：高点起跳，赋能开道

　　因此，高点起跳是必由之路。伴随世界仿真技术的发展，中国仿真也有 50 年的发展历程。虽然 50 年的曲折道路没有让中国软件成为世界主流，甚至在中国也没有成为应用主体，但还是积累了深厚的软件基础。这些基础的打造主体包括国家科研机构、高等院校和商业公司。

　　基于国家的特定需求，一些科研机构每年都会得到数量可观的经费支持，多年持续开发，积累了大量先进而独特的仿真技术。目前这些技术作为专门用途，很少公开，更没有市场化。其实，在国际仿真软件的发展历程中，多数软件都有类似的发展过程：先期获得特定支持，为特定目的开发；当特定目的达成后，这些技术就会公开或者商业化。但是在国内，这条路一直未能走通。所以，获得国家大量经费支持的技术所发挥的作用往往仅限于特定目的，实为可惜。其实这些技术是我国仿真软件高点起跳的基础平台，应该通过与技术能力和产业化能力较强的商业公司合作，变成高点起跳的基础。

　　高等院校的科研技术以学术为主，实用性为辅，在先进性方面四处开花，但缺乏系统性。没有系统性较强的基础体系，零散的先进技术则无处嫁接，无法实现工程化落地。所以高等院校的科研技术具有高点起跳的弹射力，但需要起跳基础平台来支撑。

　　商业化公司的技术起点往往是全球开源软件代码，经过一定时间的技术开发和商业化发展，形成系统性框架。但由于开源代码具有时代滞后性，往往落后于当代技术 3～5 年，所以总体来说，落后于国家科研机构和高校的技术。但商业化技术具有天然的落地应用属性，所以可以获得一定的工程应用验证，让这些技术具有较强的实践性，这也正是仿真软件所需要的，所以也具有较高的价值。

　　这些各具价值的技术成果需要一个好的事业平台来整合，形成中国仿真软件高点起跳的良好平台。在中国当前特定时期下，政府应该可以出面或者通过政策来促进这种平台的产生。

　　另外，在合适的时机下，可以通过国际并购，促进中国仿真技术能级的快速提升。目前全球有不下千款仿真软件，仅在中国市场上"淘金"的仿真软件就不下百款，其中不乏优秀技术但市场表现不佳的软件，我们称之为第二梯队。第二梯队的软件是我国未来并购的最佳对象，不佳的市场表现增加了其被收购的意愿，而技术的先进性可以显著补充国内仿真技术的高度。

　　数字化世界运行了这么多年出现了一个特异现象：设计软件趋同，仿真软件求异。在强大的资本运作下，设计软件越来越少，但仿真软件却是春风吹又生。只要工业百花齐放，仿真软件就百家争鸣；只要制造业花红柳绿，仿真软件就姹紫嫣红。这些全球积累的各种形态的仿真软件无疑为中国仿真技术提供了营养丰富的广阔土壤，可以为任何一个立志于做大做强的仿真公司源源不断输送技术养分。当具有一个市场认可和开放性较好的仿真技术框架后，就可以并购更多国内外中小求解器和前后处理软件了。

　　其实，所谓的高点起跳，其高度并没有高到可怕的程度。实际上我们目前并不需要选择多么强大的软件。国际大牌软件功能强大，同时也使用复杂，中国企业目前能投入使用的功能也就十之二三，大部分功能其实购买后即闲置，这无疑是采购经费的浪费。我们认为只需要开发出这些大牌软件 30% 的功能，形成基础模块，已经足以应对 80%～90% 的应用需求，甚至对于应用不深的大企业或者尚未采纳仿真技术的中小企业，这些功能已经绰绰有余。在国际仿真的珠穆朗玛峰面前，我们仍然觉得可以一战的原因就在于此。

2. 基础免费

　　中国企业已被各种仿真软件洗礼，特别是这些软件中不乏市场占领率高、应用体验较好的仿真软件。面对这种接近成熟的红海市场，一款认知度不高的新软件在此发声无疑困难重重，如果想有所作为必须出其不意。

中国互联网产业的发展起步较晚，但在近十年走在世界前列，成为世界互联网的标杆。其成功之路有很多可借鉴之处，其中有一条策略称为"羊毛出在猪身上，狗来买单"，还有一个现象是"消灭你，与你无关"。这两句话背后的原理是：你曾经挣钱的产品，在别人那里免费了。当然免费不是目的，是获得用户的手段。此模式的关键是你能不能基于免费产品获得的客户群，设计出新的盈利模式，或者你是不是能找到用户更深的痛点来提供增值服务。如果能，那么剩下的工作就是如何获得足够数量的用户，而免费模式就是其中一个有效手段。

在互联网界的后发而成功的策略，在仿真界未必不能采用，虽然它们之间在技术和市场上都确实差异巨大。国产仿真软件从弱小起步，非常需要一些特别举措以获得市场的认知，用较低的企业引入（替代）门槛来与国际大牌抗衡。我们建议采纳的方案就是：基础软件免费，高级模块或专业模块收费。而这些基础软件的功能就是上一节所言的国际大牌软件 30% 的功能。

这些基础模块的功能包括：结构领域的线性静力学、基础动力学、基础非线性；流体领域的气体动力学（可压）、液体动力学（不可压）、散热分析、基础化学反应分析等；电磁领域的静态电场分析、静态磁场分析、基础高频电磁场分析等；基于基本算法的优化软件等。

在软件采购上，国家应该引导企业做好真实需求分析，明确那些真正用得上的功能，不要拿那些用不上的奢侈功能来装面子、壮胆子。基础模块软件够用，就不要浪费金钱来买奢侈品般的国外软件，把钱省下来建立真正的仿真软实力。这一点在后面一节展开讨论。

利用免费的基础软件获得用户群，培养出使用习惯后，对于深层应用需求，高级或专业模块的有偿提供便水到渠成。这是通过基础模块获取大量客户之后而设计的一项增值服务。

这些高级或专业功能包括：结构领域的高级非线性、高级动力学；流体领域的燃烧、化学反应、水力学；电磁领域的动态电磁场、ESC/EMC 分析等；包含高级算法的参数、拓扑、多目标、多学科等优化功能；多学科、多物理场耦合功能；高性能并行计算功能；仿真能力体系建设过程开发的综合仿真平台则是一个更为综合的系统，包括其中的仿真流程管理、仿真数据管理、多学科集成和优化、仿真组件开发、仿真集群管理等功能。

3. 赋能开道

在本书第二章，我们指出中国企业大量存在"假仿真"现象，其实这是企业的一系列误区造成的。这些误区导致中国企业每年花费大量经费采购的仿真软件没有真正发挥作用。但企业也并不知道为什么会这样，也不知道怎么提升仿真应用效益。能买得起仿真软件的中国企业多数是央企，即使不是央企也是大型国企。这些企业的能力建设和条件建设的经费是通过特定项目来向国家申报和审批的（我们称为"三报三批"）。虽然我们明知仿真软件采购后浪费多于实效，但这些申报和审批每年都在发生，采购从未间断。申报审批的模式和内容大同小异，主要就是以类似软硬件的硬能力采购为主，对软能力的建设很少关注。政府经费采购软硬件是可以的，但采购咨询服务的申请很难得到支持，即使支持也是蜻蜓点水、杯水车薪。到目前为止，还没有一款过硬的中国软件出现，所以每年的采购经费都是通过购买国外软件的过程流向国外的，但效果却未达到预期。软能力建设一直没有起来，硬条件当然就不可能发挥作用，只有软能力才能让我们找到提升企业仿真效益的通道。

因此，我们提出"赋能开道"策略：通过建立企业的软实力，达到提升企业仿真效益的目的，同时完成国外软件的替换。该策略的核心思想是将以前的软件采购经费转变成能力建设经费，用于企业的仿真体系建设。通过仿真体系建设方法论，培养中国众多公司的咨询服务能力，持之以恒地帮助企业建立仿真能力体系。但不要急于求成，每年达成一个小目标，偌大的中国，每个企业的一小步就是中国工业的一大步。国家对于中国工业转型升级的计划以30年为跨度，每年一点儿进步，30年下来，中国企业仿真必将迷途破晓。中国的仿真技术公司今后的发展目标不是销售国外的软件，而是发展一种咨询能力，可以帮助企业进行仿真体系建设。当然，这需要国家政策、项目指南和经费批复模式的引导。

所以，我们的具体建议是：

1）今后中国主管机关在项目指南和经费批复方面向软能力建设倾斜。政府每年投资的大量软件采购经费转变成企业应用能力建设经费，且集中分配（不撒胡椒面）。

2）国内选择一家有较强仿真体系建设（详见本书第二章和第二篇）和咨询服务能力的公司，由他们牵头建立中国仿真服务生态，组织和孵化国内大量的仿真技术公司。

3）这些孵化出来的公司利用仿真体系建设方法论和自主仿真软件，解决中国企业仿真应用实效不高的问题，同时实现用户向自主可控软件的过渡。

4. 云化普及

如果说"赋能开道"是保证我们商业成功的第一步，那么"云化普及"就是我们商业成功的第二步。

国产仿真软件通过仿真体系建设咨询服务的方式可以解决大企业的国产仿真软件替代问题，同时解决了仿真能力的提升问题。对于数量众多的中小企业，软件可以免费，但服务存在瓶颈，国家无法这么大面积进行服务补贴，服务公司也无法服务这么多客户。所以需要考虑新的商业模式，既要使得中小企业客户无成本获得软件，又要有人愿意以较低的收费为他们提供服务。

免费的前提是必须有其他收益来交换，所以单纯地提供免费软件下载这样的模式是没有前途的。在工业互联网（工业云）逐步普及的今天，软件的应用完全可以通过互联网来使用，软件都部署在工业云上，特别是基础软件较为标准，在工业云上使用没有障碍。通过工业云，用很少的费用甚至免费来订阅这些软件，而提供这些软件的云平台则利用免费方式凝聚起来的流量（用户群）来设计新的盈利模式，发展其他增值业务。这是软件免费的前提，流量才是这个模式得以持续的原因。

本书第三章及第三篇介绍的仿真生态衍进，目的之一便是希望通过生态来解决海量中小企业的服务问题。通过仿真云平台将仿真技术低成本地普及到中小企业，通过海量的用户群设计出更多的盈利模式，让人们愿意为中小企业提供性价比高的服务。在公有云生态上可能会产生各种新的小微业态，这些各类生态都有潜力带来非软件销售收入，譬如简单直接的广告业务、在云上开设服务网店来进行技术服务交易、开发 APP 供人有偿订阅等。

5. 人才聚合

仿真技术的持续发展离不开大量高端人才。由于中国仿真商业软件的发展状态不佳，中国籍（或原中国籍）的仿真自主研发人才目前多分布在两种机构：一是中国高校和科研院所，二是全球其他国家的仿真软件开发商。

中国高校和科研院所的人才在各自领域的科研过程中，都开发了具有一定核心技术和应用特色的程序。他们相互之间有交流，但合作不多。虽然这些人才都对中国自主仿真软件现状痛心疾首，但无力回天。可以设想，依据当前的中国技术人才现状和人才心理特征，如果中国出现一个目标坚定、志向远大的商业仿真软件开发的事业平台，将这些人聚合起来还是有可能的。

　　笔者所供职的公司与海外华人仿真人才具有广泛联系。我们调研发现，很多海外人才都有回国发展愿望，只是我们缺乏好的契机和平台。一旦我们建立起一个自主仿真软件研发的平台和环境，争取这些人才回国发展是具有较高成功率的。

6. 政府力量

　　上述第 5 点所描述的事业平台，是一个特别历史时期的、具有特殊意义的平台，是一个具有国家使命感和荣誉感的平台，绝不仅仅是个常规的商业和技术平台。所以平台的建立和发展都不应该离开国家和政府的支持，国家主管机构应在这个平台的搭建与运行方面发挥重要作用。在保持市场化模式的前提下，主管机构在背书、资金和政策方面，都有巨大的发挥空间。

　　首先，中国自主仿真软件需要国家的信誉背书。在起步阶段，中国自主仿真软件必将面临巨大挑战，这种挑战不仅来自竞争者，还可能来自用户。这种挑战也许不仅仅是技术挑战，还可能是用户的信任和信心。如果有国家背书，中国仿真在幼儿阶段存活下来的概率将大大增加。

　　其次，在资金方面，无论是支持仿真自主研发公司，还是支持使用自主仿真软件的企业，都将对中国自主仿真软件的发展起到一定的支持作用。在公司发展过程中，并购是快速发展的措施之一，并购资金也需要政府的资助。

　　最后，在政策方面，国有企业优先采购自主仿真软件的政策在起步时期是必要的。另外在知识产权保护方面政策仍须继续加强和坚持，为自主软件健康成长保驾护航。

　　当然，这样一个平台对资金的需求绝不是小数，因此商业资本也是一个重要角色。政府的政策支持、资金支持和信誉背书，都是商业资本的定心丸。资本对这样一个具有特别意义和中国紧缺技术的发展将具有巨大兴趣，当前万事俱备，只欠一个商业可行的项目计划书。

　　总之，天时、地利、人和表明，发展中国自主仿真软件的条件已经成熟。时代为我们打开了一扇窗，但窗口期很短，稍纵即逝。我辈应抓住机遇，担负起中国自主仿真软件发展的使命！

第二篇　迷途破晓：仿真体系修炼

通过第二章我们已经了解，仿真体系建设是大型企业提升仿真效益的方法。

这样一个体系，不是靠一场运动和一个项目就能解决，更不是一朝一夕所能完成。这是一项有多人多部门共同参与的、须长期坚持的工程，既要前赴后继，又要一以贯之。所以，方法论是这项工程的前提，是必不可少的基础，因此笔者把仿真体系建设的方法论作为本篇的主旨。

本篇取名"迷途破晓：仿真体系修炼"，请相信，仿真体系是一条能让你看到未来的路，确实能让你的企业逐步走出仿真迷局，慢慢一骑绝尘。但请不要产生错觉，以为这件事情会多么轰轰烈烈，多么风光旖旎。恰恰相反，阅读完本篇，也许你会觉得仿真体系是如此无聊——按部就班甚至是循规蹈矩地做那些"无聊"的事情，远不像我们做个超大规模的计算来得痛快淋漓。没错，建立体系的工作从来都没有那么热火朝天，需要像工匠一点一点地凿开枷锁，清除障碍，日复一日、一点一滴地积累。国内企业普遍存在的现象是，明明需要系统化做的工作，我们总是希望寻找捷径和技巧。而实践证明，那些愿意用最笨的方法建立体系的企业，在体系能力上会越积累越厚实；那些总是"聪明地"寻找捷径和技巧的企业，最终都走了弯路，甚至在原地打转。正如篇名中的关键词"修炼"，即需要你用工匠精神去慢慢打磨，需要你像禅修那样耐得住寂寞，需要你有"功成不必在我"的胸怀。

理论上讲，仿真体系建设没有企业大小所限，只要做仿真，任何一家企业都应该进行仿真体系建设。但实践中，大企业对仿真的需求远远大于中小企业，建立仿真体系尤为重要。所以本篇所谈，皆以大型企业为背景。当然，对中小企业也同样有参考价值。

第二章已经对企业仿真体系做了综合性论述，本篇将从各个分解维度展开详细讨论，最后给出仿真体系规划和建设的方法，并展望那些完成了仿真体系建设的企业终将到来的仿真生活。

综合仿真体系成熟度

体系的成熟度模型是体系规划和建设的基础，犹如坐标系，既可以定位现状，又可对标未来，还可丈量进步，对于现状诊断、蓝图设计和路线规划都必不可少。成熟度的最高等级是体系蓝图的对标对象，成熟度的进化阶梯往往是路线规划（或中期规划）的参考。

第一节　仿真体系成熟度综述

基于对国内外企业的总结分析，我们提出仿真体系的成熟度模型，如图 5-1 所示。仿真体系的成熟度分为五级，分别是采纳级、重复级、预测级、驱动级和引领级，总结了从开始采纳仿真技术，到构建完整的仿真体系并引领研发创新的全过程中各关键里程碑。成熟度定位和识别的价值在于企业盘点自身的仿真能力及资源，认识现状不足和短板，从而科学确立体系建设目标和路线规划。

第一级，采纳级，典型特征是企业已经意识到仿真的价值，开始采用仿真技术和手段进行一定的产品分析工作，但是基本依赖几个专家维持。

第二级，重复级，典型特征是仿真分析的结果可以重现，说明企业对仿真的原理和方法已经掌握，仿真软件的使用不再是问题。仿真团队开始出现，对规范和标准已经有所认知。

第三级，预测级，典型特征是仿真结果可以预测产品的功能和性能，可替代大部分试验，成为设计依据。此时企业已经建立了仿真规范与标准，并得到较好执行。专职的仿真部门开始出现，部门级仿真平台开始建立。

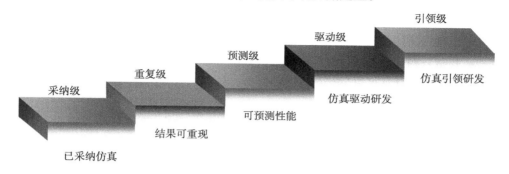

图 5-1　仿真体系五级成熟度模型

第四级，驱动级，典型特征是企业已经实现"仿真驱动研发"愿景。仿真组织体系已经完整建立，并且成为研发组织的中坚力量。综合仿真流程成为研发流程的重要流程，规范和标准已经得到制度化执行。仿真软硬件的规划较为完备，选型也趋于科学。仿真平台已经升级成为企业设计的主要平台。

第五级，引领级，典型特征是仿真体系已经成为研发体系最重要的体系之一，是企业差异化竞争的要点。仿真人才与组织是研发体系的核心，规范与标准的执行已经成为文化。企业的仿真装备已经走向云端。仿真平台已经引入更丰富的元素，升级为企业级研发平台的主体。这一级别是企业研发和仿真战略发展的最高级目标。

第二节　仿真体系成熟度模型

仿真体系成熟度评估是仿真体系建设的首要工作，是对企业目前仿真技术应用现状的综合评估，是对企业仿真相关软硬件资源、人才资源、组织结构的全面调查分析。依据成熟度模型对企业仿真体系成熟度现状进行分析，获得企业当前仿真体系各维度的状态，以方便企业明确今后仿真能力建设的重点方向和达成目标，为后续仿真体系建设打下基础。

基于仿真体系成熟度模型，对于不同成熟度级别，各维度要素的核心特征如表 5-1 所示。

综合仿真体系各维度定义如下：

●　**战略**：仿真在企业及研发体系中的地位和价值。

- 人才：企业中的仿真从业人员。
- 组织：企业中仿真从业人员构成的团队。
- 流程：描述仿真相关工作的业务逻辑和执行过程。
- 规范：描述什么时候做什么仿真、由谁来做、工作条件如何。
- 标准：描述什么是好的仿真、如何做好仿真、如何评判。
- 软件：仿真工具软件。
- 硬件：仿真工作的硬件环境。
- 平台：仿真工作环境平台。

表 5-1　仿真体系各要素在各级成熟度的核心特征

级别	第一级成熟度	第二级成熟度	第三级成熟度	第四级成熟度	第五级成熟度
名称	采纳级	重复级	预测级	驱动级	引领级
战略	已采纳仿真	仿真结果可重现	仿真预测产品性能	仿真驱动研发	仿真引领研发
人才	边缘化	训练与薪资体系	任职资格制度（梯队）	仿真人才成为骨干	仿真人才成为核心
组织	个体化	团队工作	形成独立部门	与研发体系的融合	基于仿真的研发组织
流程	无流程	局部流程	完整流程	仿真优化研发流程	基于仿真的研发流程
规范	无规范	基于项目的规范	基于产品的规范	基于流程的规范	规范执行成为文化
标准	无标准	标准梳理与固化	标准数字化与模板化	标准执行制度化	标准执行成为文化
软件	单场 / 单学科	单场单学科优化	多场耦合、多学科集成	多场多学科优化	系统级 / 体系仿真
硬件	个人工作站	HPC 软硬件	部门级网格计算	企业资源级调度	企业仿真云
平台	无平台	仿真数据管理	综合仿真平台	综合设计平台	精益研发平台

第三节　成熟度各级别具体特征

1. 第一级成熟度——采纳级

第一级采纳级的典型特征是：企业已经意识到仿真的价值，开始采用仿真技术和手段进行一定的产品分析工作，但是基本依赖几个专家维持。这一级成熟度各维度的典型特征详见表 5-2。

2. 第二级成熟度——重复级

第二级重复级的典型特征是仿真分析的结果可以重现，说明企业对仿真的原理和方法已经掌握。仿真软件的使用不再是问题，仿真团队开始出现，对规范和标准已经有所认知。这一级是典型中国企业所处的级别。这一级成熟度各维度的典型特征详见表 5-3。

表 5-2　第一级成熟度（采纳级）各维度的典型特征

维度	核心特征	典型特征
战略	已采纳仿真	• 企业已意识到仿真的重要性，是未来的发展方向 • 企业开始鼓励应用仿真，也已有人员在进行仿真尝试 • 仿真仅存在于战术中，在企业研发战略中仍处于可有可无的地位
人才	边缘化	• 仿真人员边缘化，只是产品研发体系中的辅助人员，或者由设计人员兼做仿真 • 仿真人员数量较少，除了专家，其他人员从事仿真工作的积极性不高
组织	个体化	• 企业人员自发采用仿真技术，个体化工作
流程	无流程	• 个体化的工作不会有流程，也无须流程
规范	无规范	• 专家依靠自己的经验，判断何时仿真，没有成文的规范
标准	无标准	• 专家依靠自己的经验，判断如何仿真，没有成文的标准
软件	单场 单学科	• 所使用的仿真软件比较简单 • 即便软件具备多场耦合功能，但是实际应用的多数是单学科、单物理场的基本分析
硬件	个人工作站	• 提供给仿真软件运行的硬件一般是入门级水平，多数是个人计算机在本地运行 • 少数采用性能更高的工作站或高性能计算机，但是应用水平不高
平台	无平台	• 个体工作，无须平台

表 5-3　第二级成熟度（重复级）各维度的典型特征

维度	核心特征	典型特征
战略	仿真结果可重现	• 仿真分析是研发体系中必要的环节，经常用来与物理试验比对，成为一种重要的验证和分析手段 • 仿真软件使用比较熟练，有一定的数据、经验的积累，有进行归纳、提高的基本诉求
人才	训练与薪资体系	• 至少拥有一两个经验丰富的专家，有一定仿真人才储备。因此企业会对相关员工进行阶段性培训或时常引进仿真人才，以壮大仿真团队力量 • 建立了基本的薪资体系，仿真水平提高会提升个人薪资 • 员工从事仿真工作的积极性较高
组织	团队工作	• 仿真人员形成了一个相对稳定的团队，专门负责仿真工作 • 仿真团队成为研发团队中的重要组成部分，并拥有一定的话语权，会影响产品研发的决策和计划进度
流程	局部流程	• 仿真分析成为研发流程中的必要环节 • 在仿真团队内部建立起基本的工作流程，如几何模型的建立或者导入、网格划分、加载、求解、后处理和报告等，形成了局部流程和分工合作，能够满足一定复杂度的仿真任务
规范	基于项目的规范	• 基于具体项目，对仿真工作有一定制度化建设，并成为项目规范的重要组成部分 • 规范指定了必须做仿真的零部件范围、工作方式、与设计师的配合、结果形式等

（续）

维度	核心特征	典型特征
标准	标准梳理与固化	• 基于具体零部件或项目，有一定经验积累，关于学科和物理场的选择、物理场景和工况、怎样简化几何模型、采用什么网格单元、怎样加载等，形成了约定俗成的工作标准 • 按照这种约定俗成的标准执行，可以重现仿真结果，基本不会出现大的偏差
软件	单场单学科优化	• 仿真分析基本是单学科或单物理场的应用，结合优化工具，进行综合优化
硬件	HPC 软硬件	• 硬件环境比较完善，除了个人计算机之后，还拥有 HPC 等高性能计算设备，可以承担比较复杂的计算任务
平台	团队级综合仿真平台	• 因为经验的积累，仿真任务的复杂化到达一定程度，仿真团队会自然产生对平台的诉求，特别是对仿真数据管理的诉求 • 仿真数据平台是团队级的，在仿真组内部使用。团队内典型仿真任务的数据大部分得到管理

3. 第三级成熟度——预测级

第三级预测级是仿真结果可以预测产品的功能和性能，可替代大部分试验，成为设计依据。此时企业已经建立了仿真规范与标准，并得到较好执行。专职的仿真部门开始出现，部门级仿真平台开始建立。这一级成熟度各维度的典型特征详见表 5-4。

表 5-4　第三级成熟度（预测级）各维度的典型特征

维度	核心特征	典型特征
战略	仿真预测产品性能	• 仿真分析是研发体系中重要的环节，仿真结果可以预测产品的功能和性能，可替代大部分试验，成为设计依据，因此物理试验依赖程度大幅度降低，试验成本明显降低 • 这个层级企业的产品研发周期缩短，上市速度加快，企业充分意识到仿真分析深化应用之后的好处
人才	任职资格制度（梯队）	• 大部分仿真人员能熟练工作，并且拥有一定数量理论和实践相结合的高级专家，有仿真人才梯队，有定期的培训计划 • 人才队伍管理比较完善，拥有明确的任职资格和晋升序列 • 从事仿真工作的员工较为职业化和专业化，在研发体系中普遍比较受尊重
组织	形成独立部门	• 预测级企业拥有了独立的仿真部门，具有独立的业务和部门规划，可以引入更先进的产品理念和仿真技术，促进产品快速发展，是产品研发的一支重要力量
流程	完整流程	• 在仿真工作内部建立了完整的工作流程，将几何模型的建立或者导入、网格划分、加载、求解、后处理和报告等衔接成一个整体，并且将有共性的分析形成仿真模板，极大提高分析效率 • 仿真成为研发流程中的重要环节，包含与设计等其他环节的分工与协同，使仿真融入研发阶段的各个环节，能够满足更加复杂的研发任务

（续）

维度	核心特征	典型特征
规范	基于产品的规范	• 通过项目的积累，形成了基于产品的规范，是产品研发的指导性文件 • 针对不同类别的产品，规范指定了必须做仿真的零部件和成品、设计阶段以及工作要求等
标准	标准数字化与模板化	• 基于不同类别的产品，关于学科和物理场的选择、物理场景和工况、怎样简化几何模型、采用什么网格单元、怎样加载等，形成了明确的工作标准 • 标准过程形成工具化系统或模板，易于标准的推广与执行
软件	多场耦合、多学科集成	• 仿真分析可以进行多物理场耦合计算和多学科的集成化，可以处理各类复杂应用环境的分析 • 软件选型有中长期的系统规划，针对当前及未来的产品和业务进行选型，使资金投入和效益比最大化
硬件	部门级网格计算	• 拥有独立的部门硬件规划 • 优化部署高性能计算设备，形成部门级的网格计算环境
平台	部门级综合仿真平台	• 企业拥有部门级的、功能完备的仿真平台 • 针对产品、项目所需的各类仿真任务，皆可在平台内完成

4. 第四级成熟度——驱动级

第四级驱动级的典型特征是企业已经实现"仿真驱动研发"愿景，仿真组织体系已经完整建立，并且成为研发组织的中坚力量。仿真已成为研发流程不可或缺的工具，仿真规范和标准已经得到制度化执行。仿真软硬件的规划较为完备，选型也趋于科学；仿真技术已经成为企业综合设计平台的主要技术之一，综合设计平台已经升级成为企业设计的主要平台。这一级成熟度各维度的典型特征详见表5-5。

表 5-5　第四级成熟度（驱动级）各维度的典型特征

维度	核心特征	典型特征
战略	仿真驱动研发	• 仿真分析在研发体系中处于核心地位，仿真技术可以在产品从概念设计到制造的整个研发过程中系统地得到应用，可以对产品各方面的性能参数以及产品所处环境的各种因素都进行仿真分析 • 主要使用多物理场耦合和系统级的仿真方案，可替代绝大部分试验，试验成本大幅度降低，少数物理试验仅仅用来做最后的验证，或为了满足行业规范的要求 • 这个层级企业的产品研发周期大幅度缩短，产品研发能力和创新能力处于行业的领导地位
人才	仿真人才成为骨干	• 仿真工作人员是研发体系中的骨干，并且拥有一批理论和实践相结合的高级专家 • 由于仿真的复杂性，仿真人才在研发体系中普遍比较受尊重，企业更加注重人才的培训，定期进行高级培训

（续）

维度	核心特征	典型特征
组织	与研发体系的融合	• 仿真部门与整个研发部门融为一体，仿真驱动的概念融入研发的各个环节 • 从组织结构上，研发的重心已经从设计部门转移到了仿真部门，甚至研发体系的领导层都会倾向于从仿真部门中产生
流程	仿真优化研发流程	• 工作流程比较成熟，包括从概念设计到制造的整个研发过程的完整流程，仿真、分析、设计、优化等研发流程融为一个整体 • 大量采用仿真模板、设计模板、优化模板等，极大地提高研发效率，能够满足更加复杂的研发任务
规范	基于流程的规范	• 通过项目、产品规范的积累，驱动级企业可以针对不同类别的项目或产品，制定不同的流程和管理方式，规范制定则更加细致 • 规范基于各类流程形成系统化、类别化制度，使各类仿真工作都有法可依
标准	标准执行制度化	• 基于不同类别的产品，仿真标准已成为工作制度，通过企业制度化形式强制执行 • 企业仿真工作更加成熟，效率更高，经验和知识能很快沉淀成标准，易于积累和推广
软件	多场多学科优化	• 软硬件选型以仿真化的设计流程为依据进行系统规划，针对当前及未来的产品和业务进行选型 • 仿真分析可以进行多物理场耦合计算，以及多学科的集成化和综合优化，可以计算、分析、优化各类产品
硬件	企业资源级调度	• 可以进行全企业的硬件资源管理和调度，计算设备利用效率比较高，企业的整体计算能力比较强
平台	综合设计平台	• 因仿真的充分融入而形成综合、完善的设计平台——综合设计平台，产品和项目所需的各类仿真、分析和设计任务皆可在平台内完成 • 平台中集成了研发工具、规范标准，包括知识管理和应用，可显著提升工作效率

5. 第五级成熟度——引领级

　　第五级引领级的典型特征是仿真体系已经成为研发体系的领导者，是企业差异化竞争的要点。仿真人才与组织是研发体系的核心，规范与标准的执行已经成为文化。企业的仿真装备的建设已经走向云端。仿真与设计平台已经引入更丰富的元素，升级为企业级研发平台的主体。这一级是企业研发和仿真战略发展的最高级目标。这一级成熟度各维度的典型特征详见表5-6。

表 5-6　第五级成熟度（引领级）各维度的典型特征

维度	核心特征	典型特征
战略	仿真引领研发	• 企业中，仿真体系已经成为研发体系的领导性体系，是企业差异化竞争的要点 • 仿真体系可引领产品的方向，并不断引导和推出新的产品

（续）

维度	核心特征	典型特征
战略	仿真引领研发	• 仿真工作量大幅提高，完全替代试验，成为产品设计的直接指导 • 这个层级企业的产品研发能力和创新能力很高，企业整体实力处于行业的领导地位，甚至可以引领市场潮流，挖掘新的市场方向
人才	仿真人才成为核心	• 仿真人员是研发体系中的核心，拥有大批理论和实践相结合的高级专家
组织	基于仿真的研发组织	• 整个研发体系的组织结构以仿真人才和仿真业务为核心进行搭建，仿真组织人数和级别上显著超出其他部门 • 研发体系的管理者是深谙仿真的综合型人才
流程	基于仿真的研发流程	• 工作流程以仿真为核心展开，仿真活动在流程活动中占较大比例，大部分工作任务的输入条件来自仿真任务
规范	规范执行成为文化	• 规范制度成为一种企业文化，浸润在研发体系各个环节，仿真规范被所有员工自觉习惯性地执行 • 不符合规范的工作或文档在企业内没有生存的土壤，无法流转，成熟的企业文化自发地杜绝不规范行为和交付物的产生
标准	标准执行成为文化	• 企业的仿真标准也成为一种企业文化，被所有员工习惯性地执行 • 优秀企业的标准将被提升成行业标准或国家标准，企业成为该行业的标杆，引领行业标准的制高点
软件	系统级/体系仿真	• 企业总体信息化水平较高，软件选型不是一个部门的或短期的行为，而是纳入全企业的中长期总体规划，有计划地分步实施 • 稳步推进信息化水平及仿真水平的提高，软件增加或升级过程平滑过渡，使业务工作不受软件选型及实施的影响 • 注重软件投资的经济效益，并且有成熟的评估方法 • 仿真能力强，可进行系统级、体系级的仿真分析和综合优化，使产品整机功能和性能得到全面的优化和提升
硬件	企业仿真云	• 企业的典型硬件部署为企业私有云，使全企业的硬件使用效率和计算能力得以全面提升 • 非涉密的产品信息还可以通过企业外部的公共云计算，大幅提高计算水平和资源利用率
平台	精益研发平台	• 综合设计平台深入企业研发体系，把仿真与设计、知识工程、质量管理等研发相关系统融合在一起，形成精益研发平台 • 企业对研发精益求精，在时间和资源上杜绝浪费，因此普遍采用该平台，从更高层面上提升研发效率、提高产品附加值和质量 • 通过完善的仿真体系体制和平台支持，引领企业占领行业制高点

第四节　仿真体系成熟度评估

企业的成熟度评估需要对企业从多个角度分析而定，将能反映成熟度各维度状态的特征分解成更详细、方便准确量化的特征，然后利用仿真体系成熟度评估工具——成熟度积分卡（表5-7），对每个特征打分（0～5分）。成熟度各维度的总体分值是这些细化分值的加权平均。

表 5-7　典型企业的成熟度评估积分卡

维　度	说　明	权　重
1. 战略：判断企业对仿真的战略定位		
1）仿真要有结果可展示	无论仿真结果正确与否，但必须看上去合理、可行	20%
2）仿真结果要能重现	仿真不能随意而为，要求过程是被记录和可追溯的	20%
3）仿真必须能预测产品行为	要求仿真必须有标准和规范保障，且标准被标定过	20%
4）应该仿真的地方必须仿真	设计流程必须仿真化，且把仿真节点设为强制节点	20%
5）没有仿真，就不要启动开发	创意必须仿真确认后才可以前进，避免浪费时间	20%
2. 人才：评估企业仿真人才的成长和工作环境		
1）基层人员数量	主要评估与设计人员数量之比	10%
2）管理层数量	主要评估仿真类人员在研发管理层中的比例	10%
3）激励，明确的激励制度	仿真人员是否有明确的激励	20%
4）待遇：内外竞争力	仿真人员的待遇是否具有竞争力	20%
5）培训：频率、内容、效果	仿真人员的培训是否合理有效	15%
6）任职资格：有无、效果	仿真人员的发展通道是否清晰	5%
7）效益：投入产出比	仿真人员是否发挥了应有的价值	20%
3. 组织：评估企业仿真组织的合理程度		
1）独立仿真部门	仿真部门的独立程度	10%
2）使命、愿景、价值观	仿真部门管理者的领导力	10%
3）部门的话语权	仿真的结论对研发决策的影响度	10%
4）职责与价值定义	部门职责和价值是否清晰定义	10%
5）考核与激励制度	部门的考核和激励模式是否合理	15%
6）部门工作流程	部门工作流程是否完备、清晰	10%
7）跨部门工作流程	跨部门的工作流程是否清晰定义	10%
8）规章制度的完整度	部门的规章制度是否完整	5%
9）工作规划的清晰度	部门的近、中、远期的工作规划是否清晰	5%
10）效益：投入产出比	仿真部门是否产生了应有的价值	15%
4. 流程：评估设计和仿真流程的显性化和完备程度		
1）仿真驱动的设计流程	评估仿真融入设计过程的程度	25%
2）仿真任务的完全度	仿真任务数量是否覆盖了研发的需求	20%
3）流程任务之间的数据定义	数据是流程的要点之一，评估完整程度	20%
4）流程的应用百分比	流程与任务有多少付诸实践	15%
5）效益：投入产出比	流程是否产生效益	20%
5. 规范：评估仿真任务识别的清晰和完备程度		
1）仿真任务是否完全	仿真任务是否完整识别	10%

（续）

维　度	说　明	权　重
2）任务定义的完备度	任务属性的定义是否完整	20%
3）输出物格式模板的定义	输出物是任务的重要属性，是否识别完整	15%
4）行业规范的匹配度分析	企业规范与行业标准的吻合程度如何	20%
5）规范的应用百分比	规范是否付诸实践	15%
6）效益：投入产出比	规范是否产生效益	20%
6. 标准：评估规范制定的清晰度、完备性和可用性		
1）标准是否完全（覆盖度）	所有的仿真都需要标准，覆盖的程度如何	10%
2）标准定义的完备度	标准的描述是否完备	20%
3）标准的试验标定程度	标准需要试验的标定才能准确	15%
4）标准是否形成仿真模板	仿真模板是对标准的固化，覆盖度如何	20%
5）标准的应用百分比	标准付诸实践的有多少	15%
6）效益：投入产出比	标准是否发挥了作用和产生了效益	20%
7. 软件：评估拥有的软件的完备度和规划的科学性		
1）软件的完全度	企业需要的软件是否完全具备	10%
2）License 与使用者的比例	License 是否足够，与使用者的比例是多少	10%
3）软件宽广度和功能深度	软件有很多种，功能不同，能力就不同	10%
4）仿真软件的选择标准	选择标准是否清晰适用，是否做过对标分析	20%
5）软件规划的需求来源	仿真软件的规划是否有依据，是否来自业务需求	20%
6）软件的应用百分比	购买的软件有多少在用	15%
7）效益：投入产出比	软件是否发挥效益和产生价值	15%
8. 基础 IT：评估基础 IT 的完备度和规划的科学性		
1）HPC 硬件性能	高性能计算服务器的性能是否足够强大	15%
2）调度软件的功能	资源调度软件是否功能强大	10%
3）虚拟桌面的使用	虚拟桌面数量是否充足	10%
4）云平台是否搭建	仿真云平台是否搭建	10%
5）云数据安全性	云平台中的数据安全性如何	10%
6）基础 IT 规划的需求来源	基础 IT 的规划是否有依据，是否根据软件需求	15%
7）基础 IT 的应用百分比	购买的基础 IT 有多少在用	15%
8）效益：投入产出比	基础 IT 是否发挥效益和产生价值	15%
9. 平台：评估平台的建设范围和深度，以及应用情况		
1）仿真数据管理	相对于五级成熟度，此模块覆盖的业务需求程度	10%
2）仿真流程管理	相对于五级成熟度，此模块覆盖的业务需求程度	10%
3）多学科集成	相对于五级成熟度，此模块覆盖的业务需求程度	10%
4）仿真模板建设	相对于五级成熟度，此模块覆盖的业务需求程度	10%
5）仿真知识管理	相对于五级成熟度，此模块覆盖的业务需求程度	10%

（续）

维　度	说　明	权　重
6）使用时间比例	平台被使用（或没有闲置）的时间	8%
7）使用人员比例	使用此平台的人员占比	8%
8）运行项目比例	有多少比例的项目在这个平台运行	8%
9）项目数据完整度	所运行的项目是否真实，看看数据完整度就知道了	8%
10）所用模块的完整度	平台的模块有多少真正投入使用了	10%
11）效益：投入产出比	平台是否发挥效益和产生价值	8%

　　需要说明的是，表5-7中各项不是为了指导企业尽量追求高分，而是根据客观情况打分，因为并不是所有企业都需要在仿真体系中追求最高指标，而应适可而止。最理想的情况是各维度的综合分数与战略维度的分值相当。

　　仿真体系成熟度的评估形成了由成熟度模型中各维度构成的雷达图（图5-2）。在建设之前，雷达图反映出来的特征往往是各维度很不均衡，雷达图表现出来的形状不是正圆，有些维度建设过度，有些维度建设不足。企业的有效仿真能力取决于雷达图内切圆的面积，超过部分皆为无效能力，是被浪费的建设。这意味着，综合仿真体系需要均衡建设，在同一个成熟度从各维度入手进行全面建设。国内企业最容易犯的一个错误是：在一个维度上探底，特别是在软硬件的采购方面尤

维度	人才	组织	流程	标准	规范	软件	硬件	平台
建设前	2	1	1	2	2	3	3	1.6
第一期	3.1	2.5	2.8	3	3	3.2	3.2	3
第二期	3.6	3.4	3.6	3.6	3.8	3.5	3.6	3.7
第三期	4	3.9	4	4.1	4	4.2	4.1	4

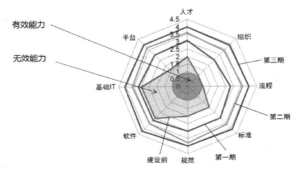

图 5-2　综合仿真体系评估雷达图

为突出，而在其他维度上止步不前甚至完全忽视。其实，任何过度建设都不仅是浪费，反而可能是有害的。因此，进行仿真体系建设不仅要清楚从何处入手建设，更要清楚在何时停止。

综合仿真体系的建设过程首先是均衡化过程，然后才是进化过程，所以应该优先选择雷达图的凹陷维度展开建设工作。通过补充完善和持续建设，雷达图会反映两个变化（图5-2）：一是走向正圆，表征体系走向均衡；二是半径扩大，表征体系成熟度逐步提升。但是，半径扩大应该适可而止，其大小与战略分值相当是最理想情况，而不是要追求无限制扩大。

综合仿真体系成熟度各维度的重要程度不同，各维度权重如表5-8所示。

表5-8　综合仿真体系成熟度评估各维度权重表

指标	人才	组织	流程	标准	规范	软件	硬件	平台
权重	12%	12%	12%	18%	12%	12%	10%	12%

成熟度的综合得分为各维度得分的加权求和，即"综合仿真体系成熟度得分 = ∑维度 n 得分 × 权重"，企业综合仿真体系成熟度评级根据此综合得分进行评定，评级标准如表5-9所示。

表5-9　综合仿真体系成熟度评级标准

成熟度等级	标　准
第一级（采纳级）	1分≤综合得分＜2分
第二级（重复级）	2分≤综合得分＜3分 2分≤各维度得分＜3分
第三级（预测级）	3分≤综合得分＜4分 3分≤各维度得分＜4分
第四级（驱动级）	4分≤综合得分＜5分 4分≤各维度得分＜5分
第五级（引领级）	综合得分＝5分 各维度得分＝5分

仿真标准与规范建设

标准与规范体系建设是企业仿真体系建设的核心，它决定了企业能否在正确的地方做仿真，并且将仿真做正确，是仿真技术能否成为设计依据的关键所在。标准与规范体系为仿真体系中其他几个维度的规划与建设提供输入数据，包括人才与组织、软件与硬件、仿真云平台及综合仿真平台等。

由于业界对"标准"和"规范"两个词汇的定义没有一定之规，所以我们有必要对本书所用的这两个词汇做一定的定义。我们用以下两句话来概括这两个词汇的区别：

- "规范"用来解决在什么地方用仿真、用什么仿真的问题。
- "标准"用来解决如何做好仿真的问题，定义所谓好的评判标准（依据）。

在设计的全过程，在哪里（或哪个阶段）用仿真是一个重要的问题，在此处做什么仿真也是如此，与之相应的仿真人员、技能、数据等都需要界定。我们把这种"在哪里做什么仿真"的规定称为"仿真规范"。

对于每个仿真问题，如何做得正确、如何来界定"正确"、如何成为设计参考等，这是另一类重要问题。我们把这种"如何做好仿真"的规定称为"仿真标准"。

第一节　设计流程的仿真化

仿真标准与规范建设的前提是设计流程的仿真化改造。设计就像打仗，打仗就得熟悉兵力布局、作战地形、行军路线和作战路线。设计流程就是反映设计地形和路线的地图。复杂产品的设计必然有着复杂的设计流程和大量设计活动，相当于有着错综复杂的地形和路线。如果缺少这样一张地图，从布局、行军到作战，必然处处受制。因此，设计流程既具有引领作用，又具有枢纽作用，同时又具有保障和管控作用。所谓兵马未动粮草先行，当我们清楚了作战地形和路线之后，我们可以在关键环节提前部署兵器，仿真工具就是这些兵器中的重要一类。经过仿真化改造的设计流程在本书中称为"综合设计流程"。

设计流程仿真化的具体方法是重新审视设计流程，找到仿真价值最大的环节，将正确的仿真技术嵌入其中。仿真最直接的价值是替代试验，所以传统上的试验环节往往是流程优化工作最先关注的地方。当然，仿真的最终目的是创新，而不是验证，所以在设计的早期，虽然没有太多试验活动，但仿真的价值却最大。

产品设计一般划分为方案论证阶段、概念设计阶段、技术设计阶段、试验验证阶段等。仿真在不同阶段的用途不同，例如：

- 方案论证阶段——利用仿真进行快速论证。此时我们往往追求仿真的快速，不追求精确。
- 概念设计阶段——利用仿真进行方案的快速验证。系统仿真和多学科仿真是主要手段。
- 技术设计阶段——利用仿真完成关键设计参数的优化与确定。此处实物仿真是重点手段。
- 试验验证阶段——尽管仿真的目的是替代试验，但在实践中必要的试验还需要保留，特别是某些行业规范要求如此。利用仿真可帮助规划试验方案，准确定位测试点，减少试错，精益地获得数据，用较少的次数达到试验目的，提升试验效率。

相同零部件的同类仿真分析在不同设计阶段的分析目的不同，因此，采用的技术、工具、仿真模型、网格的处理方式、结果的处理与评价等也各不相同。

第二节　仿真规范建设

在企业中有两种极端思维：一种是认为仿真无所不能，作用巨大，应该尽量多地用仿真来指导设计；另一种是认为仿真就是锦上添花，在确定设计方案后做一定的确认即可，有些企业甚至把仿真作为展示或作秀之用。

其实，仿真是个高投入、高成本的活动，不仅软件价格昂贵，使用人员的成本也较高，时间投入也相对较长。对于一个产品的设计，在不必要的环节投入仿真，换取的回报也许会小于投入，所以仿真并不是用得越多越好。相反，把仿真完全看成花瓶和作秀，就过于轻视了仿真的价值，企业花重金购买仿真软件岂不浪费？

　　因此，界定仿真能发挥最大价值的环节，以最高的性价比来引入仿真，对一家企业是非常重要的。这就是为什么我们要进行仿真规范建设。

　　仿真规范规定了产品在不同设计阶段、不同专业应开展的仿真工作以及各仿真任务应采用的技术和方法。本规范应作为强制性文件要求全体仿真人员使用和遵守。

　　另外，考虑到企业仿真体系的成熟度是逐步进化的，所以，仿真规范不仅要规定"理想情况下产品研发在什么时候要做什么仿真"，还应该规定"在仿真体系不同成熟度级别应该做何种裁剪"。

　　仿真化的设计流程可以给出产品研发过程中的仿真任务清单。表 6-1 反映了一家电机研发公司在"产品性能研究"工作包中的所有仿真任务。

表 6-1　某电机研发公司在"产品性能研究"工作包中的所有仿真任务

研发任务	子任务	具体仿真任务
产品性能研究	结构性能研究	电机机座静结构强度校核分析
		电机机座随机振动及疲劳分析
		电机机座焊缝疲劳分析
		电机转轴强度分析
		电机转轴疲劳分析
	动力学性能研究	电机转子动力学仿真
	散热性能研究	电机通风散热仿真

　　图 6-1 是某企业发动机设计流程中的所有关键仿真工作项（仿真任务）。该企业将产品设计分为不同阶段，如概念设计阶段、方案设计阶段、详细设计阶段、设计定型阶段，约定在每个设计阶段，整机应进行什么仿真、哪些部件（零件）应进行仿真、应进行什么仿真等。

　　以上各项仿真任务均用图 6-2 所示的模型（SIPOC 模型）进行描述：在相应的仿真技术规范中，明确仿真任务的工作要求、输入输出、上下游工作关系、使用的技术和工具、执行人要求、预测工作量、可参考的知识或规范等。

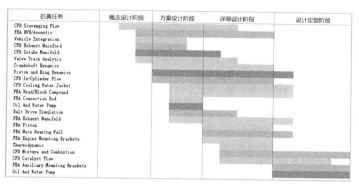

图 6-1 某企业发动机设计中的关键仿真工作项

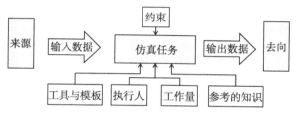

图 6-2 仿真任务的描述模型

1）任务约束：该项任务需要在何种原则、规范或标准之下来完成。

2）输入与输出：该任务的输入数据及数据来源、输出数据的要求和去向。

3）采用的技术、工具和模板：分析并规范该任务所采用的技术、工具及模板。

4）执行人要求：根据难度和重要度，提出执行人员的能力要求。

5）工作量预测：本信息对于产品研发周期和仿真项目管理有指导意义。

6）参考的知识：本信息对于执行人员按规定时间和质量完成任务有指导意义。

仿真规范最终应该形成一套仿真规范手册，手册中除了描述产品研发阶段中所涉及的所有仿真任务清单外，还应该描述每个仿真任务的 SIPOC 模型中的具体信息。表 6-1 和表 6-2 是从某个电机仿真的案例中选取的两个实例。

表 6-2 电机转子轴系扭振分析

信息项	内容说明
参与部门及角色	电机产品室 / 设计工程师
业务描述	根据转子、驱动端、联轴器或齿轮或其他传动、被带动转轴的结构情况，进行轴系的扭振振动匹配特性
业务目的与用途	进行转子的轴系扭振特性计算

（续）

信息项	内容说明
使用的工具软件	ANSYS Mechanical
输入数据及来源	1）转轴几何模型（二维和三维模型） 2）转轴的计算参数（质量、转动惯量、材料属性） 3）两个轴承的计算参数（四个刚度系数、四个阻尼系数） 4）转子外载荷（重量和扭矩） 5）轴承支撑位置以及支座形式 6）转子铁芯压圈和拉紧力预紧力大小、铁芯片数、铁芯厚度以及表面粗糙度 7）铁芯与转子间装配形式 8）转子连接附件的重量及中心位置 9）转速范围 10）滑动轴承详细尺寸及润滑油黏性系数 11）联轴器 12）被驱动轴结构
输出数据及去向	转子轴系的扭振情况
参考的知识	固体力学、振动分析理论、机械设计、电机学
执行人技能要求	具备固体力学、振动分析、机械设计基础及电机学知识
标准工作量	2～8天

表 6-3　电机整机结构模态分析

信息项	内容说明
参与部门及角色	电机产品室 / 设计工程师
业务描述	计算分析电机的固有频率，以理解电机整机的动力学特性。通过绕组的等效、硅钢片冲片的等效、合理的电机模型简化、刚度质量的等效分配及网格的收敛性分析，计算得到电机的整机模态结果
业务目的与用途	电机减振降噪
使用的工具软件	ANSYS Mechanical
输入数据及来源	定子结构、载荷、边界、硅钢片、绕组情况、材料属性、几何细节和装配
输出数据及去向	电机整机的模态分析结构，为后续的振动分析提供设计依据
参考的知识	固体力学、模态分析理论、机械设计、电机学
执行人技能要求	具备固体力学、模态分析、机械设计基础及电机学知识
标准工作量	2～12天

第三节　仿真标准建设

　　相对于仿真规范，仿真标准要复杂得多，形成的难度也更大，不仅需要对仿真过程做大量的调试，还需要大量的试验验证和误差标定。但与仿真标准所带来的价值相比,这些付出还是值得的。

1. 仿真标准的意义

我们从第二章提到的"大拿迷局"说起。"仿真"一词本身就代表我们获得的结果都不是真的,不然怎么会用"仿"字呢?既然是用计算机模仿真实世界,必然不能与真实世界一模一样,所以"假"是"仿真"的天然属性。但"假"显然也无碍大局,不然仿真技术怎么可能在世界工业中发挥那么重要的作用?虽然"假"不是问题,但弄清楚"假"到什么程度却是关键问题。就像 A、B 两块手表,你很清楚 A 手表慢 10 分钟,不知道 B 具体慢多少,只知道不到 10 分钟。显然,B 比 A 更接近真实时间,但 A 更具有参考性,因为 A 手表清晰地给出了一个标定:慢 10 分钟,每次看表,加上 10 分钟就是真实时间。

仿真世界也是如此。对于一个工程问题,利用某个软件、某个处理方法,如果仿真计算获得的结果与真实世界差异能被标定的话,仿真的结果就是可以被参考的。即使与真实世界差距较大,只要这种差距是恒定的,可以用某个数据或方法修订,就可以认为仿真结果是"精确"的。这种"精确"不是软件、计算方法、处理方法等决定的,而是通过标准获得的。从此,每当遇到这种问题,就按照相同的处理方法、相同的软件来计算,计算结果通过标定的偏差来修订,就可以获得正确结果。某汽车企业曾用 100 个单元剖分一个车门,计算结果与试验有 20% 的差距,但这个差距是稳定的。有好事者认为 100 个单元未免太粗糙了,把网格加密 10 倍,达到 1000 个单元。相比数年前标准建立的时候,计算机性能明显提升了,10 倍的计算量并不算什么。理论上讲,细化网格的计算结果也的确更接近现实,但问题是我们不知道 1000 个单元的计算结果与试验的差距到底是多少,所以这种做法从理论上是正确的,却对工程是无益的。

所以,仿真标准的根本目的不是让计算结果更接近真实世界,而是"保持计算结果的一致性",解决"大拿迷局"问题。只要遵守同一个标准,对于同一个问题,不同的人和不同的软件仿真得到的结论都应该是一致的。标准的规定未必是最优的,但结果是可重复的,而可以被重现和追溯的结果才最可靠的。这就是仿真标准的意义所在。

另外,仿真标准可以让我们低成本地获得业界总在追求的"精确解"。我们没有必要要求仿真结果与试验结果完全相同,但只要仿真标准让我们获得的计算结果是稳定的,与试验具有一致的误差就行。我们总是可以根据这个稳定的误差来修正结果。从这个意义上讲，这种有误差的结果其实就是"精确解"。所有的仿真软件都是具有一定的近似性，完全依靠仿真软件本身来达到与物理世界一致是不可能的，这既不科学也不经济。而标准很好地解决了这个问题，不仅保证了结果的"精确性"，而且相对于无限致密的网格、巨大数量的单元、超巨型的计算机来说，获得这种精确性的成本并不高。

2. 仿真标准的内容

如果说仿真规范是"解决什么时候做什么仿真的问题"的话，那么仿真标准就是"解决如何做和如何做好仿真"的问题。

仿真标准是对仿真过程做出具体规定的技术准则及强制执行文件，包括某项仿真工作的技术原理、前提假设、计算方法、软件工具、模型处理、材料选择与等效、边界条件确定、仿真步骤、计算控制、结果检查、结果处理及评价、试验标定等。

仿真标准与仿真对象（通常是企业的产品）是高度相关的，其中所约定的所有原则和参数都是个性化的，需要根据仿真对象的具体情况来确定。同时，这些标准对不同的仿真类型也是强相关的，譬如结构、流体、电磁、系统以及它们的下级学科。所以，不存在一种放之四海皆准的仿真标准。在企业实践中，需要对企业的产品、零部件以及它们所需要用到的仿真类型做矩阵化细分，矩阵的每个交叉点都应该对应一个具体标准。所以，理论上讲，一个企业的完整仿真标准会非常多。

当然，企业在仿真体系成熟度的不同级别应该选择相适应的标准，并不是标准越多越好，与现状不相匹配的丰富反倒是一种浪费。具体做哪些标准，应该根据前一节的仿真规范的规定来确定。

3. 仿真标准的建设

仿真标准的建设需要解决好以下问题。

（1）仿真问题选择与定义

该环节需要进行如下工作：明确仿真基本内容、分析仿真对象的结构特点与工作原理、分析对比各种计算软件并做恰当选型、确定该仿真问题的宏观分析流程等。

（2）前提假设与局限性

在这个环节，需要考虑完成该仿真任务应具备的前提条件、应采用什么仿真技术及其局限性、应采用的仿真工具及局限性。在仿真软件的选择上，往往会以一个为主、多个软件交叉验证。

（3）计算过程和处理方法固化

本过程是仿真标准建设的重点和难点，需要对仿真对象进行完整、严密和多轮分析，最终形成固化的分析过程，特别是需要对每个过程的具体参数的选定做明确结论。对于不同仿真对象和仿真类型，以上过程涉及的内容可能不同。以结构仿真为例，标准内容可能需要完成以下工作或回答以下问题：

- 单位制和坐标系选择：国际单位制、英制、笛卡儿坐标、柱坐标等。
- 建模方案：确定几何模型简化规则、物理（网格离散）建模原则、材料模型的选择与等效等。
- 边界条件和载荷：确定边界条件及其等效原则，建立分析模型，根据工作特性确定分析工况、载荷、接触条件、位移约束等。
- 求解设置：选择求解器、明确计算控制的设置原则、进行误差预测、进行时间估测等。
- 结果处理：明确须考察的结果、结果处理方案、结果评价规则、结果验证方法等。
- 模型修正：明确模型修正方法。

（4）仿真问题的试验标定

仿真标准制定的最重要的工作在于验证仿真结果的可靠性和仿真过程的正确性。对每项标准，除了进行仿真过程的严谨调试外，还需要用大量试验结果与仿真结果对比（图6-3），以获得两者之间的恒定偏差。如果偏差不恒定，则需要进行更多仿真模型的修正和迭代，直到恒定为止。当然，在实践过程中可能会发现试验中存在的问题，并对试验方案和方法提出改进要求。

（5）仿真标准手册的编制

仿真标准的建设成果是形成一套标准手册，作为仿真工作的依据和准则，是企业的核心资产。仿真标准一般会包括但不限于以下内容：

- 计算软件的选取
- 计算控制的设置原则
- 单位制与坐标系选取
- 预计的精度
- 工况与分析类型确定
- 预计的计算时间
- 几何模型简化规则
- 结果处理与评价
- 物理（网格）建模原则
- 结果验证方法

- 载荷确定和等效原则
- 边界条件确定和等效原则
- 材料模型的选择与等效
- 计算结果的修正
- 前提假设与局限性
- 计算模型修正原则

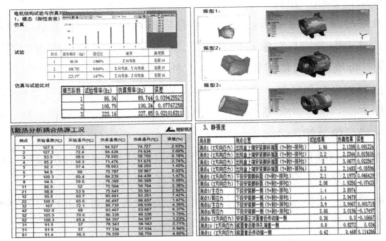

图 6-3　某电机的仿真与试验的标定

考虑到适应性和全面性，仿真标准手册中每项内容的约定会非常细致，因而每项仿真过程的标准会比较冗长。在实践中，我们可以将其中的核心内容做成标准卡片，随身携带，随时参考，图 6-4 为某发动机仿真技术标准卡片的部分内容。

图 6-4　仿真标准卡片实例

（6）仿真标准的进化

经过一段时间试行、完善后，仿真标准即可稳定下来，形成正式的标准文本，在确定范围内执行。仿真标准应定期进行复审，可根据企业仿真技术、软件、系统等的发展情况全面评价仿真标准的内容，并形成评价报告。对局部内容不适用的标准予以修订。对内容已不适应当前需要的标准，应制订新标准代替，原标准予以废止。

4. 仿真标准编制指南

仿真标准的企业相关性和产品相关性非常明显。世界上不存在一个放之四海皆准的仿真标准，但可以存在一个放之四海皆准的《仿真标准的编制指南》，而且事实上，该指南确实存在。在撰写本书的同期，笔者参与了中国数字仿真联盟的一个项目——中国仿真标准编制指南，并为该项目的成果《中国仿真标准编制指南 V1.0》撰写了编者按。本指南目前是 1.0 版，完成了静强度、模态、气动、散热、天线电磁的标准编写指南，并包含一篇范例——《汽车碰撞仿真标准范例》。作为数字仿真联盟的长期工作，本项目会陆续出版更多种仿真类型的标准编写指南。为了方便读者了解，本书附录 B 节选了《中国仿真标准编制指南 V1.0》的部分内容。

第七章 | Chapter7

仿真人才及组织建设

很多企业对仿真工程师的特殊性认识不足，在考核机制、薪资待遇、职业发展和梯队培养等方面往往与普通工程师不做区分，容易引起仿真人员积极性不高甚至人才流失。仿真人才及组织建设的目的就是将仿真人才区分出来，建立针对性的组织体系和发展模式。

第一节 仿真人才队伍建设

与普遍使用的三维设计技术不同，仿真技术涉及数学、力学、电磁学、控制、优化等多学科，对仿真人员的能力要求更高，一般应具备较强的数学和力学理论、工程实践经验，以及建模建立、网格选定、求解过程控制、结果分析与处理等多种仿真软件使用能力。根据国内项目的实践经验，用户通常需要数年的工程实践和仿真实践，才能成为某专业领域的合格仿真人才。因此，制定仿真人才发展战略、系统规划仿真人员配置、制定仿真岗位职责和任职资格及能力培养计划，是仿真人才队伍建设的必要工作。

1. 企业仿真人员构成

确定仿真人才梯队的构成和比例，需要根据企业的产品类型、研发水平和规模进行。第六章讨论的仿真规范建设为确定人才梯队提供了输入信息，它决定了企业在理想情况下产品研发各个阶段的仿真任务清单以及完成这些任务的人员素质要求。

所谓"理想情况"，指的是企业的仿真体系在最高成熟度时对应的情况。所以，在体系的不同成熟度级别应该对应不同级别的仿真规范，或者说，理想仿真规范在不同成熟度级别应该做不同程度的裁剪，与之对应的仿真任务和仿真人员都做相应裁剪——仿真体系成熟度不同，对仿真人员的配置要求也应不同。通过与各级别仿真规范的匹配，可以获得不同级别的仿真人员数量。

每个仿真相关专业的人员需求量需要根据该专业相关软件工具的使用频度和相关任务的数量来评判。使用频度与该工具参与的仿真任务数量以及任务延续的时间有关。具体方法是，在某产品研发的每个阶段，清点与该仿真专业有关的任务数量。虽然同一研发阶段的仿真任务、工具使用以及人员参与的时间会有所错开，但简单起见，可以假设在相同设计阶段的仿真任务时间是重合的。在该阶段建立仿真任务和相关专业人员的矩阵，如表 7-1 所示，可计算出该阶段各仿真专业人员的总数（即最后一行"小计"）。

表 7-1　某阶段仿真任务和相关人员数量的矩阵

XX 设计阶段	专业 1 人员	专业 2 人员	专业 3 人员	专业 4 人员	专业 5 人员
仿真任务 1	2		2	1	
仿真任务 2	1	4		2	1
仿真任务 3		1		2	
仿真任务 4	3	1	4		
仿真任务 5		3		5	2
仿真任务 6					
仿真任务 7	4	1		1	1
仿真任务 8		2	3		4
仿真任务 9	4			3	
仿真任务 10		2	4	1	
仿真任务 11	2	4			2
小计	14	14	13	15	8

以上过程需要考虑以下更多变量：

1）由于仿真标准会对某个仿真任务的工具选择提出交叉验证要求，由此会产生对人员的额外需求，所以还需要对照仿真标准，对矩阵各点的数据做修订。

2）有些仿真任务的参与人可能不止 1 个人。在矩阵各点的数据需要根据这个变量来修订。

　　3）一家企业并行开发的产品可能有数个，每个产品需要做类似的统计。总体人员数量需要将这些数据加总获得。

　　4）各产品的启动时间、各研发阶段的长度不同，所以，在加总的时候，需要依据这个变量做修订。

　　以上过程形成的相关专业人员需求实际上是企业当前情况之下的统计。所谓当前情况是指：企业的当前仿真体系成熟度级别、产品研发数量和仿真工具数量等。人才队伍的规划不是静态的，需要对可预期内的需求做预测。仿真人才需求预测需要做以下工作：

　　1）针对每个级别做类似的分析，最终形成企业各级成熟度之下的各种仿真人才需求数量评估。

　　2）根据企业的发展规划，预测企业未来 3 ~ 5 年的规划：仿真体系成熟度的递进规划、产品开发的数量变化、仿真软件的数量变化。

　　3）根据以上两项成果的数据，最终预测在未来 3 ~ 5 年仿真人才的配置需求。

　　在仿真工作中，前后处理的人机交互时间往往多于求解时间。所以，在仿真体系成熟度比较高的企业，仿真人员是以梯队存在，各有分工，譬如有人专事模型建立工作，有人进行求解和后处理。在企业进行人才配置的时候，可以考虑前后处理人数适当增加。这些变量都可以被企业用于优化人才配置，节省成本，做精准规划。

2. 人员和角色的能力要求（KCI）

　　仿真人员的能力要求与企业战略相关，创新性企业和跟随性企业对仿真人才的能力要求截然不同。企业应根据自己的战略特性，提出针对性的人员要求，包括学历、专业、工程经验及仿真经验等。

3. 招聘与定岗

　　确定企业的人员招聘计划，来源可以是应届毕业生、跳槽、转岗、挖角等多种方式。分析人员特长与特质以及将承担任务的类型，譬如是创造性人才还是模仿性人才，是软件使用快手、工程经验高手还是理论最强大脑？再根据企业的组织设计和研发要求确定岗位和职责。

4. 任职资格制度

　　仿真技术任职资格是仿真人才发展和管理的手段，给仿真人才提供一个明确的发展序列和空间。任职资格制度通常包括序列设计、级别设计、标准定义等。

5. 能力发展规划

仿真技术能力提高是一个循序渐进的过程，人才培养需要几年的实践和培训，因此，为各专业学科制定培训周期，规划培训的内容。

6. 激励机制（KPI）设计

激励机制是为仿真人才团队设立考核标准和奖惩机制。首先是设计不同类型任职资格所对应的能力工资、岗位工资及级别序列。绩效工资可以浮动，与仿真的工作成果及数量相关。岗位属性会影响激励机制的效果，所以要有针对性措施，对不同的岗位采取不同的激励，譬如创新性和模仿性人才激励应不同。特别是对经验丰富的专家，要注意将仿真标准和规范的整理和编写作为重要指标，因为这是仿真体系建设的重点内容，是资深专家的重要工作内容。

7. 职业发展规划

职业发展是任职资格的延续，是更高层次的晋升渠道。技术任职资格应按照任职资格序列进行晋升，应该有一套公平、公正且公开的级别晋升制度，并让全企业的仿真人员都参与并接受监督。对于更高的发展要求，需要规划仿真人才怎么向其他方向发展，譬如怎样转变成管理者，需要接受哪些培训，需要有哪些工作经验或业绩，需要多少实践和外部考察，需要怎样的性格特征等。

第二节　仿真组织机制完善

在中小型企业的研发组织中可不专门设立仿真部门，而是按照专业分散在各专业设计部门。在大中型企业研发组织中，一般应设立类似仿真中心的部门。仿真组织建设主要是构建与企业仿真战略相配套的组织，并确定包括组织使命、任务、文化、架构、职责、流程及跨部门协作等一系列内容。

1. 组织愿景设计

仿真组织需要描绘一个发展远景，成为其努力的目标。愿景与仿真战略及预期成熟度有关。一家企业的仿真战略可能这样设计：仿真驱动研发，并终将引领研发。与之相适应的必然是一个野心勃勃的仿真组织的愿景，可能会是这样的：仿真在研发中处于核心的地位，仿真人才是研发体系的核心人才，仿真组织将是未来产品研发组织的主体。

2. 组织使命设计

需要定义仿真组织在企业中的核心职责，譬如一个典型的使命可能是这样的：利用仿真技术，促进技术创新，提升研发效率和产品质量，提升产品的竞争力。

使命与愿景有关，也即与仿真战略和预期成熟度有关。以下说法都可能成为企业仿真组织的使命：

- 获得稳定的仿真结果，确认设计的合理性，并可与试验相互验证。
- 准确预测产品性能，使仿真成为设计的参考，指导甚至替代物理试验。
- 通过仿真融入产品研发的全生命周期，实现"仿真驱动设计"之愿景。

3. 组织价值观

需要阐述仿真在产品研发中的重要作用，确定组织对仿真价值的观点。譬如一个典型的仿真价值观可能是：任何产品都需要经过仿真；没有经过仿真的产品，就不可能是最佳产品；离开仿真，参数无法优化，产品性能、功能就无法预测，不可能成为最佳产品。

仿真的价值观也可能是以下描述中的任何一个或几个：

- 仿真是提升产品附加值和企业竞争力的重要手段。
- 没有仿真，研发创新型新产品就不可能成功。
- 产品设计的过程就是充满仿真的历程，仿真水平决定了产品设计水平。
- 仿真组织是研发的主力军，可以明显提升产品价值和质量，还可以帮助企业降低成本，并获得良好的经济效益。
- 无论研发水平高低，只要企业需要研发产品，仿真就能帮助企业进步。研发水平越高的企业，仿真水平越高，给企业带来的价值越大。

4. 组织结构

仿真组织结构将回答以下问题：支撑企业产品研发的仿真部门的总体职责是什么，输入输出是什么，组织结构应该是什么，各子部门的职责和价值是什么，部门间的工作流程是什么，这个结构有何特点，有何优劣势，每个部门内部人员岗位是什么，岗位之间的人员比例如何？

应从企业和部门内部两个层次来考虑组织结构图：

- 企业视角：确定仿真部和设计（总体、结构、强度）、工艺、保障等部门的关系，形成部门价值和职责。
- 部门视角：确定和归类学科、工种、岗位等信息，形成部门内部的任务分工和组织结构。

5. 组织职责与价值

仿真组织的典型职责是：除了负责执行研发活动中的各项重要仿真工作外，还须管理与仿真体系相关的软硬件资源，并承担仿真体系的建设规划和能力提升工作，负责单位的高级仿真人才培养和管理、仿真知识及数据的维护和管理。

仿真组织承担着重要的研发任务，根据企业仿真战略的不同，发挥的职责必然不同。随着仿真体系成熟度级别的变化，仿真部门职责会随之变化，总体趋势是成熟度越高，仿真越重要，价值越大。另外，在产品设计的早期、中期、晚期，仿真部门的具体责任也会有所不同。

6. 组织考核与激励

仿真组织的考核与激励是提升绩效的必要手段，并且与仿真战略相关。考核包括对整个组织的考核和对个人的考核，个人绩效与组织绩效强相关。考核的关键指标包括产品质量的提升、研发效率的提升、人员能力的提升、团队氛围的提升等。激励与考核结果相对应，可以是物质上的激励（如薪酬和奖金），也可以是精神方面的激励（如荣誉和职称）。

7. 跨部门工作流程

根据仿真组织的职责制定部门的工作流程，然后站在整个企业角度，按照任务类型、产品类型等不同维度制定与其他部门的配合流程，明确各自的职责和定位、流程的适用对象与范围、各节点的输入输出等。

通常与仿真部门配合的部门包括设计部门、试验部门、工艺部门和标准部门等。对于不同的部门，跨部门的工作流程应该要考虑以下要点。

- 设计部门

在产品设计早、中、晚期，仿真的价值不同，与设计部门的配合也不同。在不同的仿真战略下，仿真与设计的配合模式也不同，仿真战略越强，仿真越主动。随着成熟度的提升，两部门的配合模式也会不同，仿真可能会从保障设计发展到驱动设计，最终会牵引设计。

- 试验部门

在产品设计早、中、晚期，仿真与试验部门的配合模式不同。相对来说，越是早期，产品的细节越不明确，甚至没有可以试验的对象，所以仿真的主动性越强；越是晚期，设计细节越明确，试验件越丰富，试验的主动性越强。

- 工艺部门

在工艺规划时，仿真会帮助选择工艺方案，预测工艺结果。在工艺执行时，仿真会用来修正和优化工艺，并协助排除工艺故障。

- 标准部门

标准部门配合仿真部门形成仿真流程、规范、标准和制度，并推行标准的执行。

8. 组织工作规划

规划仿真组织在近期（1年）、中期（2～3年）、长期（3～5年）的发展规划，包括战略目标、人才梯队建设、组织体系建设、流程建设等。中长期规划需要有明确的里程碑，可量化和可考核，以能获得并激励阶段性成效为原则。

9. 组织进化路线

随着成熟度模型从1级到5级的提升，仿真的重要性逐步增强，这将影响到组织、角色、岗位、决策地位等各方面变迁。组织体制通常有四种模式：团队制、首席制、集体制、诸侯制等，应考虑不同成熟度阶段适合选用哪种体制，怎么从一个体制进化到另外一个体制，需要在人员、组织、能力储备、软硬件建设、平台建设上做何种调整。

10. 关键成功要素

仿真组织取得成功的关键因素包括三点：

- 部门激励的 KPI 设计。合理的 KPI 设计能激发员工的工作热情和创造力。
- 仿真驱动研发的机制分析。结合国内外先进理念和经验，根据企业自身的发展情况和研发类型，理顺仿真和设计的关系，采取措施以逐步达到仿真驱动研发的目标。
- 部门的职责与价值分析。树立了正确的价值观，确定了部门职责，才能保证战略的顺利实施，保证路线得以实现。

软硬件装备规划及选型

仿真软硬件装备是仿真体系建设中比较容易完成的。有人说，"只要能用钱解决的问题都不是大问题"，软硬件的确具有花钱即可解决的特征。不过仍需强调，仿真技术是比较复杂的，其求异特征使不同的软件具有不同的分析特长，适合于不同的分析类型和对象。不同仿真软件对硬件的配置组合要求也完全不同，需要长期规划、甄别选项和精心配置。

第一节　仿真软件规划及选型

仿真软件是仿真体系的基本要素，也是所有仿真活动开展的第一要素，所以大部分企业用户在建立仿真体系的过程中，首先是引进各种先进仿真软件。仿真软件与三维设计软件有所不同，仿真软件需要面向各行业与专业的复杂需求，涵盖前后处理、固体力学、流体力学、电磁学、系统控制等多种学科，仿真过程和产生的数据也更为复杂。一般大中型企业都拥有数十种仿真软件，如国内某飞机研究所的总体设计单位甚至拥有数百种仿真软件，包括近百种商业软件和数百种自编程序。

企业需要基于仿真发展战略，与企业产品研发特点及仿真需求结合，开展仿真工具软件的规划、选型和建设工作，实现软件资源的最优配置。其中，软件选型是工作的重点和难点，要在纷繁复杂的仿真软件海洋中确定合适的软件的确不易，何况软件的种类和数量与企业研发状态密切相关。

　　仿真软件的规划不是一项独立工作，需要根据前文论述的仿真规范和标准来做相应的配套规划。

　　仿真规范约定了理想情况下，企业在产品研发各个阶段所有可能的仿真任务、每个仿真任务建议或规定的仿真软件。图 8-1 展示了某电机企业基于电机各学科仿真任务的需求，对电机仿真软件进行选型工作的一个片段。

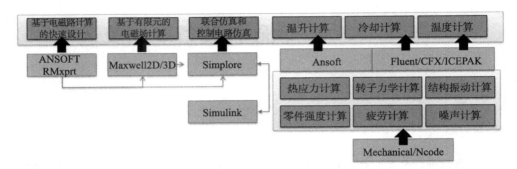

图 8-1　电机仿真软件的选型

　　所谓"理想情况"，指的是企业仿真体系在最高成熟度时对应的情况。所以，在体系的不同成熟度级别应该对应不同级别的仿真规范，或者说，理想的仿真规范在不同成熟度级别应该做不同程度的裁剪，与之对应的仿真任务和仿真软件都做相应裁剪——仿真体系成熟度不同，对仿真软件的配置要求也应不同。通过与各级别仿真规范进行匹配，可以获得不同级别的仿真软件清单。

　　每个仿真软件的需求量需要根据该工具的使用频度和使用人员数量来判断。使用频度与该工具参与的仿真任务数量以及任务延续的时间有关。具体方法是，在某产品研发每个阶段，清点与这个仿真工具有关的任务数量。虽然同一研发阶段的仿真任务、工具使用以及人员参与的时间会有所错开，但简单起见，可以假设在相同设计阶段的仿真任务时间是重合的。在该阶段建立仿真任务和相关工具软件的矩阵，如表 8-1 所示，可计算出该阶段各仿真软件的总数（即最后一行"小计"）。

　　以上过程需要考虑以下更多变量：

　　1）由于仿真标准会对某个仿真任务的工具选择提出交叉验证要求，所以，还需要对照仿真标准，对矩阵各点的数据做修订。

　　2）有些仿真任务的参与人可能不止 1 个人，在矩阵各点的数据需要根据这个变量做修订。

3）一家企业并行开发的产品可能有数个，每个产品需要做类似的统计，总体软件数量需要将这些数据加总获得。

4）各产品的启动时间、各研发阶段的长度不同，所以，在加总的时候，需要考虑这个变量做修订。

表 8-1　某阶段仿真任务和相关工具软件的矩阵

XX 设计阶段	仿真软件 1	仿真软件 2	仿真软件 3	仿真软件 4	仿真软件 5
仿真任务 1	1		1	1	
仿真任务 2			1		2
仿真任务 3		3		1	
仿真任务 4	1	1	1		
仿真任务 5		1		2	1
仿真任务 6					
仿真任务 7	1	2		1	1
仿真任务 8		1	1		1
仿真任务 9	2			2	
仿真任务 10		3	1	1	
仿真任务 11	1	1			2
小计	6	12	5	8	7

以上过程形成的软件数量需求实际上是企业当前情况之下的统计。所谓当前情况是指，企业的当前仿真体系成熟度级别、产品研发数量和仿真人员数量等。软件体系的规划不是静态的，需要对可预见期内的需求做预测。所以，仿真软件需求预测需要做以下工作：

1）针对每个级别做类似的分析，最终形成企业各级成熟度之下的各种仿真软件需求数量的评估。

2）根据企业的发展规划，预测企业未来 3～5 年的规划：仿真体系成熟度的递进规划、产品开发的数量变化、仿真人员的数量变化。

3）根据以上两项成果的数据，最终预测在未来 3～5 年仿真软件的需求清单。

在仿真工作中，类似前后处理的人机交互时间往往多于求解时间，而且求解可以在下班后排队进行，所以在企业进行软件配置的时候，前处理器、后处理器和求解器应三者分离。这样，相对便宜的前后处理器数量可适当增加，相对昂贵的求解器数量可相对减少，且求解器可以配置高性能并行计算模块，进一步提升求解器的利用效率。通常来说，一款仿真软件会自带专用的、与自己的求解器适配的前后处理器，但市面上也存在着通用前处理器和通用后处理器，可以考虑配置一部分类似工具，以增加仿真软件体系的全局柔性。这些变量都可以被企业用于优化软件配置，节省成本，做精准规划。

第二节　仿真硬件规划及配置

计算机硬件相对标准，所以，相比软件的规划和配置，硬件的规划和配置要简单些。但由于仿真软件的复杂性和求异特征，针对仿真的硬件规划与配置要比其他类型应用复杂。

1. 仿真硬件配置和规划的特点

仿真硬件的目的是支持仿真任务，这种支持的模式与任务完成所需要的仿真软件有密切联系。对于相同的任务，采用不同的软件或不同的算法，对硬件的要求就有可能不同。因此，对仿真软件及算法的了解是仿真硬件规划和配置的前提，这对于传统硬件供应商和系统工程师来说是一道门槛。

通过仿真标准与规范建设、仿真软件规划以及仿真人才规划，可以给出企业在理想情况、仿真体系各成熟度级别以及可预期内，企业产品研发的各个阶段需要完成的仿真任务、需要的仿真软件以及仿真人才，这些信息都是仿真硬件规划与配置的重要输入。但仿真硬件的标准化程度相对较高，共享性和扩展性都较好，所以我们没必要像前文那样利用矩阵方式进行详细核算，只需要做好软件对硬件特性的需求分析，根据大致规模的核算，就可以获得硬件规划和配置的方案。即使是规划和配置有所误差，后期补救也很方便。

2. 仿真涉及的设备及配置要点

通常来说，仿真涉及的硬件设备一般包括工作站、计算服务器、高性能计算集群（HPC Cluster）和集中式存储。

工作站主要关注 CPU 数量、GPU 数量和计算核数、内存、图卡、磁盘容量与读写带宽。这种设备主要用于仿真工程师进行前后处理和低运算量的本地求解，因此，从数目上来讲，仿真工程师需人手一台。由于需要进行前后处理，对交互性和图形处理的要求较高，所以对图卡有较高的性能要求。有些软件需要用 GPU 来求解，这些软件的应用工程师则需要配置 GPU。

计算服务器主要关注 CPU 数量和计算核数、内存、磁盘容量与读写带宽。这种设备主要用于大运算量的远程求解。工程师在工作站上完成建模后，提交到这里进行大规模计算，因此不需要有较好的图卡，也不需要 GPU。因为不同的软件或算法具有不同特性的硬件需求，有些软件或算法需要高速 CPU，有些更耗内存，有些需要有大而高速的硬盘缓存，有些则需要高速网络做并行计算。对于需要 GPU 做计算的软件，就只能在工作站上解决了。

高性能计算集群主要关注作业调度系统、胖节点和计算节点数量、各节点 CPU 数与核心数、内存、磁盘、互联类型、并行文件系统类型、I/O 节点数量。对于计算量需求更大的企业，需要配置集群及相应的集群管理和作业调度系统。计算集群具有可分时使用、并行计算、夜晚工作等特点，因此，可以共享和调度的空间很大。同时硬件的标准化使其扩展性比较好，可以在任何需要的时候做扩展。

集中式存储主要关注存储的容量、磁盘数量、并行读写带宽。仿真求解的中间文件和结果文件一般都较大。仿真工程师通常需要一个专用网络存储空间来存放数据，计算服务器或高性能计算集群也需要较大的存储空间来保留计算的中间文件和结果文件。

3. 仿真硬件规划及配置内容

通过对仿真体系硬件资源的整体规划和配置，可以达到硬件效能的最优化，减少重复投资，并减少系统冲突风险。首先通过调研分析现有硬件数量，并评估应用饱和度，然后基于仿真任务及相关仿真软件的特定要求，评价各项仿真任务与仿真软件相对应的硬件设备的性能及效益，确定应改善或优化的硬件环境；提出从个人桌面到并行计算再到企业私有云的系列解决方案，包括高性能计算硬件选型及部署方案、网络拓扑结构、任务调度策略、数据存储和传输方式、求解器集成方式、用户和权限管理功能以及门户系统功能。

4. 值得参考的硬件技术趋势

1）硬件价格逐步降低。各种仿真应用对硬件资源需求较高，各种硬件价格逐渐下降的同时，性能却在飞速提升。

2）x86+Linux 平台基本普及。廉价而通用的 x86+Linux 平台基本取代了昂贵的小型机 +UNIX 平台，成为 HPC 平台的标准配置。

3）HPC（尤其是中小规模）快速普及。可以轻松实现整车、整机级别的仿真计算，除了国家正在建设的超级计算中心之外，众多企业也在纷纷建立内部 HPC 中心。

4）HPC 促进了仿真软件的应用规模和范围。HPC 技术使得耦合计算和多学科优化等变得现实和实用。

5）GPU 技术极大提高了仿真计算效率。GPU 计算效率正在被广大仿真厂商和工程师所认同，很多仿真软件已经开始支持 GPU 计算。

6）仿真资源管理逐步被企业所重视。与其他研发业务相比，仿真业务所需的硬件和软件对性能的要求更高，也更加昂贵。需要让硬件和软件更加合理匹配，有效地管理这些资源，尽可能提高这些硬件和软件的使用效率。为此，越来越多的企业开始进行软件资源调度、硬件计算资源管理等系统的建设。

第三节　仿真私有云规划与建设

在企业仿真体系规划与建设中，除了正确的选型与采购之外，对软硬件进行合理和优化配置才能真正发挥它们的最大效益。对于仿真应用规模较小的企业，软硬件需求比较简单，将仿真软件部署在企业局域网中，根据软件授权、应用、数据存储等模式，各自做好部署，做好账号分配即可。对于大型企业甚至集团企业来讲，软件、硬件和应用模式都非常丰富，传统的部署模式不但低效浪费，还会出现冲突。当前 IT 技术的发展为我们提供了一种新的部署架构——仿真私有云，主要提供软硬件资源的虚拟化、服务化和共享化，在资源节约、使用体验及数据安全方面具有明显优势。

利用仿真私有云的虚拟桌面方案，仿真人员的桌面变为轻客户端，可远程调用高配置设备，使用体验优于过去。仿真软件和仿真数据均在私有云而不在本机上，可以提高仿真数据的安全性，也便于数据共享。通过私有云，仿真软件昂贵的 License 可以得到大幅度共享，降低了企业的采购成本。通过对 License 的使用监控，可以了解软件的使用情况，有助于提出合理的采购规划。总之，这样不但使企业软硬件成本有所降低，而且提升了仿真人员的应用体验和工作效率。

1. 建设目标

仿真私有云的主要建设目标如下：

- 建立私有云平台，为仿真软件提供统一运行平台，统一管理软硬件资源，按需分配。
- 为仿真工程师提供更佳图形体验的个人工作桌面，满足仿真工具的特殊需要。

- 有效管理和充分使用仿真软件，统一分配 License，避免资源浪费，降低对仿真软件的投入。
- 建立统一、弹性的公共高性能计算集群，企业内各部门或子公司按需调用和释放，无须各自配置，造成闲置浪费。
- 实现仿真数据统一存储和安全管理，不仅可以解决数据离散和共享难题，还能防止公司仿真资产丢失和泄露。

2. 总体方案

私有云平台的核心和关键是资源池化、服务化和共享化。采用云计算技术和面向服务的框架进行构建，将 IT 硬件基础设施、桌面资源、仿真软件资源统一管理和调配，以服务方式满足仿真需要。

私有云的基本原理是将以上各类仿真资源通过采用不同的虚拟化技术形成资源池。对资源池建立配置信息库，进行统一分配、调度、监控以实现资源调度的自动化。按用户和软件运行需要自动分配合适的资源，达到资源共享和充分利用的目的。

通过虚拟桌面技术、资源池化和服务化技术，将显卡和 license 以服务的方式向用户提供，无显卡瘦客户端通过浏览器在虚拟桌面远程使用软件，并将数据统一存储和管理。

仿真私有云平台按不同用户的视角分层，形成基础 IT 层、管理维护层和业务应用层，逻辑架构如图 8-2 所示。

基础 IT 层面向传统的硬件管理和维护人员，包括服务器、存储设备、网络、机房、环境的建设、配置和维护管理。

管理维护层面向仿真私有云平台的运维人员，对资源池及云应用系统进行配置、维护和管理。资源池包括 License 资源池、云桌面资源池、服务器资源池、存储资源池、网络资源池和仿真软件资源池等。云应用系统包括桌面发布系统、License 统一管理系统、集群管理与资源调度系统、存储管理系统、云服务管理系统及管理门户等。

业务应用层面向最终用户，即仿真工程师，为仿真工程师提供远程桌面使用、仿真软件、个人数据管理、应用门户等。

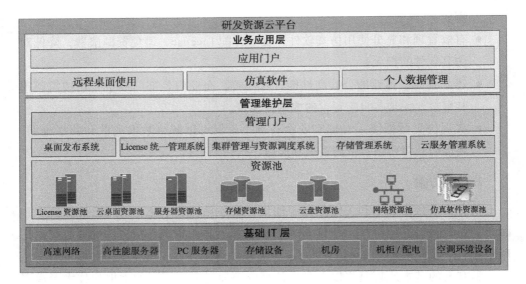

图 8-2 仿真私有云平台逻辑架构

私有云平台的硬件拓扑中包含服务器资源池、虚拟桌面资源池、桌面发布节点、统一存储、高速网络及交换机，如图 8-3 所示。

- 虚拟桌面资源池包含若干节点，每台配置若干块高性能显卡，提供远程仿真资源。
- 管理节点和桌面发布节点负责对高性能集群和虚拟桌面资源池进行统一管理。
- 利用高速光纤及交换机组建存储网络，为虚拟桌面资源池提供统一存储。
- 万兆网络及交换机作为核心层业务网络，用于连接虚拟桌面，对外提供万兆网络访问。
- 通过高速光纤网络，将大容量高性能存储系统共享给整套平台，保障在众多仿真用户情况下，每个用户能弹性化地获得充足空间。

3. 基础云平台

基础云平台提供通用的 IaaS（基础设施即服务）平台功能，它具有良好的扩展性，可以进行配置和定制开发。

IaaS 通过将网络、存储设备、服务器作为共享资源池进行管理并向上提供服务，实现资源的统一管理和调配；通过自动配置、容量优化，即时调整以适应业务动态需求。

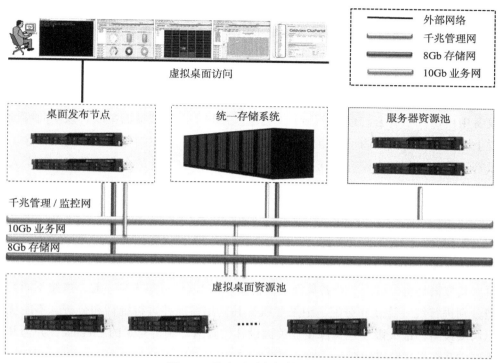

图 8-3　私有云平台硬件拓扑图

　　普通商业化 IaaS 可以满足营销、商务、政务、办公等需求，但不适用于仿真应用。仿真 IaaS 是在普通商业 IaaS 之上，针对仿真应用的特殊需求定制而成的。仿真应用需要考虑以下因素：高性能虚拟机、高性能虚拟桌面、大型复杂图形图像处理（显卡虚拟化）、高配桌面资源、桌面图像的传输速度、大文件管理与传输、海量数据的快速存储、HPC 的调优与标准化、大规模并行计算、虚拟集群并行计算的高速网络、仿真计算内存弹性获取、仿真计算中数据快速读写等。仿真 IaaS 还须增加对 License 资源池、仿真软件资源池、云桌面资源池、云盘资源池的维护和管理。

4. 桌面与云盘

　　桌面虚拟化包含 3D 桌面虚拟化和普通桌面虚拟化两种。通过桌面虚拟化方案，可以将所有物理资源整合进数据中心端。根据用户需求，灵活部署所需桌面操作系统，并指定每个桌面可共享的用户。用户可通过瘦客户端访问桌面资源，而其实际负载存在于私有云的虚拟桌面资源池中。瘦客户端只须支撑网络、浏览器及系统基本的运行即可。通过 AD 域、DHCP 可方便地管理虚拟桌面访问的用户、网络地址等。

　　针对企业目前存在个人仿真数据分散和数据安全等问题，以私有云为基础，通过建立个人云盘的方式，实现对数据的集中和安全管理。个人云盘在统一存储设备中由仿真私有云管理员为每个人创建，并与个人虚拟桌面关联。该空间可设置上限，在上限范围内可自由使用，具有完整权限。该空间仅供个人使用，除了云管理员外，其他人没有访问权限。仿真工程师需要额外的个人云盘时，可个人提出申请，审批通过后，由私有云管理员分配。个人云盘空间由私有云统一维护和管理，保证运行安全和可靠。

5. License 云

　　License 管理是仿真云的重点之一，是昂贵的仿真软件投资效益最大化的手段。其方案是将分散到企业各桌面上的仿真软件 License 集中到一起，按照不同类型分别进行统一管理和分配，记录和跟踪其使用情况并进行统计和分析，不断优化调度策略，最大限度地保障企业关键设计仿真活动获得充足的 License，并为其扩充或升级提供数据依据。

　　License 云提供一个统一的 License 管理系统（见图 8-4），对 License 按类型采用不同方法进行管理和共享，包括申请、分配、浮动管理、使用统计、参数配置等功能。

图 8-4　统一 License 管理系统

各模块主要用途如下：

- 申请：按类型发起 License 申请，用户可直接提出申请，也可在仿真软件打开时产生申请。
- 分配：按仿真软件类型，对新产生的申请分配 License，使用完毕后回收。通过集成虚拟桌面系统实现固定机器授权软件的 License 分配和回收。
- 浮动管理：实现对浮动仿真软件的 License 分配和回收。
- 监控：实时监控各类仿真软件 License 使用状态，并及时更新状态。如果监控到软件处于非正常状态，则自动回收 License。
- 使用统计：统计分析 License 使用情况，重点是申请满足率和利用率。
- 参数配置：配置 License 类型、固定机器 License 基础信息和浮动 License 基础信息等。
- 系统管理：进行身份认证、组织管理、角色管理、用户管理、权限管理、日志管理等。

利用统一 License 管理系统，可以搭建 License 云架构，可实现对固定机器授权和浮动授权等模式的调度，如图 8-5 所示。

图 8-5　License 云架构

对于采用固定机器授权（如加密狗、序列号、绑定 MAC 地址的 License）的仿真软件，将软件配置在图形服务器上。图形服务器虚拟化为若干桌面，工程师通过调用虚拟桌面来获取 License，这样，多个虚拟桌面共用同一个图形服务器上的 License。

对于采用浮动授权的仿真软件，在服务器上执行 License 管理系统。仿真软件配置在图形服务器上，并将图形服务器虚拟化为若干桌面。仿真工程师在虚拟桌面中打开软件时将触发 License 申请，由 License 管理系统统一从服务器中获取 License。

6. 集群调度

集群管理与资源调度系统是仿真私有云中的另一重点，是使仿真硬件投资效益最大化的重要手段。该方案提供集群的状态监控、告警管理、集群管理、资源管理、作业管理等功能，可有效提高资源调度和管理效率，降低运维成本，并针对不同的高性能计算应用，提高计算能力。

- 模块化模式：采用模块化、可插拔的设计理念，具备灵活性和可扩展性。
- 状态监控：以仪表盘方式展现集群的状态、性能等多种监控信息，可进行全方位的集群监控。
- 资源集中管理：对系统中的资源进行集中管理，可以将系统中的所有资源进行统一展现，并进行多样资源操作。
- 计算作业调度：实现对集群系统中的计算作业进行灵活管理，实时展现系统中的作业和节点情况，可对系统作业进行多种图形交互式管理操作。
- 实时告警管理：在系统故障的第一时间通知用户，也能够统计一段时间内系统的故障信息，实现对故障的快速处理。
- 集群部署和管理：实现操作系统镜像备份、管理以及快速集群部署。
- 绿色节能管理：提供系统功耗监控视图并设置系统的节能模式。

7. 私有云案例

某集团部署的仿真公共服务平台服务该集团四大子集团及 13 家其他企业的仿真业务，其网络拓扑规划如图 8-6 所示。

该平台提供了数十种大型仿真软件、计算资源调度统计及 License 管理系统、远程提交计算及数据服务、各类仿真软件技术培训资料及视频等。平台将分散在集团各子公司的仿真资源纳入统一管理、调度，实现资源的高度共享。仿真人员远程登录公共服务平台后获取仿真资源进行仿真，既可以在本地分析计算，也可以远程分析计算，并能依靠高性能计算资源完成大规模的仿真计算。平台采用统一调度技术，可以根据需求对仿真资源进行弹性、动态调整，以满足不同规模和性能要求的计算需求，并提高软件和硬件的使用率，还可以对各类仿真资源的使用情况进行长期统计和不断改进。

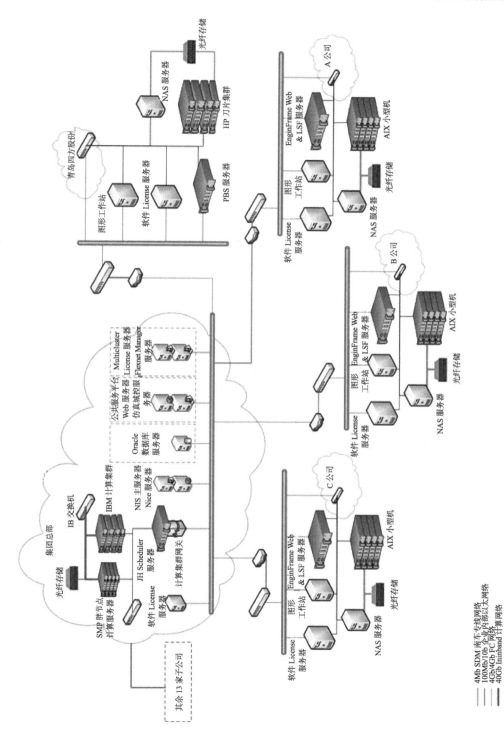

图 8-6 某集团仿真公共服务平台规划[⊖]

⊖ 原图为彩图，如有需要可登录 www.hzbook.com 下载。

8. 应用价值

应用企业仿真私有云，将达到以下效果及价值。

（1）实现仿真资源统一管理，按需分配，提高利用效率，降低成本

通过资源池的方式，将仿真软件、License、桌面、计算、存储等资源进行统一配置和管理，按需分配，优势资源优先分配给关键紧急项目。将仿真资源整合，进行资源使用数据的采集、统计和分析，了解企业对资源的真实需求。通过调整调度和分配策略，最大限度地提高资源使用率。实现按需分配、自动伸缩，提高利用率，避免浪费，保护投资。

（2）实现应用自动伸缩，利用自动化手段提高运维效率和质量

将各类仿真资源统一配置、统一维护和管理，显著提高运维管理的标准化程度，提升运维工作的效率和质量。监控各应用的运行状态，根据内存、CPU等资源使用情况，实现计算和存储资源的自动伸缩，减少运维工作量。

提供应用自动安装部署及工具更新，减少管理员的工作。平台提供一系列服务监控功能，对仿真软件和服务进行实时监控，提前预警，及时报警，并支持短信和邮件等多种方式通知管理维护人员或应用系统维护人员。对于常见故障，平台提供自动恢复功能。提供图形化维护管理工具，简化运维管理。

（3）实现仿真数据统一管理和共享，提高数据和信息的安全性

通过统一存储空间管理个人数据和交付数据，实现仿真数据统一存储、管理和维护，解决仿真数据离散和信息孤岛问题，所有仿真数据全部保留在后端数据中心。制定合理的安全制度，采用多种加密算法和加密等级保护敏感数据。多级容灾备份、定期执行备份与恢复策略等多种技术可以彻底解决分散化数据资源的安全问题，防止重要资产丢失和泄露。

（4）积累仿真资源应用数据，为资源持续优化提供支持

考虑到仿真资源投入的成本较高，有必要对其进行持续的分析优化。通过私有云平台，可获得各项资源的实际申请和使用数据，使仿真资源的需求和使用数据透明化，不断积累和形成资源使用数据，为进一步优化仿真资源的配置打下基础。

综合仿真平台建设

综合仿真平台是仿真体系建设的内容之一，但是作为整个仿真体系众多要素的信息化载体，综合仿真平台具有独特的地位。其核心作用是将仿真体系的众多要素协调一致，形成合力，所以有时候我们把综合仿真平台又称为协同仿真平台。仿真工具具有强数字化特征，而仿真平台具有强信息化特征，因此深度集成了仿真工具的综合仿真平台是数字化和信息化的综合体。

第一节　综合仿真平台的目标

综合仿真平台是将仿真相关的工具和技术、规范与标准、人才和组织集成起来，形成驱动设计的信息化系统。仿真组织基于平台部署仿真任务、管理仿真过程。仿真的流程和数据通过平台管理和运行，仿真人员基于平台开展工作，调用仿真软硬件工具，积累仿真知识经验。仿真技术标准和规范通过平台管理和开发，形成仿真组件。通过综合仿真平台，可以集成工作信息、共享仿真数据和规范技术流程，还可以通过对各类仿真软硬件工具的技术改进和配置优化，更高效率、更广泛地进行多学科联合仿真。

第二节　综合仿真平台的业务需求

综合仿真平台并不仅仅为综合仿真体系而生，在企业研发实践中也确实存在业务需求。在笔者供职的公司，在综合仿真体系概念尚未提出之前，综合仿真平台的业务量已经达到了相当高的程度。

　　复杂产品研发是一项专业面广、综合性强的系统工程，涉及系统、结构、流体、电磁、电路、液压、机构运动等多项仿真技术。各种仿真技术采用的软件各异，且来自多个厂商，这为工程应用带来益处的同时也带来诸多烦恼。企业仿真工作通常存在以下问题。

1. 仿真工具分散，集成度低

　　随着大量仿真工具的采用，孤岛现象日益突出。仿真流程、优化流程、仿真过程数据都未能得到有效管理，系统仿真、结构仿真、流体仿真、电磁仿真、热分析、机构运动学分析等专业软件也缺乏集成，数据交互困难，不利于多学科协同设计、耦合仿真与优化。

2. 自动化程度低，影响效率和质量

　　仿真人员常常花费大量时间进行几何建模、划分网格、分析数据、撰写报告等，这些工作通常以手工方式进行，耗时耗力，枯燥重复且容易发生差错，而且不同工程师处理方法不同，严重影响仿真分析的有效性和准确性。

3. 仿真数据管理混乱

　　在研发过程中会产生大量仿真数据，数据之间、数据与工具之间都有很强的关联和逻辑，需要解决好仿真数据管理问题。

4. 协同管理缺乏手段

　　基于企业当前设计现状，需要对仿真活动中人员、任务、数据、工具之间的协同进行有效的管理和规范，提高仿真工作效率。

第三节　综合仿真平台架构

　　综合仿真平台架构如图 9-1 所示。

　　1）仿真管理模块：该模块通过业务结构树，对综合设计流程及仿真任务进行管理，跟踪仿真任务进度，掌握人员部署情况。

　　2）组件与向导设计模块：该模块利用二次开发技术及统一封装环境，可快速

开发各专业仿真组件，并置于仿真平台中调用。

3）多学科仿真集成模块：该模块面向多学科仿真和优化等应用过程，利用图形界面把一系列仿真组件按规定的逻辑、数据关联关系组装成自动化仿真过程。

4）仿真数据管理模块：该模块主要是对各类仿真任务的数据进行管理，包括仿真模型、计算结果、多工况文件等。

5）计算资源调度模块：该模块支撑高性能计算需求，具备远程图形终端、资源状态查看、作业提交、作业管理、记录查看、软件 License 策略管理等功能。

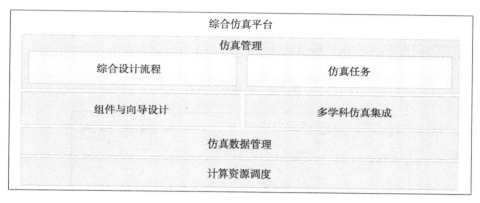

图 9-1　综合仿真平台架构

第四节　综合仿真平台功能

1. 仿真管理

仿真管理者需要对综合设计流程（经过仿真化改造过的设计流程）中的所有仿真任务有总览性认知，同时需要对这些仿真任务的执行情况做到心中有数，所以仿真管理模块须包括两部分内容：综合设计流程管理和仿真任务管理。

（1）综合设计流程管理

综合设计流程通过设计任务结构树和任务关系来定义。设计任务结构树是按型号、阶段、专业等层级进行组织管理，将大的任务分解为不同的子任务（图 9-2a）。设计流程是由多个任务之间的数据关系来确定（图 9-2b）。

（2）仿真任务管理

综合设计流程中有两种任务：仿真任务和非仿真任务，其中仿真任务是综合仿真平台的主要管理、执行和跟踪对象。这些仿真任务是由企业仿真规范所确定的，在平台中需要将图 6-2 中的所有要素管理起来，并对任务的执行进行追踪。执行过程中可以总览所有仿真列表，并可详细查看每个仿真任务的信息、数据及执行状态，如图 9-3 所示。

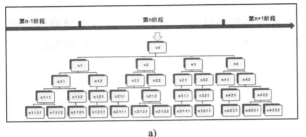
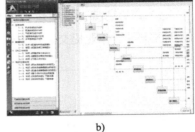

a)　　　　　　　　　　　　　　　　b)

图 9-2　综合设计流程

图 9-3　仿真流程管理页面图

2. 组件与向导设计

仿真通用软件通常功能丰富、技术复杂，对工程人员技术能力要求高。通过仿真组件可以对通用软件进行专业化定制，与专业特点和工程经验结合，从而提高仿真软件的易用性和准确性。

（1）组件开发

仿真类组件工具开发框架为各种仿真模板定制人员提供统一的模板搭建框架，如图 9-4 所示。

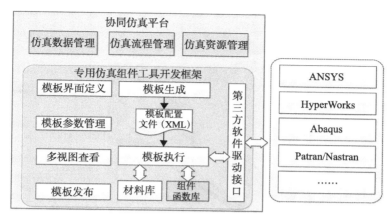

图 9-4　仿真组件的开发框架

基于该框架，用户不需要掌握计算机编程技术，只需专注于仿真业务的梳理，基于最佳实践和专家知识，通过简单配置即可完成各学科专用仿真组件的创建与执行。该框架的主要功能包括模板界面定义、模板参数管理、组件函数库、材料库、模板生成、模板执行、第三方软件驱动接口等功能模块。其针对仿真领域的常见软件提供软件驱动接口。

（2）工具封装

系统提供各类软件调用接口和参数解析工具，主要用于对各类商业软件以及企业自研程序进行封装。通过工具封装模块可实现对单个工具软件的应用方式标准化改造，从而实现"前端参数化设置、后端自动化运行"的方式。工具封装也是过程集成的基础，针对已有的各种工具、算法、设计分析过程的封装，形成专业化的应用组件。封装好的组件可以发布到组件服务器中，用于后续在过程集成模块中搭建过程模型，或被计算节点调用执行。

（3）仿真向导设计

仿真向导使仿真工作以规范有序的步骤完成。通过交互方式执行各种仿真任务，实现各类仿真任务之间数据自动传递（图9-5）。这些步骤的顺序有着强约束，每一个步骤中会应用到已有的仿真标准、仿真经验和仿真算法等。

（4）专业界面定制

无论是仿真组件还是仿真向导，都需要一个友好的交互界面。利用系统提供的控件，通过非编程的方式即可快速实现专业界面定制。在界面定制过程之中，还可将工程经验、质量控制要求等嵌入界面，如图9-6所示。

图 9-5　仿真向导界面图

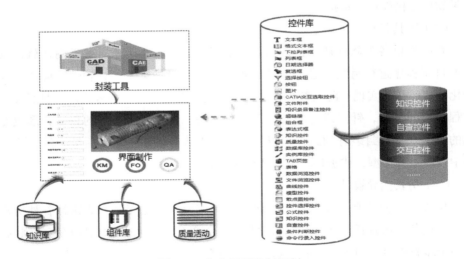

图 9-6　专业界面定制机制

3. 多学科仿真集成

在多学科集成环境中，依次把需要的组件从平台客户端拖动到分析视图中，并通过定义各个实例化组件变量之间的关联关系，建立自动化的分析过程。多学科集成仿真优化过程模型支持顺序、并行、嵌套、循环、条件分支等多种控制模式。多学科仿真过程运行环境能够访问分析服务器上所有可用的服务，能把模板库中的组件自动部署到分析服务器中，并自动驱动多个组件按分析流程依次运行，使仿真数据自动从一个组件传递到另一个（图9-7）。

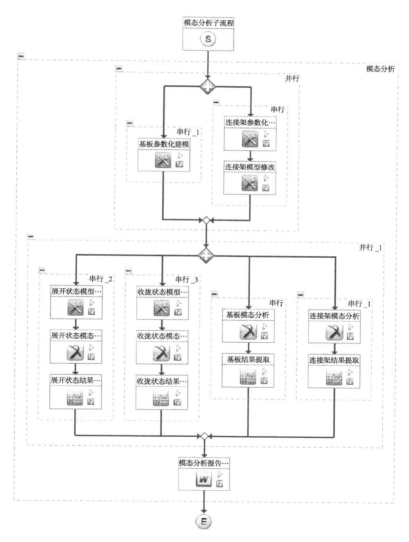

图 9-7 多学科仿真集成环境中的仿真过程

　　仿真集成环境提供数据链接编辑器，通过拖拽方式建立各个仿真分析变量之间的关联关系，从而建立仿真分析任务的多学科集成过程模型。组装好的过程模型可提交给运行环境以自动化方式运行。

（1）可视化多学科仿真过程流程定制

　　支持通过拖拽方式进行多学科协同仿真过程流程/模板定制，如图9-8所示。

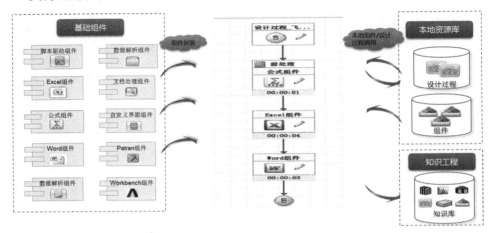

图9-8　多学科协同仿真过程流程定制

（2）参数提取与关联

　　针对工具组件对应的输入输出文件进行解析，并能够进行关键参数的定义与提取，如图9-9a所示。通过拖拽方式建立各工具组件之间的数据传递关系，如图9-9b所示。

a）参数提取　　　　　　　　　　b）数据关联

图9-9　参数提取与数据关联

4. 仿真数据管理

仿真数据研发过程中的一类较为复杂的数据在管理和使用方面都具有独特性，需要特殊系统来处理，而不能使用传统的 PDM（产品数据管理）系统简单替代。

仿真数据管理主要特点与难点如下：

1）每次仿真过程涉及数据量大，但这些数据都是为了完成某个特定的分析任务而产生的，不可分散管理，需要按照仿真特点建立逻辑关系。

2）仿真过程数据类型多种多样，既有参数型数据，也有文件型数据。数据既可能是个体参数、表格、矩阵、多维数据模型、文件，也可能是图片图表等表现形式，数据格式与类型的多样化为仿真数据规范化管理带来了难度。

3）仿真工作有时需要涉及多部门、多专业、多人员、多工具协同完成，数据协同较复杂，需要进行大量的数据前后处理工作，耗时耗力。

4）仿真过程往往需要进行多轮迭代分析，每轮分析都会产生大量过程数据。如果没有有效的信息化管理手段，数据均零散存储于仿真人员本地计算机之中，各版本数据关联性差，产生问题之后数据追溯困难。

仿真数据管理主要实现对仿真过程相关数据的规范化管理，并实现仿真过程数据与仿真工具和流程的紧密结合，支持多人、多学科协同设计仿真分析，支持多轮迭代快速设计与仿真分析。仿真数据管理主要功能要求如下：

1）对平台中所有仿真任务的过程数据进行管理，支持仿真数据的多版本管理、数据查看、数据谱系、数据对比等功能。

2）支持对仿真过程各类文件型数据与参数型数据的规范化管理，如几何模型数据、网格数据、载荷数据、边界条件数据、中间结果数据、输出结果数据等。

3）支持对个人多工具多轮迭代分析过程数据的规范化管理，包括对各仿真步骤相关输入、输出、参数或约束条件设置等数据与信息的全程记录与跟踪。

4）支持对多部门、多专业、多人员仿真数据的规范化管理，支持个人数据向公共协同数据的发布管理。

5）支持从输入数据、中间过程数据、结果数据之中进行相应的元数据抽取，结合仿真报告模板快速生成相应的仿真分析报告。

5. 计算资源调度

支撑仿真高性能计算需求，具备远程图形终端、资源状态查看、作业提交、作业管理、记录查看、软件 License 策略管理等功能。

　　（1）仿真软硬件资源注册及管理

　　能够有效地管理计算资源，支持计算资源注册与扩充，能够方便地进行计算集群的扩展。支持仿真软件的统一注册、安装和维护，实现软件的远程安装和统一管理。

　　（2）计算任务提交

　　提供计算任务提交的统一入口，用户只需要登录环境，上传相应的仿真文件并进行求解设置，就可以直接提交计算。

　　（3）计算任务调度

　　仿真计算任务提交之后，环境提供的任务调度服务会根据当前环境计算节点占用情况、软件 License 占用情况自动形成任务队列，并按一定规则执行仿真任务队列。根据计算节点负载自动进行任务分配，实现负载均衡，最大程度地提高计算效率。

　　（4）仿真求解信息实时展示

　　在仿真计算任务执行过程中，仿真人员能够随时登录平台查看自己的计算任务执行情况。环境会自动提取仿真过程中关键的信息，并以图形化方式对结算过程进行展示。

　　（5）计算资源监控

　　高性能并行计算环境提供计算资源监控机制，系统管理员能够随时监控计算集群中各个节点的资源占用情况和使用状况，并能够进行人工调整，保证紧急计算任务得到优先执行。

　　（6）License 管理

　　通过队列的方式，充分利用数量有限的 License，提高仿真计算软件的使用效率。

　　（7）日志记录

　　记录任务的提交、执行信息以及系统资源的调用、负载信息等，方便系统管理员进行系统维护。

第五节　综合仿真平台建设内容

　　基于仿真体系的建设成果，综合仿真平台的主要建设内容包括：

　　1）基于仿真流程及仿真组织结构，建立综合仿真平台的流程管理系统，建立面向仿真活动的业务流程，配置仿真组织、仿真人员、仿真任务等，通过信息化手段对仿真流程进行定义和规范。

2）基于企业仿真规范以及软件选型和采购规划，配置各学科软件工具，打通各相关软件的数据接口，实现平台对软件工具的集成调用。

3）基于企业仿真标准，通过综合仿真平台的组件开发框架，完成各仿真组件的定制开发和调试，提供仿真组件库。

4）基于仿真硬件资源和 HPC 建设方案，搭建仿真高性能计算服务系统，统一管理软件许可证，实现仿真任务的计算调度和资源管理，提供远程计算服务。

5）建立仿真数据和知识管理系统，面向各专业仿真任务和仿真过程，管理海量仿真数据，包括模型文件、结果文件、报告等。

仿真体系规划与建设

"总体规划，分步实施"是社会技术体系建设的通用原则，仿真体系也是如此。规划和建设是体系发展的两个阶段："规划"是从长远的视角来看，仿真体系未来蓝图如何，到达路线如何；而"建设"是沿着这条路线进发需要做哪些具体工作，以到达预先规划好的蓝图。

第一节　仿真战略确定

仿真战略则是规划与建设的前提。即使"仿真具有重大效益"这一观点在社会达成共识，但也不意味着任何一家企业都需要以最高标准来引入仿真，这与企业整体战略有关。仿真毕竟是高门槛、高投入的技术，一家企业以何种标准和节奏引入仿真，需要根据企业整体战略和产品研发战略来分析确定。仿真战略应该是这两个战略在仿真领域的映射。

仿真战略要恰如其分，不要冗余，也不要缺失，既不锦上添花，也不捉襟见肘。因此，我们需要认真回答以下问题：

- 企业整体战略是高技术、低成本、平衡型中的哪一种，企业产品战略是创新型、模仿型、赶超型中的哪一种？这将决定仿真在技术体系中的战略位置，也决定企业是否选用仿真作为企业和产品的核心竞争力。譬如，采取技术领先战略的企业对研发体系的期望高于采取成本领先战略的企业，与之伴随的就是对仿真的高期望。

- 企业仿真体系发展最终应该达到哪个成熟度级别，或者说企业应该选择哪个成熟度级别作为最终目标？对于以研发创新为企业核心战略的企业，仿真体系的目标成熟度必然高，对于生产性企业，仿真体系的最高成熟度到2级也许就满足企业的战略要求了。

- 掌握仿真技术的设计人员的比例应该达到多少，利用虚拟仿真代替物理试验的比例是多少？这依据于仿真在当前研发体系中的地位及设计、仿真和试验三者之间的关系。

一个典型的仿真战略的描述可能是：企业的仿真发展战略为巩固行业技术领导者地位，适应本企业的自主研发和创新需求，仿真技术能力必须达到国际顶尖水平。利用仿真技术优化改造产品设计流程，利用仿真驱动产品研发，企业将为此展开仿真体系建设。针对所有产品建立完整仿真流程、规范与标准。优化仿真资源配置，培养全员仿真技能，使得掌握仿真技术的人员数量达到80%。培养大批仿真技术专家，使关键设计岗位由资深仿真技术专家担任。建立面向产品全数字化设计的综合仿真平台，逐步以虚拟仿真替代大部分物理试验。

企业必须树立关于仿真的正确成本观和价值观，这些观念将影响企业对仿真战略的选择。有些企业对仿真的价值认知较低，低价值的事务当然能省则省。很多企业把仿真看成一种成本投入，既然是成本，则应该越小越好。这种认知自不可取，但过分夸大了仿真的效益，或者把仿真效益的获得设想得过于容易，反倒会让企业对仿真从过度期望转变为大失所望，也不足取。

第二节　仿真体系规划

仿真体系规划步骤依次包括现状诊断、蓝图设计、进化路线和路在脚下，如图 10-1 所示。

图 10-1　仿真体系规划步骤

1. 现状诊断

对标仿真体系理想模型，明确企业的发展战略、愿景和目标。对企业各仿真相关部门的业务和软件真实现状、问题与痛苦进行分析，对各部门发展期望和志向进行梳理，分析企业仿真现状对企业战略的支持程度，由此获得仿真体系发展的方向。根据现状诊断结果，结合仿真体系成熟度模型，评估企业当前的仿真成熟度级别，获得仿真现状定位，作为仿真体系发展的出发点。

2. 蓝图设计

根据现状诊断、体系发展方向以及企业仿真战略，提出全企业的仿真蓝图，描绘经过仿真体系建设后企业最终呈现的美好景象。这个蓝图看似距离现状比较遥远，却是仿真体系变革不可或缺的指路明灯，也正因为远，才具有明确和坚定的方向性。

仿真体系蓝图设计方法实际上就是针对企业的具体情况，特别是企业的发展战略和远景目标，依据社会技术学模型，对理想业务模型的体系总体和各业务构件的社会技术学要素进行针对性设计。蓝图规划的交付物是一套蓝图描绘文本，通常包含以下内容。

（1）战略分析

主要是根据企业发展战略、产品发展战略及其远期目标，明确研发体系的总体战略定位和远期目标。不同企业对研发体系的期望未必相同，定位也随之不同。那么相应地，企业对仿真体系的建设要求和投入预算就有所不同。所以，首先进行战略分析是非常重要的。

（2）流程、规范与标准

在蓝图之下，企业的综合仿真流程、规范和标准是什么？综合仿真流程包括综合设计流程（经过仿真化改造的设计流程）和多学科仿真集成流程。标准和规范的规划成果是一份理想情况下的完整清单，用来指导未来标准与规范的制定。

（3）组织与人才

在理想情况下，企业仿真部门结构和人才结构规划包括其职责分工、业务关系、业务流程、能力要求（KCI）、主要绩效目标（KPI）和考核激励机制等。

（4）技术与工具

包括在理想情况下，企业应该具有的仿真软件和硬件配置，企业的独有模型、算法，以及据此开发的模板及工具。

（5）综合仿真平台

平台在社会技术学体系中是各要素的载体和支撑环境，用于保证体系标准化、规范化和高效率运行。综合仿真平台规划的主要目的是确定与仿真体系相适应的信息化系统及其架构、功能、模块和部署模式等。

3. 进化路线

企业对发展速率的承受能力是有限的，因此，仿真体系发展会划分为几个阶段来逐步进行，这几个阶段是根据成熟度模型来设计的。根据企业当前的成熟度级别，设计未来可预期时间内希望达到的成熟度级别，然后进行差距分析，获得补差策略，并提出具体的补差项目清单。路线规划就是补差项目清单及各自起止时间的规划，此处隐含着顺序选择。

通常来说，仿真体系建设路线和节奏并无一定之规，只要符合成熟度进化模型即可。但为了方便读者，我们给出一个典型的规划建议：将仿真体系建设规划为近、中、远三个阶段，各阶段的建设目标分别是评价设计、优化设计和驱动设计。

（1）近期规划（评价设计）

近期规划的目标是使仿真体系具有评价产品设计方案合理性的能力。设计方案是不是符合预期目标，是否能满足客户需求？在传统模式下，只能通过物理试验来判断和评价。在引入仿真技术以后，部分物理试验将被替代，可以用仿真做替代性评价。能胜任评价任务的前提是仿真的计算结果必须是可重复、可追溯的，这样才能作为设计的参考，达到评价设计的目的。

（2）中期规划（优化设计）

中期规划的目标是使仿真体系具有优化产品设计方案的能力。设计优化是针对既定设计方案，利用仿真过程的虚拟化和数字化特性，在计算机中快速进行设计迭代，同时引入优化算法，通过算法引导设计参数向着最优的方向调整。拓扑优化技术甚至可以充分利用材料、结构和外部环境的辩证关系，让我们获得一个最优的结构形式，指引我们对结构进行革新。

（3）远期规划（驱动设计）

远期规划的目标是使得仿真体系可以发挥主动推进作用，具有驱动产品设计过程的能力。驱动设计意味着在设计的每个环节正确利用仿真技术，打通设计瓶颈。所谓正确利用仿真，意味着并不是将仿真安插在设计流程的每个环节，而是让仿真只出现在正确的地方。综合和透彻分析设计流程的每个环节，在这些环节中正确地采用仿真，让仿真这样一个高成本、高效益的工具在正确的地方发挥正确的作用，是仿真驱动设计的关键。

4. 路在脚下

蓝图形成、进化路线绘制完毕后，仿真体系建设的第一步如何踏出去是首先需要考虑的内容。这需要清晰描绘项目目标，设计完整和详细的实施方案，做必要的工作分解，形成每项工作的技术方案、实现路径、进度规划、人员预算、成本预算等。也就是说，一旦形成这个方案，就可以随时启动项目。

第三节　体系建设路线图

企业仿真体系建设是一个持续渐进的过程，其目标是基于研发整体规划制定仿真战略，开展本企业的仿真体系成熟度评估；基于现有的软硬件技术工具及人才资源，针对企业研发活动中的仿真需求，寻找差距与不足。通过仿真体系建设，优化配置现有仿真软硬件设备及人力资源，完善仿真组织结构，培养一支优秀的仿真团队，建立仿真技术标准与规范，完成软件与硬件的配置优化，形成一套适应企业需求的综合仿真平台，从而充分发挥仿真体系产生的综合效能。

仿真体系的具体建设内容和建设路线如图 10-2 所示，此路线描绘了如下工作的逻辑关系：

1）从企业现状出发，根据产品战略和产品研发战略选择相适应的仿真战略。

2）对传统设计流程进行仿真化改造，形成综合设计流程图。

3）根据综合设计流程，提取关系紧密的仿真任务，建立多学科仿真流程。

4）通过对仿真流程的分析，结合行业规范形成仿真规范，利用试验标定建立仿真标准。

5）在规范和标准的指导下，进行组织建设和装备建设。

6）在组织建设方面，进行任职资格、人员培养和考核激励制度的建设。

7）在装备建设方面，进行软硬件的规划与选型，搭建企业仿真云。

8）在仿真体系建设的过程中，根据统一规划、分步实施原则，逐步建设整个仿真体系的信息化载体——综合仿真平台。

附录 C 给出了某发动机企业综合仿真体系的调研、评估、规划和建设过程，除了综合仿真平台的业务资源定制外，其他大部分内容适用于各种类型企业的仿真体系建设过程，供读者参考。

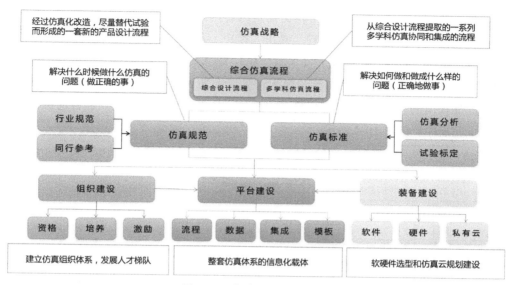

图 10-2　仿真体系建设路线

第四节　体系建设方法论

仿真体系建设是一项系统工程，需要完整的方法论进行支撑。方法论为体系建设提供了各类细分工作的规定、标准和原则，以及配套的工具和模板。提出方法论的目的是给出企业仿真体系成熟度的每个级别的升级路线（譬如如何从二级升级到三级成熟度），每一级别给出 5 ~ 7 个阶段，每个阶段给出 5 ~ 7 个步骤，如图 10-3 所示。

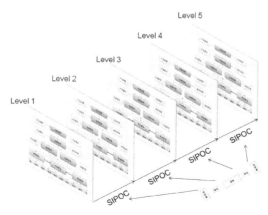

图 10-3　仿真体系成熟度升级路线

　　每个阶段中每个步骤的工作相关信息内容用增强的社会系统模型 [SIPOC 模型：供应方（来源）– 输入 – 过程 – 输出 – 客户（去向）] 表达，该模型由 11 个维度构成：来源（上游任务）、去向（下游任务）、输入数据、输出数据、咨询方工作、建设方工作、遵守的约束、工具与模板、参考的知识、参与人素质、标准工作量等。此处提出的"咨询方工作"，是考虑到仿真体系建设通常是在外部咨询机构的参与下完成的。如图 10-4 所示。

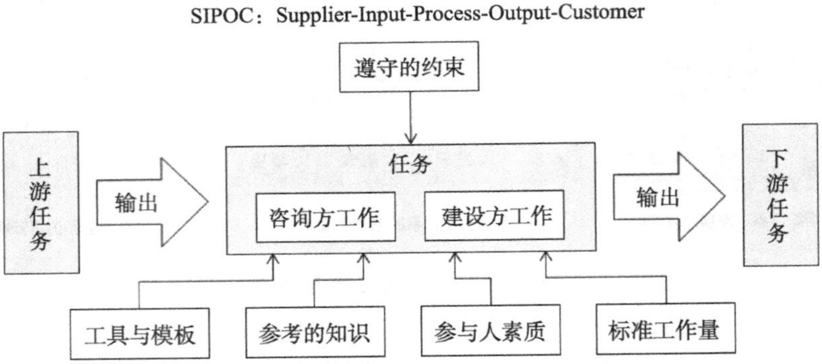

SIPOC：Supplier-Input-Process-Output-Customer

图 10-4　增强的社会系统模型（SIPOC）构成

　　表 10-1 ~ 表 10-3 给出的三个范例，便是用 SIPOC 模型所表达的仿真体系建设的几个重要工作项。"仿真发展战略分析与设计"工作项如表 10-1 所示，"仿真部门组织结构设计"工作项如表 10-2 所示，"仿真标准手册的起草"工作项如表 10-3 所示。

表 10-1　"仿真战略分析与设计"工作项

名称：仿真战略分析与设计	编号：ZL-111
工作内容： 　　根据企业战略和产品战略，结合业内成熟经验和理论，确定企业的仿真战略，与成本观和价值观相结合，指导企业进行仿真体系建设	
输入数据： •企业战略 •产品战略	输出数据： •《企业仿真战略》报告
工具与知识： •仿真的成本观与价值观 •企业战略的常见模式 •产品战略的常见模式 •仿真体系成熟度模型	要求及约束： •仿真战略必须切合实际，并超前于目前的状态，经过努力可实现

（续）

人员要求及工时预测：	

- 外部咨询师
  - 人数与工时：2人，6人日
  - 要求：有5年以上管理咨询经验和仿真工作经验，了解企业战略规划，熟悉仿真工作内容
- 企业高层领导
  - 人数与工时：1人，2人日
  - 要求：主管研发工作的副总工等
- 企业仿真管理人员
  - 人数与工时：1人，2人日
  - 要求：5年工作经验，了解仿真工作内容

表 10-2 "仿真部门组织结构设计"工作项

名称：组织结构设计	编号：AA-111

工作内容：

　　根据企业、产品和仿真战略，结合企业的组织结构，设计与愿景、使命及价值观相匹配的、可以支撑企业研发工作的仿真组织架构，包括仿真组织内部的结构及与其他部门的关系等

输入数据：	输出数据：
• 企业和产品战略	
• 企业仿真战略	• 部门职责和价值
• 企业组织结构	• 仿真组织结构图
• 研发组织结构	• 子部门职责与价值
• 产品研发流程	• 部门内部流程
• 企业价值流	

工具与知识：	要求及约束：
• 专项调研指南	
• 仿真部门的常见价值与职责	• 仿真组织必须在研发组织结构内部
• 仿真部门职责及常见分工	• 仿真部门必须单独成立一个部门
• 仿真架构图的常见形式	
• 仿真组织常见内部流程	

人员要求及工时预测：
- 外部咨询师
  - 人员要求：有5年以上仿真工作经验，了解HR知识，熟悉仿真工作内容，2人
  - 工时预测：工时6人日
- 企业人员
  - 人员要求：
    √ HR人员：2年本企业工作经验，1人
    √ 仿真管理者：5年本企业工作经验，了解仿真工作内容，1人
  - 工时预测
    √ HR人员和仿真管理者各1人日

表 10-3　"仿真标准手册的起草"工作项

名称：仿真标准手册起草	编号：A-1
工作内容： 依据产品仿真标准立项的具体要求，起草产品仿真标准	
输入数据： • 企业综合仿真流程 • 企业仿真规范 • 企业产品试验规范 • 历史试验数据 • 历史仿真数据	输出数据： • 仿真标准草案
工具与知识： • 企业贯彻的标准化法规 • 企业标准化规定	要求及约束： • 现行的相关行业标准
人员要求及工时预测： • 外部咨询师 　- 人数与工时：1 人，10 人日 　- 要求：有 5 年以上工作经验，熟悉仿真工作内容 • 企业人员 　- 人员及工时： 　　√ 设计人员，3 人，50 人日 　　√ 仿真人员：5 人，50 人日 　- 要求： 　　√ 3 年以上本企业工作经验，了解本企业设计 / 仿真工作	

　　以上只反映了仿真体系建设方法论的冰山一角，完整方法论的组成和关系示意图如图 10-5 所示。

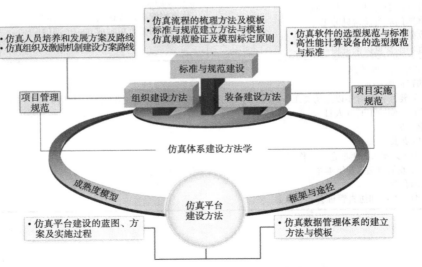

图 10-5　仿真体系建设方法学的主要内容组成

仿真体系建设过程一般由外部咨询公司配合企业完成。咨询公司提供全面的咨询服务和工具方法，以及配套的软硬件选型采购服务，协助企业梳理自身情况，并针对关键仿真业务进行优化和改进。仿真体系建设应该是一项长期持续的工作，所以用户应在外部咨询机构的咨询过程中学会这套方法，自主开展调研、规划以及建设工作，实现仿真体系的持续改进和专业扩展。

第五节　仿真体系建设成果

完整的仿真体系建设过程是完成图 10-2 所示的所有工作。仿真体系建设最终将形成包括仿真组织的结构图和相关制度文件、仿真人员配置和团队培养计划、综合设计流程（经过仿真化改造的设计流程）、多学科仿真集成流程、仿真标准手册、仿真规范手册、仿真软硬件资源、综合仿真平台、仿真模板库等在内的调研报告、咨询报告、标准规范手册、建设规划和部署方案等一系列内容。表 10-4 展示了仿真体系建设项目的典型交付物。

表 10-4　仿真体系建设项目交付物列表

编　　号	交付物名称	成果形式
一	成熟度评估与战略选择	
1	《企业仿真体系成熟度评估报告》	报告文档
2	《企业仿真发展战略报告》	报告文档
二	仿真中心（组织）规划与实施	
1	《仿真组织规划与实施方案》	方案文档
2	《仿真任职资格体系实施方案》	方案文档
3	《梯队建设与人才培养方案》	方案文档
4	《仿真组织激励制度实施方案》	方案文档
三	综合仿真流程、标准与规范	
1	《综合设计流程梳理与改进报告》	报告文档
2	《多学科仿真集成流程手册》	报告文档
3	《仿真规范手册》	手册文档
4	《仿真标准手册》	手册文档
四	仿真装备（含云）规划、选型与实施	
1	《仿真软件建设规划与选型报告》	报告文档
2	《仿真硬件建设规划与选型报告》	报告文档
3	仿真软件工具体系	软件工具

（续）

编　号	交付物名称	成果形式
4	高性能计算任务调度管理系统	软件系统
5	仿真软件许可证管理系统	软件系统
6	仿真桌面云系统	软件系统
7	仿真数据云存储系统	软件系统
8	高性能计算集群	硬件系统
五	**综合仿真平台系统框架**	
1	《综合仿真平台建设规划及实施方案》	报告文档
2	仿真任务及流程管理系统	软件模块
3	仿真数据管理系统	软件模块
4	多学科仿真集成系统	软件模块
5	组件（向导）开发框架	软件模块
6	高性能资源调度系统	软件模块
六	**综合仿真平台实施**	
1	综合设计流程梳理	资源内容
2	多学科集成定制	资源内容
3	仿真模板（向导）定制	资源内容
4	仿真数据框架定制	资源内容
七	**仿真技术咨询**	
1	仿真领航计划	技术服务
2	技术联合研究	技术服务
3	工程仿真咨询	技术服务

终将到来的仿真生活

对于综合仿真体系建设完备的企业，仿真生活不再是今天的模样，整个研发和技术体系都会感觉到仿真带来的重大改变。在本章，通过同一事件不同角色的工作处理过程，让我们来体验一下终将到来的仿真生活！

第一节　总师决胜千里

型号总师赵总一上班就收到了 A 型机翼方案设计任务申请启动的邮件，这正是他几天前给设计室钱主任布置的任务。这封邮件是所里精益研发平台自动发送的提醒邮件。

这是一种特种机翼，是 A 型飞机的特色，设计方案的确定需要大量仿真工作。幸好，所里的仿真体系已经运行了一年多，规范和标准比较完整，特别是研发平台中综合仿真系统里的数据和知识很丰富。虽然赵总在集团总部办公，机翼设计室远在另一个城市，但得益于精益研发平台和综合仿真系统，异地办公和跨域协同并没有带来任何不便。

通过邮件的跳转链接，赵总直接进入了精益研发平台。与以前一样，钱主任的办事效率没得说，机翼设计相关的工作包都全部整理出来了，并形成流程。其中所有的仿真工作也都识别完毕，并嵌入设计流程中。看来不用自己出马，钱主任已经同其他设计室和仿真室沟通完毕了。

赵总想起两年前没完没了的协调会，真是不堪回首。协调会常常把大家拖到深夜，人累心累，项目还动不动就延期。现在好了，流程、模板、数据、知识都已经沉淀在平台之中，各层级的人都在平台中能迅速找准位置，知道自己能做什么，应该做什么，能力提高也很快。

赵总审阅了一遍这个流程，非常满意，特别是仿真部分的考量已经炉火纯青。设计流程中仿真任务的嵌入、工具和标准的选用都恰到好处。仿真工作完整无误地嵌入设计流程，是他们前两年推行的仿真体系建设中一项重要的能力建设，是仿真驱动设计的标志性事件。赵总是所里的"老仿真"了，经验很丰富，知道这里有几项复杂度较高的仿真任务。钱主任已经提出了这些仿真任务的相关标准。赵总对这些标准做了认真审核和批示，指出几个关键参数需要参照的数据，并要求届时将计算报告发给他以再次审核。

三天后，第一个模型如期传来。赵总到平台上一看就乐了，这个模型参考的就是三年前自己做的 JD 型机翼，他们果然准确地找到了这个参考型号的数据。当时他们的仿真标准规范就是参考这个型号的数据建立的。在这个标准建立之前，他可是废寝忘食了好几个月，才对仿真计算结果感到满意。现在钱主任他们很快完成了模型建立，并完成了第一轮强度计算。计算表明设计参数合理，指标满足度也很好。赵总满意地点击了"同意"，让流程继续往下执行。

随着流程逐步推进，赵总越来越明显地感觉到这个型号的进展速度与以前不可同日而语。这个型号的每个关键环节都能快速准确地做好仿真。复杂的部分做些迭代计算和综合优化，设计参数便水到渠成，试验迭代的次数明显减少。A 型机翼的设计任务完成得比预想的顺利很多。赵总检查了他认为最关键的几个指标，其余的基本可以放心。

就在机翼设计后期，精益研发平台的知识管理系统发来两个知识审批请求，这是承担设计任务的高级工程师孙工提交的两条知识，他申请放入知识库。这是所里建立精益研发平台时对设计人员提出的知识积累要求。在这两条知识中，一项是孙工编制的一个用于机翼颤振分析的流固耦合多学科仿真模板。他在申请书中强调，经过项目实践证明，该模板可以明显提升机翼颤振分析的效率和质量。另一条知识是关于机翼颤振分析的仿真标准的优化建议。赵总感觉这条建议对于所里的仿真规范会是一大贡献。对这两条知识，赵总特别点赞和批示，转发给标准室，要求高度关注。然后，他端起茶杯美美地品了一口。

第二节 主任运筹帷幄

设计室钱主任年纪不大，却是一位技术功底深厚的仿真专家。担任设计室主任之后，他更是把仿真水平在设计中发挥得淋漓尽致。他还参与了所内综合仿真体系建设，如今综合仿真体系日趋成熟，有他一份功劳。

钱主任从邮件看到精益研发平台发来的消息提醒，赵总指示可以启动 A 型机翼的方案设计。

他登录平台，仔细阅读了任务要求。关于怎么做这个设计，他心中基本有数。他找到了机翼设计规范，把规范中规定的工作包提取出来。又进入综合仿真系统，根据仿真规范，把机翼设计相关的仿真任务全部梳理出来。按照规范的指示，将这些任务嵌入这些设计工作包之间。然后在工作包中分配了参数指标和仿真要求，很快就把工作流程制定出来。工作包中涉及仿真团队和设计团队的配合，要是以前可能要开很多次会议。现在有了这个平台，各自的工作任务和配合模式一目了然，集体开会已经没有必要了。

流程设计完毕后，通过平台发给赵总审核。很快收到消息，赵总批准了他发起的 A 型机翼的设计任务启动申请。赵总火眼金睛，高度关注的几个仿真任务正是他把握不大的那几个。赵总的批示很有指导意义，几个参考数据也会让他的团队少走很多弯路。

钱主任在仿真子平台中把仿真室的人员和软硬件资源浏览了一下。他所需的结构、流体、CAD 等软件配置齐全，资源调度系统显示计算能力还算充裕，可以放心使用。让他最欣赏的是，现在所里的仿真软件配置很合理。过去每个科室都在买软件，也互相不知道都买了些什么。其实有很多软件一年用不了几次，大部分时间是闲置的。其他科室的人也不知道，急用时反倒没有软件可用，来年购买时又可能重复购买。其实有一些小众软件，所里购买一套，大家共享使用就可以了。还有一些软件，在购买前期调研不够，买来才发现并不适合解决自己的问题。供应商有时候会过度推销，会隐藏一些信息，一般用户不做深入应用其实很难掌握这些情况。仿真体系建设期间，所里找了一家对仿真行业比较了解的咨询公司，对仿真需求做了全面研究，提出一套软件资源共享方案，制定了仿真软件统一采购规划，也就是现在看到的这个较为合理的仿真软件体系。

另外就是仿真团队人丁兴旺，干劲十足。从前的仿真人员总是捉襟见肘，做事也是缺斤少两，聊起来总说没前途，都想换岗做设计画图。这两年，自从仿真体系建设工程启动以后，他们就热火朝天，大干快上，没少做事。当然，除了激励体系的变化让他们收入提升外，有价值的仿真工作带来的成就感是他们的快乐所在。

　　钱主任把工作包——分派给各小组负责人。他们都是资深工程师，继续细化流程、形成工作计划就靠他们了。

　　第二天，钱主任就收到了组长们的细化流程。有了这种成熟的平台系统，大家的工作效率都很高，而且工作分解和要求都是按照平台中的规范来的，很少出错。高级工程师孙工一向工作细致，工作流分解也非常细，让下属的普通工程师工作起来很顺手。特别是他对这些仿真工作需要的组件了然于胸，可以将简单的任务派发出去，让一些新人和非仿真专业人员来完成。有很多小工程师私下都说喜欢跟着他干活。钱主任看了一下他的工作流，果然非常清晰，工作要求、指标、时间等不必说，多数仿真模板都预定好了。

　　钱主任给自己预定几个关键点的审核，就放心地去参加前两天接到的新型号预研任务了。他知道，对于 A 型机翼设计这个任务，兄弟们一定可以干得很漂亮。

第三节　高手排兵布阵

　　高级工程师孙工是有名的高手。对于平台建设过程中很多规范、标准的梳理和建立，他功不可没。

　　接到钱主任的 A 型机翼设计工作流之后，单凭经验，这个任务在他头脑中已经有了大概的思路和相应的规范。这众多仿真任务在他的鼠标之下，很快就变成了各项指令并飞向自己的徒弟们。

　　这些任务中机翼的颤振分析是个难点，这需要用到复杂的流固耦合分析技术。当然所谓难点是相对的，特别是在他以前没有固化多学科流程并形成分析规范之前，这确实是个大难点。今天，他只需按照规范，将几个工具集成在一起，实例化那个完整的多学科集成流程，分配给不同的人即可。其实，如果是他自己一个人做，也不必这么细分。他以前已经做过多次这种仿真过程，重复多了难免觉得无趣，不仅费时间，对任务质量和自己的能力都没有提升空间。所以他细分了工作过程，形成一个可以由多人协同完成的流程。通过这个流程，他可以分派给小李他们几个工程师协作完成，既节省自己的时间，还可以锻炼年轻人。他最终只需要根据他们的结果完成流固耦合优化即可，这是这件事中唯一很难标准化且需要较多经验的一步，目前还只能由他自己亲自完成。

他从流程库中调出这个多学科流程，完成了任务分配。不过他又觉得小李他们还没有独自设计过这种机翼，于是他在数据库中查询出一个类似的翼型——JD机翼的设计流程和数据，附在工作包之中一起发给小李，给他学习参考。要知道，这个JD型机翼可非同寻常，开发仿真体系的时候，赵总拿出以前完成的这个飞机的设计和仿真过程和数据，他简直惊呆了。之后就是根据这个过程和数据编制的机翼的整套仿真分析规范，用起来很顺手。

看着一个完整的快速仿真环境在自己手中搭建完成，孙工得意了一下。感觉自己就像一个将军，排好了兵、布好了阵，一声令下，徒弟们就可制胜疆场了。他轻点了一下鼠标，提交成功。

半小时后，孙工正在查看总师赵总的指标要求，思考机翼颤振分析优化方案时，钱主任和小李在平台中就有反馈了。钱主任同意这批任务的启动，小李他们几个已经启动任务开始干活了，看来徒弟们早就跃跃欲试。

第二天，小李他们几个的模型和初步仿真数据传过来时，孙工对这个流固耦合的优化思路也已经考虑好。他对团队竖起了大拇指，然后利用他们提交的模型进行优化设置，并提交给资源调度系统进行高性能计算。

这套高性能计算设备很给力。经过几小时的运转，计算结果就出来了。每每此时，孙工都会由衷感叹一下：今非昔比啊！这是仿真体系建设时，IT团队和仿真团队经过大量论证和测试的成果。购买设备并没有花很多银子，但性价比很高。以前有过一套高性能计算设备，很贵，但似乎并不适合仿真计算，闲置了很多年。

这次项目让孙工觉得，经过这个项目的验证，他以前编制的用于机翼颤振分析的流固耦合多学科流程已经较为成熟，可以提交给所里的知识工程系统，作为他今年知识工程的贡献。同时，与之相关的标准和规范也应该改进优化，可以整理一篇关于标准改进优化的建议。为此，他花了一天时间完成了这两条知识的整理，通过精益研发平台的知识工程系统提交了入库申请。

第四节　新手探囊取物

工程师小李是一个有限元高手，至少他自己这么认为。还在学校的时候，各种仿真软件都玩过。那些软件的功能对他来说轻车熟路，任何一款新仿真软件，到他手里没几天就可以捣鼓出一些花花绿绿的仿真图片，一开始很是得意。但是到所里没多久，他发现自己竟然不会算题了，或者说算出来的结果与实际情况相去甚远。现在，他发现面对一个仿真任务，选择单元、材料属性、边界条件、敲定算法等问题都是大费周章。现在仿真简直就是严谨、认真、细致的代名词，而不是以前那个酣畅淋漓的玩具。

渐渐地，他对仿真工作失去了信心和兴趣。再加上所里对仿真工作和仿真人员不重视，待遇也不高，设计人员画图比自己做仿真计算奖金还多。当然，他也看到多数仿真人员做的仿真精度似乎都不好，设计人员更相信试验结果而不是仿真结果，所以不如换个岗位算了。

但两年前所里开始实施仿真体系建设，情况有所改变。在这个过程中，他发现所里高手如云，他们曾经在型号中积累了很多成果，但都变成了尘封档案。那些仿真高手们的工作方法，其他人无从知晓。自从仿真体系渐入佳境，仿真平台搭建成功之后，小李似乎发现了一个大宝藏。平台中存储了大量历史数据，对于各类飞机的整机或部件是怎么做仿真的，过程和数据应有尽有，这些材料在学校里是绝对见不到的。他如饥似渴，学得格外认真，几个月下来收获巨大。根据仿真规范和标准做的计算结果才能真正服人，试验和仿真的结果差别有，但是每次的差别都是固定的，因此根据仿真结果，他总是可以准确预测试验结果。设计人员越来越相信他的计算结果了，这让他觉得生活充满了快乐。当然，奖金也有所提升。

这天，小李收到了组长孙工发来的 A 型机翼强度计算任务，工作包还附带了 JD 机翼的设计数据！JD 机翼的仿真标准和规范正好在几天前刚刚学习过。小李不禁窃喜：真可谓机会都是留给有准备的人啊！旁边的流体仿真工程师小王也满面春风的样子，显然他也被一颗糖果砸中了。

在工作包的伴随知识库中，除了机翼结构仿真标准之外，竟然有一个 APP，且正是基于这个标准编制的 APP。这令小李吃了一惊！其实这是孙工编制的多学科流程中的一个节点，这个节点的工作可以基于 APP 来完成，孙工在编制这个流程的时候就编好了这个 APP！现在，小李只需要按照步骤操作即可完成，仿真 APP 中有些步骤需要手工交互，小李凭借良好的仿真软件操作能力可以轻松完成。对于 APP 中某些步骤不太好掌握的，他在平台中查询了一些参考数据和知识，也很快豁然开朗，就像有孙工这样的高手时刻在身边指导一样。

小李的工作很快完成了，连他自己都感觉很诧异。回想起来，还是平台里面的标准、规范、知识和 APP 帮了大忙。同时，看着综合仿真平台中丰富的内容，以后除了努力学习这些知识外，成为孙工那样的专家，去创造知识和工具，才是他努力的目标。

第三篇 云桥飞架：仿真生态衍进

在中国，中小企业对仿真一直是"敬鬼神而远之"，直到仿真云生态概念出现，因为云为降低仿真经费门槛和技术门槛带来了希望。

不过，仿真云生态的出现也不代表我们什么都不做，中小企业的仿真问题就可迎刃而解。恰恰相反，跨越门槛之后，你面临的往往是百业待兴。仿真云降低了门槛，让我们有了拨云见日的机会。在没有机会之前，大家反倒相安无事，因为本来就无事可做。机会出现后，摆在我们面前的恰恰是大量的工作，而且每一件都需要从头做起。

仿真云平台是仿真生态的基础与载体，平台开发是生态建设中很无聊但不可或缺的工作。如果仿真技术、资源与人是生态中的众生与物种，那么平台就是山川与河流。当然，随着生态的衍进，平台应逐步发展演变。作为生态载体，云平台应具备何种特征与功能，是本篇将讨论的主题之一。

任何生态的衍进需要一个起点，这个起点就是种子生态，就像地球生态产生前的那个神来之笔——蛋白质分子。生态的衍进将是一项长期进化的过程。我们当然会对生态的未来充满憧憬，心怀期待，希望生态向着我们希望的方向进化，所以激励机制是平台中最重要的法则，以引导生态的衍进方向。但平台经营者不能拔苗助长，如果试图自己推拉生态，那将吃力不讨好，既不经济，也无结果。生态衍进应该依靠生态的自激励和自生长的内生力，而不是外力，所以平台经营者的价值在于设计能让生态自生长的激励机制，而不在于自己撸起袖子艰苦奋斗。

理论上讲，仿真生态中的企业没有大小所限，但生态的最大受益者应该是中小企业，所以本篇所述主要以中小企业为应用背景。

第十二章 | Chapter12

仿真云平台研发

仿真云平台是仿真生态的基本载体，提供了生态衍进需要的技术环境，并随着生态衍进趋势随时调整。在互联网行业，中台是一个重要的存在，仿真云平台就可以认为是这个中台，它提供了具有共享特征的通用框架、基础素材和公共资源，各物种在其上继续开发和经营自己的小微生态。

第一节　云是仿真的下一站

目前，云计算作为当代 IT 技术的新生事物，与任何一种传统技术相遇都会产生新的业态，与仿真相遇也是如此。

1. 云计算已成为当今仿真领域的技术热点

自从云计算技术出现后，全球仿真厂商很早就开始了相应布局。经过最近十年的发展，多家国外著名仿真软件厂商开始提供相应的云计算服务，典型的代表如 ANSYS 云解决方案、Altair 云解决方案和达索云体验平台。

国家工业和信息化部发布的《云计算发展三年行动计划（2017—2019 年）》明确指出：计划从提升技术水平、增强产业能力、推动行业应用、保障网络安全、营造产业环境等多个方面，推动云计算健康快速发展。在国内，基于云计算的仿真技术也将迎着东风进入一个新时代。

2. 仿真工具上云为企业带来技术与成本优势

仿真工具上云可降低仿真的准入门槛，免于一次性较高投资就能使用仿真资源。云上资源即取即用，按需付费，而不像传统软硬件预先买断模式必然产生闲置浪费。软硬件的弹性伸缩，能瞬时适应任意种类与规模的需求。所以，仿真云对于预算有限的中小企业来讲是再适合不过了。

3. 仿真云很方便地解决了企业仿真人才短缺问题

曾经的仿真都是企业内的业务活动，人才只能在企业内解决。如果仿真业务量大还好，但对于需求量不大的企业偶发需求，或者仿真需求天然不大的中小企业，则很不经济。云让人才的边界扩大，人才不需要局限在企业内，企业可以通过互联网获得来自全球的服务，技术人才可以随需使用。

掌握一技之长的技术人员在确定边界内所能发挥的作用有限，价值无法发挥。但突破边界后，可以为全世界企业提供服务的时候，服务对象的数量将巨大增加，服务收益也随之增长。这个社会一度要求人向复合型人才发展，但在云时代，专业人才可以因为一技之长而获得足够回报。所以云反倒可以让技术人才向专业化发展，而不是必须成为一个全才。

第二节　仿真云平台架构

仿真云平台是支持传统仿真模式向云模式转型的基础，其总体架构如图 12-1 所示。该框架既支持工业互联网的协同共享特性，又能对仿真这类特殊软件和技术提供良好支持，这种特殊性体现于对交互性、图形化、计算性能、数据存储和传输速度等方面的较高要求。

该架构架设在通用 IaaS 和通用 PaaS 之上，但又对它们做了改造，使其满足仿真的专业性要求。首先对通用 IaaS 改造，形成两个仿真 IaaS 相关模块：云超算和云数据。其次对通用 PaaS 进行改造，形成 APP 可视化开发环境（AppWorx）。终端用户面对的是仿真 SaaS，包括仿真云桌面、仿真社区以及 APP 交易和应用环境（APPStore）。重量级仿真工具可在云桌面上运行，轻量级的应用可以通过仿真 APP 以网页模式运行。

图 12-1　基于工业互联网的仿真云平台架构

第三节　仿真云平台的构成

仿真云平台的主要模块有：仿真云桌面、仿真云数据、仿真云超算、仿真社区、APP 交易与应用环境、APP 可视化开发环境、通用 IaaS 和通用 PaaS。本节对各模块进行综述，后面三节对三个重要的模块——仿真云桌面、仿真云超算和仿真云数据——做专题介绍。仿真 APP 开发环境是一个特殊和重要的模块，放在第十四章专题介绍。

1. 仿真云桌面

虽然云计算崇尚通过浏览器访问云中的所有资源，但仿真有两项重要工作——建模和后处理，均对人机交互性和图形图像处理的要求非常之高，而目前的浏览器技术在这两方面的支持性均不高。因此，尽管存在纯粹的云仿真产品，将建模和后处理完全用浏览器处理，但无一例外，这些软件都是功能简单或者小众化的专业 APP。因此，对仿真云来讲，提供一个高性能云桌面来满足交互式和图形化处理的需求是非常有必要的。

2. 仿真云数据

既然在仿真云中通过云桌面来完成仿真工作，那么将仿真数据存储在云上是很自然的事情，所以仿真云提供了云数据空间，相当于仿真云盘，工程师仿真计算的数据就像保存在自己的计算机硬盘中一样方便。

当然如果不改变仿真数据都保存在工程师的计算机这种状况，企业仍然难以将工程师的工作成果变成企业资产。传统上，为了改变这种情况，企业往往都会引入 PDM（产品数据管理）平台或 SDM（仿真数据管理）平台来管理工程师的仿真数据。而且，这种方式能实现仿真数据多维度统一管理，建立仿真流程，实现仿真人员、任务和数据之间的高效协同。在仿真云中，也可以提供一个云化 SDM平台，将工程师的数据自然保存为企业资产，同时实现工程师之间的高效协同。

3. 仿真云超算

由于仿真对建模的交互性和后处理的图形化要求较高，使得仿真很难通过纯粹的浏览器来完成所有仿真工作，但利用求解器进行后台计算的任务却完全可以通过浏览器调用云上的高性能计算（HPC）设备来完成大规模计算。

仿真云超算是基于 IaaS 提供的基础设施打造的一站式公共云超算服务，用多核并行计算满足大规模计算需求。云超算的计算能力可弹性聚散，需要时可瞬间聚集大规模的计算资源，不需要时可以立刻释放而不再付费。

4. 仿真社区

仿真社区可将仿真相关的人凝聚起来，交流知识并相互提供服务，所以社区模块通常包括知识交流和服务交易两部分功能。中小企业没有足够的预算也没有必要配置专业仿真人员，社区则是帮助他们解决人才短缺问题的途径之一。在社区中，本企业的普通仿真人员可以低成本地获得高手的帮助，如果需要专业的仿真服务，譬如需要专业仿真计算来解决产品设计中的问题，则可以在这里寻求仿真服务交易，获得一事一议的仿真解决方案，譬如单项任务外包。

5. APP 可视化开发环境

APP 可视化开发环境为仿真工具、算法、模型、流程、知识等提供 APP 封装工具，支持用户在可视化开发环境中完成工作流程的封装、多学科仿真过程的封装、仿真模型的封装、仿真工具的封装、仿真算法的封装以及图形文字的封装。同时，提供 GUI 创建工具，帮助用户在图形化环境中利用拖拽方式定义仿真 APP应用界面。

6. APP 交易与应用环境

该环境提供了仿真 APP 商店（APP Store），APP 开发者可以将自己的 APP 上传并注册到该商店，供有偿订阅。环境同时进行 APP 应用支持，提供 APP 的下载、安装、计费、服务等。

7. 通用 IaaS 和 PaaS 层

通用 IaaS 平台提供云服务器、云硬盘、网络、负载均衡、云容灾、云服务器备份及云服务器安全等。将仿真云超算和仿真云数据加载在通用 IaaS 之上，形成仿真 IaaS。

通用 PaaS 平台提供容器服务、云数据库（譬如 MySQL、MongoDB、Redis、TSDB 等）、大数据服务、软件开发服务及微服务管理。将仿真 APP 开发环境架构在通用 PaaS 之上，形成仿真 PaaS。

第四节　仿真云桌面

仿真云桌面是一个较为通用的技术和基础服务，允许用户在瘦客户端（较低配置的计算机，只需支撑网络、浏览器及系统基本的运行即可）使用云上的安装了特定操作系统和仿真软件的较高配置的计算机或虚拟机，如图 12-2 所示。云桌面可以像使用水、电、煤气等资源一样便捷、高效、安全地使用，可快速和灵活地创建、部署、管控和运维。用户无须采购硬件设备，可根据业务需要随时创建所需规格的仿真云桌面。

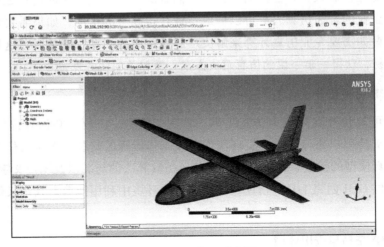

图 12-2　云桌面示意图

仿真对云桌面要求要远高普通桌面，需要高性能虚拟机、大型复杂图形图像处理性能（带 GPU）、仿真计算需要的大内存弹性获取、仿真计算中数据快速读写等。

仿真云桌面提供云桌面管理、镜像管理及快照管理功能（图 12-3），简单介绍如下。

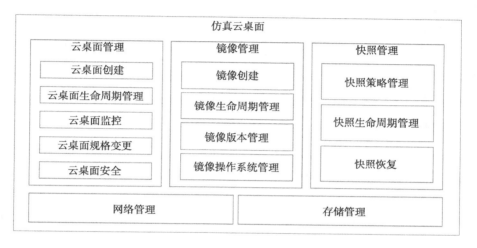

图 12-3　仿真云桌面功能架构

1. 云桌面管理

云桌面可以快速、自动创建，自动停止。平台允许每个用户配置一个独立桌面，通过进程监控桌面软件的运行情况来监控桌面运行情况和桌面 APP 的使用信息，通过与 License Server 的集成来获取仿真软件 License 的使用信息。

通过硬件虚拟化技术，根据业务特点，可以方便地对云桌面的 CPU、内存、GPU 和存储进行自定义配置，实现按需购买，达到成本和业务效益的最大化。

云桌面需要有效防止 MAC 欺骗、ARP 攻击及 DDos 攻击，具有端口扫描、挂马扫描和漏洞扫描能力。

平台系统管理员可以对硬件及其模式进行详细设置，增加、修改和删除硬件规格。终端用户可以对系统中预设的模式进行查看及选择，可进行客户化定制，选择具有专业显卡（GPU）的高端机型。

当用户创建成功后平台会为用户同步创建一个云桌面，用户激活后可对云桌面进行开关机操作，并根据自己的需要修改模式和配置。用户使用结束后，在不关闭云桌面的情况下关闭浏览器，云桌面系统会进入"后台运行"状态。

2. 镜像管理

镜像相当于一个云桌面的副本，该副本包含了一块或多块磁盘中的所有数据，对于云桌面而言，这些磁盘可以是单块系统盘，也可以是系统盘加数据盘的组合。通过镜像可以实现云桌面的一键部署，创建统一配置与环境的云桌面，便捷地创建就绪的运行环境，提高交付速度。

镜像创建可以自定义符合业务需求的系统环境，包括操作系统及应用软件，以此为基础可以批量创建统一的云桌面。通过镜像的版本管理，可以完整跟踪镜像的创建和发展过程，防止镜像失效或发生错误。

3. 快照管理

快照是某一时间点云桌面的数据状态文件，常用于数据备份、数据恢复和制作自定义镜像等。通过快照可以对云桌面或重要业务数据进行备份，应对误操作、攻击和病毒等导致的数据丢失风险。用户可以手动创建快照，随时自动为磁盘创建快照、备份数据，也可以创建自动快照策略，通过定期任务来进行快照的定期创建和备份数据。

第五节　仿真云超算

仿真云超算即针对日益增长的超级计算需求，基于 IaaS 为用户在线提供一站式公共超算服务，可积聚计算能力，用并行计算方式解决更大规模的仿真分析问题。

云超算支持高性能 CPU、异构计算 GPU 的高性能计算服务，提供高性能计算软件栈的 PaaS 服务以及根据应用模版定制的仿真 SaaS 服务。

仿真云超算用户可以监控作业运行时的集群性能数据，包括实时数据和历史数据，同时还可以选择特定进程进行性能剖析。通过对集群的监控与分析，用户可快速定位异常的节点或进程，进行快速处理。

仿真云超算提供作业管理服务、软件栈管理服务、云超算集群管理服务，具有种类多、使用灵活、低成本、可扩展性强等特点，如图 12-4 所示。

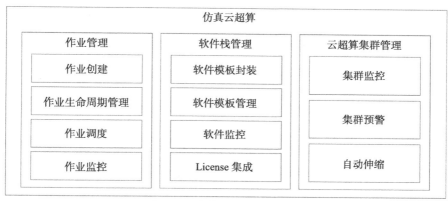

图 12-4　仿真云超算功能架构

1. 作业管理

作业管理模块用来创建作业并统计仿真云平台上的作业信息，普通用户登录时可以查看当前登录用户的作业信息，管理员用户登录时可以查看全部用户的作业信息。

平台提供作业信息统计功能，统计方式包括作业列表和作业图表。通过作业列表，用户可以根据求解器过滤不同类型的作业，也可以通过关键字对作业进行检索。通过作业图表，用户可以根据时间、部门及用户过滤统计全部作业机时、全部作业数量及全部软件机时。

（1）作业创建与提交

平台提供作业创建功能，用户可以创建作业、选择求解器、详细设定并查看作业信息。在创建作业过程中，终端用户可根据自己的业务选择不同求解器。终端用户可以根据计算资源需求进行详细设定。在求解设置过程中，平台支持多种输入文件提供方式（图 12-5）。

（2）作业生命周期管理

用户创建作业后可对已完成的作业进行相应的查询、删除操作。用户可按照"求解器""作业名称""开始日期""结束日期"等方式进行作业查询（图 12-6）。

（3）作业调度

用户创建作业后可根据选择的资源进行计算和调度。作业状态为"等待"时表示用户求解进入排队状态，用户需要等待平台提供满足计算需求的资源后才能进行求解。作业开始求解时作业状态为"进行中"，此时用户可同步查看作业的输出信息或错误信息。

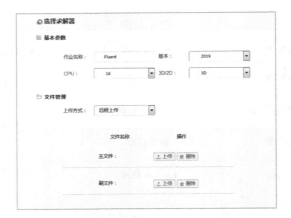

图 12-5　作业创建与提交

图 12-6　作业查询示意

（4）作业监控

平台为用户提供了详细的作业监控及统计功能，用户可随时查看并统计作业的求解及资源使用情况，如图 12-7 所示。

2. 云超算集群管理

平台提供集群监控功能，用户可以监控作业运行时的集群性能数据，包括实时数据和历史数据，同时还可以选择所需进程进行性能分析。

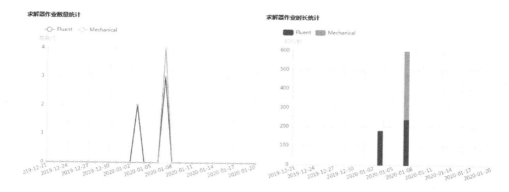

图 12-7　作业监控示意

通过对集群的监控与分析，用户可快速定位异常的节点或进程，进行快速处理。

（1）集群预警

在集群本身或集群中的节点发生故障或安全问题时，集群可以通过多种方式通知用户，达到早发现、早处理的目的。

（2）自动伸缩

集群可根据需求或任务队列使用率增减集群管理器里的计算节点，自动识别运行时负载性能需求，实现集群节点的弹性计算。

根据配置策略，云超算自动伸缩技术可动态分配云资源，如可以设置根据实时负载自动增加或者减少计算资源。该技术可以在减少管理运维集群的人力成本、保证可用性的前提下，最大限度减少云资源消耗，降低集群成本，提高容错能力。自动伸缩技术自动检测节点状态，停止处于错误状态下的节点，并创建新的节点。自动伸缩技术能够提高集群可用性，保证集群有充足的计算资源。

第六节　仿真云数据

仿真云数据为工程师提供日常仿真数据文件的存储、共享和协同，以及企业仿真数据资产的管理和协同，分别采用"仿真云数据空间"和"仿真云数据管理"模块来实现。

1. 仿真云数据空间

云空间为每个用户提供云工作空间，以管理个人数据；同时提供公共数据区，实现数据的共享和协同。个人云空间和公共数据区均采用文件夹方式进行管理，通过数据提交与获取，可以实现两者的数据交换。

（1）个人云空间

个人云空间主要用于存放个人数据，实现对仿真数据的集中管理，使建模、前处理、作业计算、后处理等可访问同一位置数据而不需要来回上传。用户可以在云桌面中直接对个人云空间进行操作和管理，与操作本地盘方式相同。个人数据区之中的数据仅个人可见，别人无权访问。

启动相关设计仿真分析任务之后，个人云空间会记录每次仿真分析任务相关的过程数据（如输入、输出、计算过程及过程相关参数设置）。

个人云空间中的文件可用于云超算的作业提交。在作业提交选择远程文件时，除本机文件外，还可提交个人空间中的文件。

（2）公共数据区

公共数据区是云平台中为小组或部门开辟的公共存储区域，主要用于存放公共数据，实现仿真数据的共享和协同。

（3）文件及文件夹管理

个人云空间和公共数据区按文件方式组织和管理数据文件，可以像本地文件一样处理文件夹，包括新建、删除、重命名等。

个人云空间和公共数据区提供文件上传、下载、删除、重命名、移动到、解压缩、查询等功能。云平台支持本地大文件上传，无须任何插件，上传过程中可暂停和续传。平台支持 ZIP 文件在线解压。

2. 仿真云数据管理

仿真云提供了一个云化的 SDM 平台，将工程师的数据自然保存为企业资产，同时实现工程师之间的高效协同。

仿真云数据由仿真流程管理、仿真数据管理和云空间管理组成，在仿真流程建模环境及仿真工具集成环境支持下，通过仿真云数据管理、云空间管理进行仿真流程及仿真过程数据的管理。

仿真云数据管理能够实现仿真数据的多维度统一管理，通过仿真流程建模环境建立多学科仿真流程，实现仿真人员、仿真任务、数据之间的高效协同。

　　仿真云数据管理以对象的方式存储与管理仿真数据，能够识别大量仿真及通用数据文件格式，并提供了对数据的丰富操作。云安全与权限机制保障了数据存储与访问的安全性，另外还提供多种仿真软件和 PLM/PDM 系统接口。

　　仿真云提供数据对象基本属性查看、数据对象详细信息、数据模型可视化等方式展示仿真数据。仿真云也需要对数据进行处理，包括元数据抽取、数据挖掘、报告生成等功能。

第十三章 | Chapter13

仿真云生态发展

进入云计算时代，仿真具有了两大特征：技术服务化和服务社会化。过去仿真软件是用来卖的，但今后软件是提供服务的载体，软件和硬件通过订阅即插即用，即退即停。过去仿真软件的技术服务由供应商来做，但今后仿真服务人员可能是社会上的任何人。一个人既是服务的提供者，又是服务的受益者。

技术服务化和服务社会化的终极趋势是仿真生态化。通过仿真云将仿真相关的软件、硬件、开发者、服务者、用户、APP 及微服务等凝聚在同一个平台上，形成一个利益共同体，建立一个志同道合的仿真社会。在这个社会中，通过激励机制和制约机制，仿真云高效、高质量运转。

第一节　生态是仿真云的未来

毋庸置疑，云计算的模式与传统工业软件的运营方式不同。仿真软件通过云的方式提供给用户使用（而不是线下安装在用户的计算机上）是仿真云的基础形态，但绝不是最终形态。特别是在当今中国工业体系下，只有建立生态，仿真云才可能生存，原因将在下文阐述。

1. 知识产权问题

软件不同于硬件，可以通过破解而无成本获得，仿真软件也是如此。在中国企业和高校，破解版的仿真软件大量存在。在中国市场上，软件收费或者软件卖得贵，都不完全被接受，所以软件在中国市场的境遇完全不同于知识产权保护较好的市场，譬如欧美日韩等国。在成本为零的软件无处不在的境遇下，仿真云所提供的按时间收费的订阅模式的成本优势荡然无存，除非使用者对高性能计算有明显需求，因为硬件是无法完全免费获得的。

在中国互联网市场上确实存在大量免费正版软件，360 杀毒软件是第一个将免费作为商业模式的软件。从此之后，软件免费越来越成为国人的一项"合理"诉求。即便仿真云向 360 杀毒软件学习，将仿真软件在云上免费，但在人手一机的中国市场，零成本获得的软件在大多数计算机上的使用体验并不比云计算差太多。对于高性能的计算级（譬如工作站），使用体验也许比云计算还要好。既然软件可免费获得，计算机已经拥有，而云计算的 IaaS 还要收费，那么为什么要用仿真云呢？除非 IaaS 也免费！软硬件免费未尝不可，但你需要找到其他收入来补贴免费资源的固有成本。这就是我们为什么认为生态是仿真云的必由之路，而不仅仅是将软件和硬件云化。在生态中，用户获得的不仅有低成本的软硬件，还有社区、服务、知识、盈利等价值。通过生态的建立，平台获得大量的用户流量，通过流量可获得其他收入，这是平台运营的动力。这同样是中国互联网产业的成功经验之一，这种经验在仿真产业也有可能成立。

2. 应用需求培养

我国政府始终在倡导中国制造业转型升级和高质量发展。这不只是在观念和思维上的转变，也在于技术和工具的采纳，仿真工具和技术的应用是其中比较重要的一个方面。在中国中小企业，仿真不仅尚未普及，有些企业甚至不知道有这样的工具存在，或者不了解这一工具的价值。在传统仿真产业模式下，需求培养的成本是比较高的，所以，仿真软件的提供者往往将有限的成本倾注在能快速产生订单的大型企业，对中小市场的基本态度是放弃。因此，仿真工具基本处于中小企业视野的盲区。

这种状况并不会因为仿真软件放到云上就能自然得到改善。建立生态是一种改善办法，这种生态不一定是纯仿真生态，可以是中小企业喜闻乐见、门槛不高的任何生态，也许是知识生态，也许是设计生态。仿真生态可以是此类生态的子生态，或者是抬腿即到相邻或关联的生态。在仿真生态中，中小企业一开始也许不是使用仿真软件，而是与仿真有关的其他应用，如社区、知识、设计外包、仿真外包等，甚至可以从远程运维和商业信息获取等方面着手应用。通过这些生态或应用的价值递延，仿真的价值才能被逐步认知，并产生仿真需求。

3. 仿真应用水平

仿真应用门槛相对较高，即使中小企业希望使用仿真软件，甚至已经开始使用，但应用水平相对大企业、科研机构或高校来说是不高的。他们的仿真计算结果通常无法采信并成为设计依据，即使企业认为长期来说仿真是有价值的，但也很难坚持到发挥价值的那天。

仿真生态的好处是，这里不仅有仿真软件和硬件，还有大量提供服务的人才。一开始中小企业可以将仿真工作外包，利用外部资源完成设计改进，同时也能从中获得学习机会，使自家的工程师逐步掌握仿真技能。原本这种技能的掌握是以采购软件和硬件为前提，现在在云上可以以较低成本获得，学习成本曲线是可以接受的。在仿真生态中还会存在各种收费或免费的培训和训练，这给中小企业工程师的学习也提供了更多机会。

第二节　仿真云生态的"物种"

理想仿真生态包括以下"物种"（图13-1）：云平台运维者、软件供应者、软件应用者、APP开发者、APP应用者、知识提供者、知识赞赏者、知识消费者、服务提供者、服务消费者、线下服务合伙人、PaaS提供者、IaaS提供者等。当然，这些"物种"生存的基础环境是仿真云平台，所以生态中还有平台开发者这一特殊"物种"。一般来说，这个"物种"接受总体生态经营者的指挥。

1. 云平台运维者

云平台运维者与云平台开发者没有必要是同一个"物种"，甚至可以是不同基因的两个"物种"，虽然他们的关联性非常强。运维者主要关注商业模式及其落地经营，他们需要依据商业模式设计业务逻辑。而平台开发者主要关注开发技术，将经营者设计的业务逻辑变成软件产品——云平台，这正是这两个"物种"的结合点。

平台运维者的最大责任是设计一个让生态中所有成员可以赚钱的模式，并让这些成员之间形成互惠互利的利益链。利益链中各方利益如何公平合理的分配是这个模式的重点之一。

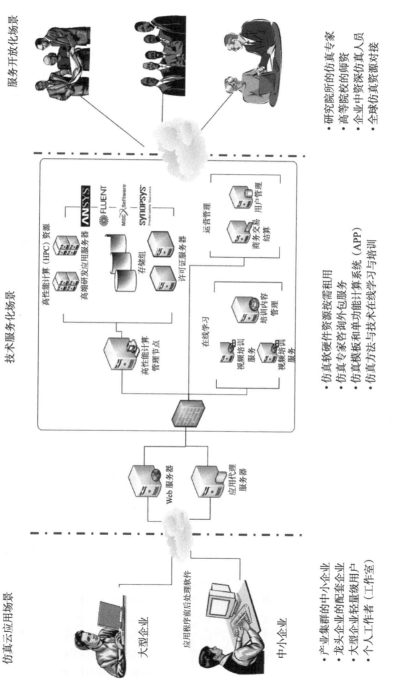

图 13-1　仿真云生态发展

商业模式的另一个重点是，如何吸引生态利益链最前端的利益提供者——终端用户——来这个平台上消费。这不仅需要本生态所提供的客户价值足够大，更重要的是要以较快的速度让客户知晓并成为会员。在互联网世界，客户流量（点击率）是一切的根本，这种点击率即使会在未来爆发，其成长往往都有较长的潜伏期。如何快速冲过潜伏期达到爆点是每个生态运维者最重要的课题。我们常常看到的补贴大战，往往都是发生在潜伏期，其目的就是快速突破潜伏，进入爆点。

2. 软件供应者

仿真云平台中第一个具有显性价值的资源是现成的仿真工具软件，这也是仿真云的缘起所在。中小企业面临仿真软件的高价格和高技术门槛，只能徘徊在仿真世界的院墙之外。云技术推倒了这个门槛，可以以更灵活的资费方式提供软件。传统的软件供应商终将是仿真云的软件供应者，迷恋传统模式的企业终将被云时代淘汰。

在仿真云上，不仅仅是让软件在互联网上运行，更要能让软件的计费和缴费模式按照即时方式进行。原则上，这需要对软件的授权管理系统进行改变，允许软件无限制并发使用，对软件的开启与退出进行监测、计时和计费。当然，从技术上来讲可以简单化处理，尤其现行众多小型软件的授权管理系统太简单，有些连网络浮动版本都没有，甚至还在使用加密狗的原始方式。这种情况下的一个解决方案是软件授权数量不限，进退监测在本地执行，这要求供应商和云运营商之间必须达成互信。

3. 软件应用者

生态的形成就意味着在平台两侧，供应者与应用者成对出现。软件提供者、仿真云平台和软件应用者三者构成了最简单的仿真云生态。软件应用者通常是云资源的受益者，也往往是资金的提供者。仿真云最简单的盈利模式就是，软件应用者应用软件，按照使用软硬资源的报价，按时或按次缴费。工具软件的提供者获取主要收入，平台的提供者获得少部分类似中介费的收入。

4. 仿真 APP 开发者

你最好的服务者或咨询者往往是你的同行。这个人也许是隔壁的那个掌握了某种绝技的工程师，你的难题对他来说易如反掌；也许他在地球的另一边，但在业务和知识上是离你最近的人。仿真 APP 便是这种咨询或服务的最好载体，解决了知识交易中的不确定性问题。

仿真 APP 的开发者将 APP 注册到仿真云上，同时约定 APP 的订阅价格和利益分配机制。在仿真云上，APP 的使用时长会被记录，计费和缴费机制保证用户按照注册者要求的按时按次的价格支付，并在开发者、平台以及被调用的关联软件之间，按照约定的分配机制进行利益分配。

5. 知识提供者

仿真云生态之所以是生态而不仅仅是仿真云平台，在于这里除了有软件和硬件资源外，还有与仿真相关的知识分子，是所有与仿真相关人员的第二个生活场所（类似 Second Life 平台）。仿真人员可以在这里工作，也可以在这里学习，还可以在这里创新、创业、谈生人、谈理想，也就是说，这里是一个仿真虚拟社区。

在社区中，知识交流是最自然的一种社交方式。拥有仿真知识的人在这里应该被尊为专家和老师，拥有名誉、荣耀和专家权利，同时应该为此而获得经济收益。这些收益不仅仅是因为知识共享而获得的奖励，还有因为知识分享而获得的知名度和信任度。

6. 知识消费者

知识提供者之所以获得尊重，当然是因为存在大量知识消费者，这也是让云平台能成为社区的原因。知识消费者是知识提供者持续分享知识的动力，也能促进更多人分享知识。这种动力不仅仅是消费者以某种方式提供了财务上的支持，更多的是在眼球经济时代给予了有价值的关注。

7. 知识赞赏者

其实，知识消费是后期的事情，在没有获得消费之前，知识就应该被评价和认可。公正的评价在知识爆炸时代尤其珍贵，帮人们省去了甄别的时间和成本，让有价值的知识出现在前台，无价值的知识变成沉渣。在这个生态中，这种评价基于一种负责任的、去中心化的评价机制，使得评价有公信力和可持续性。当然，要做到既去中心化又负责任，需要一套科学的激励机制。笔者设计了一个称为"知识 IPO"的激励机制，有助于这种知识分享的持续。

8. 服务提供者

得益于云时代的技术便利，许多高科技的服务允许通过互联网来进行，仿真服务也是如此。

　　过去，仿真服务的主体是软件提供商，具有严密组织化的服务团队。现在，线上服务使得服务开始变得社会化，全社会任何掌握某种仿真技术的人都可能成为服务提供者。线上服务的好处是成本低、受众面大，这样服务价格也较低。

　　线上服务者可以通过仿真云平台开通一个有偿服务商店来向其他人提供服务。这些服务通常是问题解答、方案设计、科学计算等，可以通过数字化方式在线交流信息、传递需求和交付成果。

9. 服务消费者

　　与服务提供者相对应，必然存在服务消费者。过去通常是在线下通过向软件提供商求助而获得服务，现在则可能在云上获得来自任何一个人的服务。相比线下有限的软件提供商，云上的服务技能覆盖面则大得多。线下服务提供商不仅服务时间存在瓶颈，服务技能也可能存在瓶颈，毕竟有限的人只能掌握有限的技术与知识。云上服务队伍则是无限的，来自各行各业和各个地区。可以肯定的是，无论你需求何种技术，这个世界上肯定有人掌握并乐意有偿提供，只是在传统模式下无法获得或者难以低成本获得，甚至你都不知道对方是否存在和在哪里。

10. 线下服务合伙人

　　当然，互联网并不能改变仿真的复杂本质。复杂企业应用不可避免地需要线下服务，需要面对面地传授能力，面对面递交技术成果，用以传递成果中的技术知识和经验。

　　另外，在仿真云这样一个新生业态中，需要有一支力量来推动企业技术人员的使用，才能让仿真逐步变成企业能力。对平台提供者来说，只有高频次的应用才能让仿真云成为可以产生利润的平台，完全依靠仿真技术本身价值的牵引力还不足以产生这种效应。所以，线下服务提供者是一支重要的力量。

　　从为平台带来利润的角度来讲，这些线下服务提供者更像是平台的合伙人，所以，可以按照服务用户所产生利润的多少来对这些人员予以激励。

11. PaaS 提供者

　　建立云生态，PaaS 不是必需的，只要有 SaaS 和 IaaS 就可以形成一个生态的基础平台。但是作为一个技术资源可以生生不息、自我进化的云平台，PaaS 层是需要的。对仿真云来说，如果 PaaS 平台能提供更多的算法服务、知识加工服务、仿真 APP 开发服务，则对于仿真 SaaS 的技术发展是大有裨益的。仿真 APP 的开发者可以更加方便快捷地开发复杂和功能强大的 APP，甚至可能发展出较为完整的仿真工具软件。

PaaS 平台的存在则允许这些新服务由第三方提供，而不一定必须由平台提供方来支持。这使得 PaaS 本身就是一个微服务不断增长的生态体系，这对于仿真云平台的技术繁殖和进化是非常有利的。除微服务被别的开发者调用后服务提供者可以获利外，PaaS 平台本身就应该作为平台获得分成。

12. IaaS 提供者

毋庸置疑，无论有没有 PaaS，即使只有一个 SaaS，云平台都需要一个基础架构——IaaS 来支撑。IaaS 提供了所需要的所有硬件设施，包括服务器、工作站、网络、内存、硬盘、桌面，以及虚拟化工具软件和集群软件。当然，作为仿真云平台的 IaaS，各种性能要明显高于普通云平台的 IaaS，譬如需要高性能的多核并行计算机（服务器）、大内存（对于有些算法的求解器，大的内存可以明显提升计算速度）、高性能显示设备（高端显卡甚至 GPU，有些算法用 GPU 进行数值计算）、高速网络（用来交换大规模数据）、用于进行并行计算调度的集群软件等。

相比在企业内部采购一套高性能计算（HPC）设备，云超算则是划算的，毕竟高性能计算需求不是时时存在的。IaaS 的虚拟化技术使得这些资源可弹性调用和释放，这种弹性使得你不但随时拥有可支配的无限多的资源，又在不需要的时候不用花费一分钱，精益地拥有无穷大资源是一种奇妙的体验。

第三节　生态发展的理想路线

仿真生态的发展需要经过三个阶段：平台自营、加盟拓展和生态衍进，如图 13-2 所示。

1. 平台自营

尽管生态意味着具有自生长特性，但是第一颗生命的种子则需要外力来创造，甚至在胚胎成长、胎儿发育、新生儿降临、儿童长大的过程，都需要呵护与培育。

为推动物种发展，平台经营者需要主动配置平台中的起始生态资源，譬如安装最常用仿真软件、开发常用 APP、发展部分仿真软件提供商、发展部分 APP 开发者、装载仿真基础知识、发展起始用户、签约起始服务提供者等，使云平台基本可以运转，资源的提供者可以实现少量盈利，对各类物种具有榜样作用。以上过程我们称之为"平台自营"，其目的就是建立"种子生态"。

图 13-2　仿真云生态发展的理想路线

2. 加盟拓展

无论种子生态发展得多好，都不是仿真云的终极形态。无论有多好的资源和多少人员，依靠平台经营者来发展生态终将成为生态的瓶颈。生态只有依靠数量众多的社会力量来发展才能生生不息。

在这些社会力量中，首先需要关注的力量是"平台合伙人"。平台能长大的拉动力是消费，只有让用户不断增加，这种消费才能不断增加。也就是说，资源消费端的成长对生态的成长具有无可替代的作用。即使是有限的应用资源，譬如仿真工具软件，仍然可以满足大量客户的应用需求，因此平台具有一定应用资源时，合伙人就可以开始工作了。他们既要发展新用户，又要推动现有客户的应用，而他们的激励就来自这些用户的消费营收。

之所以把这个过程称为"加盟拓展"，是因为这些拉动消费的人群就像兼职人员一般加盟到平台经营中来，共同发展生态，共享发展成果。

3. 生态衍进

随着新客户的增长，对资源的需求也会随之增长，这对更多资源的提供者增加了吸引力。这时，生态的另一端——资源供给端的物种将会逐步增长，这些物种包括更多仿真工具软件的提供者、更多 APP 开发者、更多在线服务者等。

这种生态的特点是一端物种的增长与另一端物种的增长呈正相关关系。随着资源供给端物种的增长，资源消费端的物种也会增长，因为他们一旦发现能获得更多、更好、更便宜的资源，就会形成口碑传播效应。反之亦然，消费端物种的增长必然也会刺激供给端的增长，因为他们在这样一个用户繁茂的市场中能快速获得收益。此时，生态自我衍进的态势便形成了，而且会形成病毒式传播和增长，呈指数方式发展，并会在某个时候爆发，形成无可抵挡的生态蓬勃发展之局面。

第四节　发展小生态是有效路线

仿真生态发展的路线有其特殊性，因为仿真资源的求异特征非常明显。仿真软件与设计软件的巨大不同是：设计软件驱同，而仿真软件求异。在实践中我们观察到的现象是，设计软件往往是少数几款大型软件三分天下，很少存在特立独行的小软件。但仿真软件除了有几款大型通用软件之外，还会有百花齐放的小众软件，这些软件往往在自己的行业中是隐形冠军，那些大型软件也拿它们没有办法。在企业中，大型仿真软件和众多专业软件和谐并存，呈现"仿真交响"现象。

这一特征对于仿真云的影响是，你很难通过少数几个资源形成一个可自动衍进的种子生态。面对一个通用市场，你会发现你放多少资源都嫌少，发展多少用户都不够。如果专注在某一个特定领域来进行种子生态的建立则要容易得多。这种特定领域也许是一个行业（譬如压力容器），也许是一个专业（譬如电子散热）。这种特定行业或专业（领域）的仿真云具有"具体、明确和精准"的特点，具体表现在如下几个方面：

1）在一个特定行业或专业中，比较有限的几款专用仿真软件就可能覆盖行业或专业需求。

2）特定行业和专业的工业产品类型也相对集中，涉及的专业也能具体到可枚举的程度。

3）特定行业或专业中存在一些非常具体的需求，适合于通过仿真云满足。具有如此具体和可枚举的特点，制作种子 APP 也非常容易。

4）特定行业和专业的企业也非常明确，可以被指名。这些企业可以被定向发展成为仿真云的用户。

5）特定行业相关管理机构也很具体，这些机构是仿真云平台可以形成战略合作的对象，仿真云可以成为这些机构的技术支撑单位。

　　6）特定行业中影响力大的服务机构也很具体，可以与之建立技术合作关系。

　　7）特定行业的专家也很明确，而且可以由特定机构来组织。这些专家可以很快发展为服务资源的提供者，而且服务提供的精度和质量都会非常之高。

　　8）特定行业或专业的用户数量也许不多，但需求很聚焦，少量的服务、工具和 APP 就能服务较大数量的用户，这样获得的性价比也许更高。

　　笔者的团队在通用仿真云上开发了数个微生态，压力容器云平台就是其中一个。该平台是在中国压力容器学会领导下，安世亚太公司（笔者供职公司）、中国通用机械研究院、江苏特种设备检测研究院、南京理工大学等机构共同打造的一款为压力容器研制企业的技术人员、供应商及用户提供服务的工业云平台。平台包括但不限于如下特性：

　　1）通用软件方面，本行业常用的 CAE 软件和 CAD 软件各提供两款。

　　2）专用软件方面，采用 SW6、LANSYS、NSAS 等本行业常用的软件。

　　3）开发了一系列本行业专用的 APP，包括但不限于：

- 压力容器分类及制造分级 APP
- 典型设备风险评估报告 APP
- 质量计划编制模板 APP
- 用户设计需求智能编制 APP
- 标准规范知识图谱 APP
- 焊接工艺过程智能化编制 APP
- RBI/RBD 风险分析与评估 APP
- 材料（物资）数据库 APP

　　4）开发了一系列行业专用数据库。

　　5）开发了促进本云平台应用的行业规范与标准。

　　6）开发了知识和服务交易平台，邀请行业专家入驻并提供服务。

　　本平台不仅为压力容器研制企业的技术人员提供支持，其供应商和用户也可通过该平台获得如下价值：

- 压力容器研制人员需要时刻了解原材料的综合成本，供应商则可通过本平台提供高性价比的原材料和相关服务。
- 压力容器设备的用户在提出订货需求时无法提出专业化的技术需求，通常需要双方专家通过长时间的交流达成此目的。现在，用户只需提出基本需求，平台可利用内置的数据库和知识库将其转换成专业化的技术需求。

● 未来，该平台将延伸到用户现场，远程进行压力容器设备的运行监控、维护和维修。

我们开发的与压力容器云平台类似的微生态还有电子散热微生态、模具行业微生态、电机行业微生态、汽车行业微生态等，开发思路和处理方法相似，此处不再赘述。

第五节 在仿真云生态中实现"双创"

互联网业务的组织模式与传统业务的组织模式具有巨大差异。传统业务的组织崇尚严格管控和按劳分配，很难适应互联网业务所崇尚的自管理和自激励的生态发展模式。传统业务强调战略规划、业务管理，强调金字塔结构的计划性、组织性、纪律性。互联网业态是随时变化的，随着需求的变化，新的利润和价值点不断出现，新业务不断产生，不成功或过时的业务自行消亡或更替迭代，与之伴随的组织也需要不断调整。这种组织就像水一样，时刻在流动，聚向一个个利润微中心。

在仿真云生态中，参与者收入不取决于平台，完全取决于自己，或者说取决于你的服务对象（用户）。新工具的提供者、微服务开发者、APP开发者、各种行业小生态和专业小生态的经营者以及服务合伙人，都可以是平台经营组织之外的个体户或小组织，他们自主决定做什么、怎么做、获得的收入如何分配等，相当于自己在经营一个小微公司。即使在生态经营组织内部，除了个别精干的管理协调部门、中台开发部之外，所有的组织都可以是自我经营、自我激励的小微公司。

总结来说，仿真云生态提供了一个创业的平台。也只有这样，仿真云才可能是一个生态。生态的特征就是自组织、自激励、自生长、自我演化和衍进，每天都有新物种产生，每天都有旧物种消亡。

第十四章 | Chapter14

仿真 APP 生态发展

如前文所述，工业云时代的两大特征是技术服务化和服务开放化。仿真 APP 犹如一只飞鸟，衔着技术，飞向开放，是仿真技术服务化和仿真服务开放化的一个综合体。它不仅解决了技术的标准化问题，还解决了服务的标准化问题，对仿真生态发展起到重要作用。工业知识的提供、微服务的开发、仿真 APP 开发及仿真 APP 应用构成一个特殊生态，是仿真生态的一个具有特别意义的子生态。

第一节　仿真 APP 的概念

仿真商业软件通常功能丰富且技术复杂，对应用人员技术能力要求高。针对专业需求和工程应用要求，通过仿真 APP 的配合，可以将商业软件的通用性和灵活性与技术规范的专业性和严格性相结合，提高仿真技术的易用性和准确性。

企业特定岗位人员使用仿真软件的场景往往是特定的，大而通用的软件反而不好用，非但不能直接解决问题，而且不通过长时间学习根本无法进行有效应用。仿真 APP 则是在大而通用的软件之上，对特定仿真知识和工业技术进行的定制化封装，是只适用于特定情况的小程序。这种小程序对于使用者来说是最解渴的，他们能通过最少的操作直接解决问题，甚至不需要学习，也不需要了解背后的技术和知识。我们经常称它为"仿真机器人"，因为它的应用对象确定、功能单一、使用简单、应用效果好。

仿真 APP 是针对特定仿真问题的专用软件工具，能提供专用的操作界面，内置了仿真标准规定的操作步骤、缺省模型参数、荷载工况、计算设置、结果评价准则等，针对特定问题可以实现快速仿真，并确保仿真结果可信和可靠。一般的商业软件并不具备仿真 APP 所需的专用界面和功能，通常需要定制开发完成，如旋转机械的转子动力学计算 APP 包含转子几何简化、转子网格划分、转子模态分析、临界转速提取分析、不平衡力分析等内容。

这样的理念和技术并不算新鲜。在传统仿真业务中，基于工具软件进行二次开发就可以得到这样的工具，并在企业中经常被用到，但这种工具鲜少被长期留存和广泛流传，甚至以前都无人称之为 APP。

第二节　APP 是鱼，云是水

《连线》杂志主编克里斯·安德森（Chris Anderson）在《长尾理论》一书中解释了为什么传统世界里每个领域只有几个产品会长期留存，其他众多产品几近消失。即使这些产品是有用甚至免费的，仍然无法摆脱消失的命运，过去仿真软件也是如此。笔者曾经写过一篇文章《CAD 趋同，CAE 求异》，解释了仿真软件远远多于 CAD 的原因。但这种多也只是相对于 CAD 而言，相对于无限丰富与广阔的仿真需求来说，仿真软件的数量仍然是太少了，既有软件被传播和应用的范围也非常有限。

《长尾理论》一书认为，线下市场的货架资源、营销资源、获取成本都有限，无论卖方还是买方，在成本和利润原则驱动下，最终都会选择那几个最能满足大众需求的产品，未被选择的产品就只能消失。这种状况在互联网时代改变了。在互联网上，货架是无限大的，不同产品的获取成本差别不大。在这种条件下，虽然营销资源充足的厂家及普适产品能获得较多订阅，但同时数以亿计的小众软件也有生存空间，因而能够保留下来。仿真 APP 就是这样的小众软件。

其实，仿真 APP 市场就是仿真软件的长尾市场，仿真云为仿真 APP 提供了生存空间。在主流软件满足主流需求的同时，仿真 APP 可以满足小众需求。仿真 APP 的开发者通常是小型开发者甚至是个体开发者，在传统技术和商业模式下，他们开发的软件通常是自己使用，因为没有渠道让他们的成果流通，没有机制让他们因此营利。但在仿真云时代，这种渠道和机制出现了。

首先，仿真云上的 APP 货架无限大。与物理世界不同，数字世界是没有空间边界的，与你相关的 APP 可能无法直接排列在你的面前，但绝不会没有空间安放，而且这种安放的成本几乎为零。

　　其次，通过分类、搜索、排序、推送等功能，APP 可以通过任何灵活的方式触达它的目标用户。特别是在 AI 时代，每个人面对的云上货架是自动化定制的，货架上的商品根据用户画像、按用户需求自动推荐排列，这种效果远不是物理世界所能比拟。

　　再次，APP 在仿真云注册时，其报价和利益分配机制同时被约定，使用过程中的计费、付费和分配都可以自动完成。这种机制很好地解决了 APP 开发者的报酬问题。

　　最后，APP 的开发可以变成广泛合作模式，而不是传统的单打独斗模式。仿真 PaaS 中，开发环境、算法、接口、封装器等微服务可能由任何人有偿提供。APP 的开发者只需要拥有知识和经验，不需要掌握太高深的开发技术，直接使用这些服务就可以开发出高水平的 APP。

　　因此，仿真云时代才可能出现真正的 APP 产业，仿真云生态才会孕育出仿真 APP 生态并不断壮大。

第三节　可视化开发环境

　　仿真 APP 是对仿真知识的封装，知识的来源是仿真应用工程师，这类工程师往往并不擅长编程。因此，如果为仿真工程师提供一个方便好用的可视化 APP 开发环境，使得工程师不需要编程，通过拖拽方式就可以开发 APP，并能方便地在 PC 端和移动端应用，对仿真 APP 的开发及生态的形成将大有裨益。我们能提供的解决方案就是仿真 APP 可视化开发环境。

　　该环境提供一系列 APP 封装工具，以支持用户在可视化环境中完成工作流程的封装、多学科仿真过程的封装、仿真模型的封装、仿真工具的封装、仿真算法的封装，以及图文的封装。该环境还提供 GUI 创建工具，能帮助用户在图形化环境中利用拖拽方式定义 APP 用户界面，并通过 APP 应用环境服务为其提供应用支持。

1. 仿真技术的服务化

　　仿真技术服务化是仿真 APP 开发的基础。传统仿真软件是一个相对完备但封闭和独立的系统，如果能将这些系统中的技术要素离散化、碎片化，封装形成微服务，将为仿真 APP 的开发提供极大便利。

仿真微服务是仿真全领域的通用及定制化服务的集合，为简化仿真软件二次开发、多学科和多领域仿真软件的集成以及独立仿真软件开发提供便利。基于工业互联网，通过对几何建模、网格划分、材料定义、载荷、求解及联合仿真等通用仿真功能的 API 封装，为二次开发工程师和独立开发工程师提供通用服务。

仿真分析涉及固体力学、流体力学、传热学、电磁场、系统仿真等多个学科门类，这些学科的求解计算会调用大量的数值算法及其子程序来进行处理。而且，在仿真分析相关的几何前处理、有限单元构造、材料本构建立、网格划分、结果后处理等处理过程中，也会用到各类数值算法。通过微服务技术，可利用工业互联网提供各类仿真算法服务，构建一个开放、完备的结构、流体、热、电磁仿真算法池，有效支持仿真 APP 的开发工作。

2. 仿真 APP 封装技术

仿真 APP 是利用各种封装技术将底层服务化的核心技术封装成一个独立运行程序的过程，所以封装技术是仿真 APP 的重要开发手段。这些封装技术包括流封装、工具封装、模型封装、算法封装、图文封装等。

（1）流封装

仿真 APP 可视化环境提供流封装功能，实现设计仿真流程的封装，提供工作流程定义及多学科仿真过程的封装。一般来讲，企业仿真相关流程的封装方法包括工作流程封装和工具流封装。

● 工作流程封装

一个完整的仿真问题可以由多人应用多种工具完成，多人之间的协同通过工作流程来实现（参见图 14-1）。成熟、固化的仿真流程可以通过图形化的流程建模和封装工具形成数字化流程，实现仿真流程的服务化，供 APP 开发过程调用。该封装技术支持采用拖拽的方式定义流程，为每个流程节点（仿真活动）定义输入数据、输出数据、工期、使用的工具、参考知识等。

● 工具流封装

一个完整仿真问题也可能由单人采用多个仿真工具完成，多工具的协同通过多学科工具流来实现。成熟、固化的工具流可以通过图形化的过程建模和封装工具形成数字化工具流，实现工具流的服务化，供 APP 开发过程调用，如图 14-2 所示。通过图形化的多学科设计仿真过程集成环境，建立各个工具之间输入 / 输出数据的关联关系，并按照任务执行逻辑进行组装，形成一种可自动化执行的仿真过程模板，实现典型多学科仿真过程的封装。

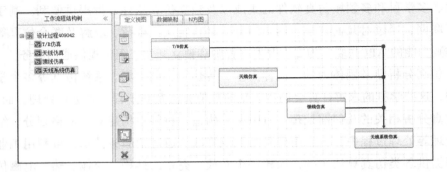

图 14-1　仿真工作流程封装示意

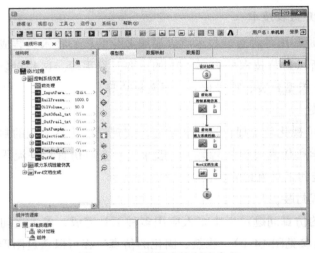

图 14-2　过程集成控制流定义

（2）工具封装

当仿真任务由单一仿真工具完成时，仿真工具内部的工作步骤通过封装工具实现服务化，就可以将确定好的技术过程、操作步骤、缺省参数、模型处理规则、荷载工况条件、结果评价准则等变为软件。一旦封装完成，技术人员可基于仿真组件开展工作，实现快速仿真，且确保仿真过程按照标准过程进行，仿真结果具有可信度和可靠性。封装的仿真步骤称为组件。

通过工具组件化封装，抽取仿真过程的关键参数，可将软件和软件的使用过程封装为一个可重复使用的组件。用户在进行对应的仿真工作时，通过改变关键参数，APP 自动在后台依照流程执行软件，并将过程数据和结果数据呈现给用户。工具封装环境可以实现商业软件、自研程序的集成封装。

工具封装支持面向仿真工具内部工作步骤的封装，使具体仿真过程实现规范化应用。组件模型包括输入（Input）、输出（Output）及执行方法（Imp）三个部分，工具封装过程如图 14-3 所示。

输入文件参数解析　　　　　　　软件驱动方式设置　　　　　　　输出文件参数解析

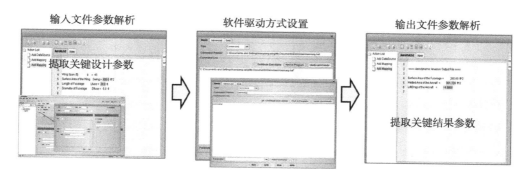

图 14-3　工具封装

（3）模型封装

1）三维 CAD 模型封装。

三维 CAD 模型封装工具用于通用 CAD 模型的封装，如 CATIA、UG、Creo（ProE）等。该封装工具可以自动提取 CAD 模型参数，用户修改模型参数后，系统可驱动 CAD 软件自动更新 CAD 模型，如图 14-4 所示。

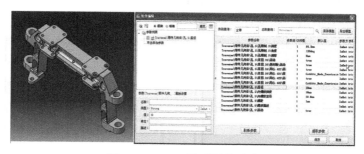

图 14-4　CAD 模型封装示意

2）仿真模型封装。

仿真模型封装工具可以用于通用仿真模型的封装，也可以对特定商业软件的模型进行封装，如 ANSYS、Workbench、ADAMS、Patran、Matlab 等。

● 通用仿真模型的封装

脚本驱动组件用于封装商业仿真软件模型或自研仿真程序（参见图 14-5），是一种通用的组件封装方式，可满足多数仿真模型的封装需求。

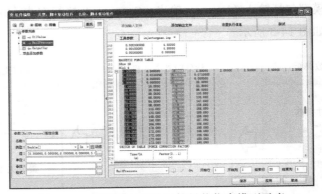

图 14-5　利用脚本驱动组件封装仿真模型示意

● ANSYS 模型封装

ANSYS 模型封装实现对 ANSYS 脚本程序的封装。该组件是针对 ANSYS 软件的扩展支持，对其进行输入输出的特别绑定并形成统一封装文件。仿真 APP 可直接调用该模型、执行并返回计算结果。

● Workbench 模型封装

Workbench 组件用于 ANSYS Workbench 模型的封装（参见图 14-6）。该组件解析 Workbench 的工程文件，提取其中定义的变量作为组件参数。仿真 APP 驱动 Workbench 执行计算后，获取计算结果。

a)　　　　　　　　　　　　　b)

图 14-6　Workbench 模型参数提取（a）及组件执行（b）

● ADAMS 模型封装

ADAMS 组件通过自动提取脚本文件中的参数来实现与 ADAMS 的动态交互。运行 ADAMS 组件时，APP 获取相应参数，驱动 ADAMS 根据参数修改模型，执行完毕后，提取输出参数。

● Patran 模型封装

Patran 组件用于 Patran 脚本封装。该组件通过解析 PCL 脚本，提取组件参数，驱动 Patran 执行（参见图 14-7），获取输出参数。

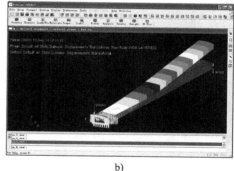

a)   b)

图 14-7　PCL 脚本编辑（a）及脚本执行（b）

● Matlab 模型封装

通过选择一个或多个 .m 文件作为计算文件，Matlab 组件提取 .m 文件中的变量，并创建与之相应的组件参数，然后添加一个或多个相关的 mdl 文件。APP 获取相关输入参数后，驱动 Matlab 根据参数执行计算，并获取输出参数。

（4）算法封装

算法封装功能提供脚本驱动组件、JavaScript 和 VisualBasic（简称 VB）脚本算法封装工具、公式封装工具及循环算法封装工具等。

● 脚本驱动组件封装

脚本驱动组件用于封装商业软件或自研程序，是一种通用的组件封装方式，可满足多数组件封装需求，很好地集成用户自研算法，包括但不限于 exe 可执行程序、Matlab 程序、Excel 程序，以及 MathCAD、C/C++、Fortran 编写的算法，如图 14-8 所示。

● VB 和 JavaScript 脚本算法封装

其分别用于 VB 和 JavaScript 脚本算法的封装和执行，可编辑 VB 和 JavaScript

脚本算法，并进行算法的调试，如图 14-9 所示。

图 14-8　采用脚本驱动组件封装算法

a)　　　　　　　　　　　　　　　　b)

图 14-9　VB（a）和 JavaScript（b）的脚本算法封装

- 公式封装

公式组件用于封装计算公式（参见图 14-10），支持的运算类型包括：算术运算（加、减、乘、除、乘方、开方、对数运算、指数运算、累加求和、累积求积）、三角函数运算（三角函数、反三角函数）及矩阵运算（矩阵求逆、方差、均值）等。

（5）图文封装

图文封装功能提供文档封装工具、Word 文件封装工具、Excel 文件封装工具、曲线封装工具等。

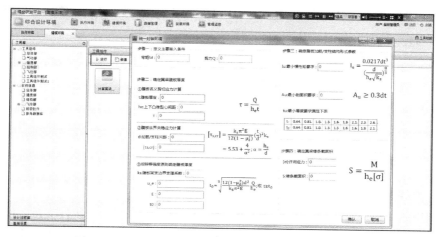

图 14-10　利用公式封装实现某飞机外翼翼梁计算组件

- 文档封装

文档封装用于文本文件的复制、粘贴。该组件可将多个源文件的内容粘贴到目标文件，也可将源文件的内容粘贴到多个目标文件，如图 14-11 所示。

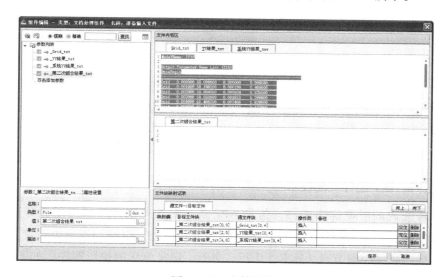

图 14-11　文档封装

- Word 和 Excel 文件封装

其分别用于封装 MS Word 和 MS Excel 文件，可提取 Word 或 Excel 文件内容，或将数据写入 Word 或 Excel 文件，如图 14-12 所示。

图 14-12　Word（a）和 Excel（b）文件封装

● 曲线封装

利用曲线组件可以制作一条或多条曲线，如图 14-13 所示。组件支持二维双精度数组作为数据源、设计时可拖动曲线添加到表单并可调整大小、将参数拖动到曲线控件上实现参数绑定、运行时可动态调整显示曲线和显示范围、选中节点可动态显示节点值。

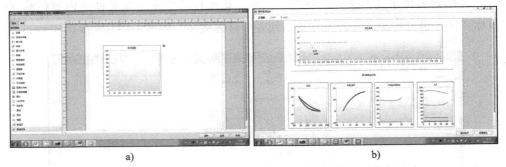

图 14-13　曲线编辑控件（a）及其运行时的效果显示控件（b）

3. 仿真 APP 组件装配技术

封装完成的对象称为组件，仿真 APP 则是对这些组件按照特定业务逻辑的组装和集成。利用装配环境，通过鼠标拖动方式可进行组件的逻辑关系定义与构件的连接，通过控制节点（分支、串行、并行）定义流程的执行顺序，如图 14-14 所示。

利用数据链接编辑器，可以通过拖拽方式建立各个组件间仿真变量的关联关系，最终完成仿真 APP 中各组件的集成，如图 14-15 所示。

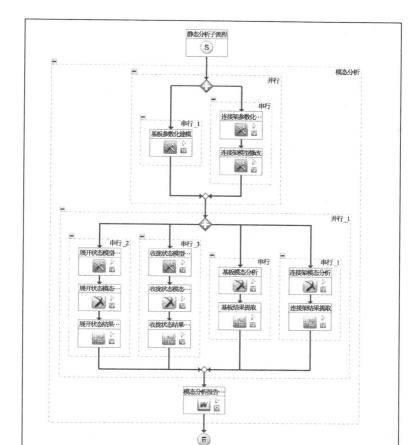

图 14-14 组件的逻辑关系定义

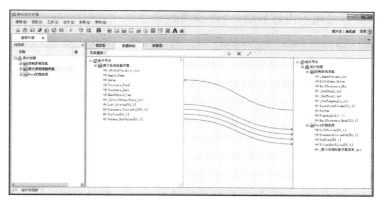

图 14-15 各个组件间仿真变量的关联关系建立

4. 仿真 APP 的 UI 创建

通过交互界面设计工具可定义 APP 应用的用户界面，如图 14-16 所示。交互界面设计工具可自动提取依附组件的输入参数、输出参数，并将组件参数与交互界面的控件绑定，组件执行时将控件值传递给组件参数，或将组件参数显示到界面控件。交互界面设计工具提供多种界面控件类型，支持拖拽方式定义交互界面。

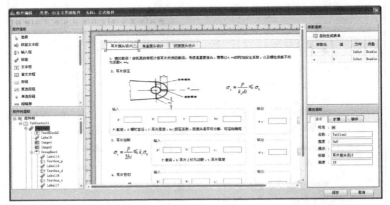

图 14-16　交互界面设计工具

（1）控件类型

UI 创建工具支持的控件类型包括：

1）文本输入框：可用于获取用户输入，或显示组件参数值。

2）标签：可用于显示提示文字信息。

3）图片：可用于显示参考图片。

4）Tab 页：可用于内容分组，Tab 页可嵌套。

5）按钮：包括单选按钮、复选按钮、功能按钮。其中，功能按钮可设置响应事件，并编写事件响应的 C# 代码。响应事件包括单击、获取焦点、失去焦点等。

6）列表框、下拉列表框：可用于枚举类型的参数，并可选择参数值。

7）组合框：用于控件组合。

8）超链接：用于设置超链接信息。

（2）交互界面创建

交互界面创建步骤如下：

1）添加交互界面组件：从工具栏中拖拽交互界面组件到某一业务组件，交互界面组件将依附于该组件。

2）添加控件：从控件面板中拖拽控件，将其添加到编辑区，也可以让系统自动生成交互界面表单，如图 14-17 所示。

3）参数绑定：将控件与组件参数绑定。如果是系统自动生成的表单，则自动绑定组件参数。

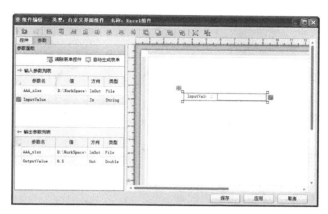

图 14-17　交互界面设计工具自动生成表单

5. 仿真 APP 的开发过程

仿真 APP 的开发过程其实是一个 APP 全生命周期的技术和管理过程，如图 14-18 所示。这个过程包括市场需求、业务抽象、APP 开发、APP 发布、升级和废止等阶段。其中，仿真业务抽象阶段包括仿真标准梳理、仿真过程调试、普适化改进、技术和知识梳理、技术和知识加工等步骤；APP 开发阶段包括 APP 组件开发、APP 组件装配、APP GUI 开发、APP 测试等步骤。APP 生命周期是以上阶段的递归和迭代。

（1）市场需求分析

与任何一种产品一样，仿真 APP 首先需要考虑用户是谁，其痛点是什么，以及能否解决和如何解决该痛点。仿真 APP 还要考虑市场规模，我们虽然不指望 APP 的市场规模像通用软件那样巨大，但目标用户过少也无法支撑一款 APP 的持续发展。

（2）仿真业务抽象

该过程其实是在 APP 开发之前将仿真应用过程调试完成并进行抽象的过程。抽象的目的是增加仿真过程的普适性，毕竟任何一个仿真过程都源于某个具体目

　　的，该目的需要经过分析归纳、特征提取、标准化和规范化，最后抽象成一个普适的仿真过程。仿真业务抽象过程包括以下几个子过程。

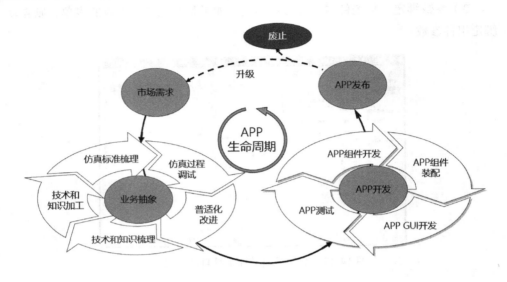

图 14-18　仿真 APP 的开发过程

- **仿真标准梳理**

　　仿真标准是仿真 APP 的基础，一款产品被用户认可的基础是其底层逻辑和规则是大家都遵守的。虽然我们不需要强求这个"标准"具有很强的显性化、广谱性和权威性特征，但应在一定范围内是事实上的标准，被一定规模的人群所认可。

- **仿真过程调试**

　　这个过程需要解决具体问题，其完成的标志如下：通过执行某个仿真技术和过程，使一个特定问题得到了解决、具体需求得到了满足，整个过程完备而流畅，输出结果正确，得到明确结论。

- **普适化改进**

　　前一步骤调试完成一个特定问题的仿真技术和过程，但不意味着该项技术和过程具有普适性。其实，普适性是仿真 APP 中的一项重要特征，决定了 APP 可持续发展机会的大小，而这又恰恰是最难的一关。工程上有很多问题，看上去纷繁复杂，其实背后的原理是同一个，需要我们透过现象看本质。对问题的提炼和抽象是对 APP 开发者的最大挑战，这不仅需要较强的总结能力，还需要经验，更需要创新。

- 技术和知识梳理

普适化的过程其实是将多种技术和多条知识按照某种逻辑进行组合。这个过程需要对这些技术和知识进行离散和解耦，使之成为一个个技术和知识元素。离散的颗粒度越小，解耦越彻底，APP 就越灵活，普适性就越强。

- 技术与知识加工

这个过程即技术和知识元素的普适化改进。在这个过程中，包括对模型的参数化改造、文档的模板化改造、数据的序列化改造、离散点的曲线化拟合、曲线的函数化改造等。总之，这种改造不仅要增加技术和知识的普适性，还要使其适于软件化。

（3）仿真 APP 开发

本过程是仿真技术软件化的过程，通过利用软件技术对仿真技术和过程进行封装，并形成交互界面，最终形成 APP。

- APP 组件开发

这个过程是对加工之后的普适化技术和知识进行软件化。前面的步骤对技术和知识进行了离散化和解耦，再利用仿真 APP 封装技术对这些知识和技术进行封装，最终形成组件。这些组件是某个特定 APP 的构件，也可能是其他 APP 的微服务。如果这个组件的普适性非常强、需求范围很宽，就可以成为一个微服务以供更多的 APP 开发者调用。

- APP 组件装配

这个过程是形成最终 APP 的过程，前提是 APP 的组件或者微服务已经全部齐备。前面的组件或微服务只是一个个技术和知识点，不具有宏观业务逻辑，但最终的 APP 是具有很强的业务逻辑的。APP 组装过程就是按照预定的业务逻辑将所有需要的技术和知识组件进行整合的过程。

在这里，流封装是很重要的技术，它将前面的组件通过流封装过程形成一个完整的 APP。流封装技术是仿真 APP 的顶层封装技术，需要处理好业务流程、工具流程和数据映射的问题。

- APP GUI 开发

理论上讲，APP 组合、装配完毕后就可以成为一个可以运行的小程序，但使用的友好性往往不够，所以图形用户界面（GUI）的设计很重要。可视化开发环境提供拖拽式 GUI 设计功能，可以方便地建立 APP 界面。该过程需要将控件与 APP 的参数关联起来。在 GUI 中可以配以辅助图片和文字，往往就是对应一款 APP 的使用说明书。

● APP 测试

作为一款程序，测试的重要性自不必说。公测前的内部测试主要包括功能测试和性能测试。对于访问量比较大的 APP，需要做并发压力测试。对计算量比较大的 APP，需要做并行计算测试。作为云上的应用，进行大量用户的公测是必要的，这是很重要的业务测试机会，它能反映 APP 的需求满足情况、受欢迎程度以及未来的市场规模。

（4）仿真 APP 发布

作为云平台上运行的 APP，发布过程应遵守 APP 交易与应用环境的要求，需要考虑好报价、计费、缴费及收益分配方面的问题。

（5）升级和废止

与任何一款软件一样，仿真 APP 需要进行缺陷跟踪、功能升级和性能改进。该过程将是对以上过程的再循环，直至废止。废止过程并不是简单的抛弃，而是需要妥善处理用户资产，如应用数据、充值余额等。

第四节　仿真 APP 的典型实例

仿真 APP 融入了仿真规范、仿真经验及仿真算法的关键步骤和参考数据，可以规范、有序地完成相关仿真任务。

某电机转子动力学仿真 APP 提供专用界面和计算参数，并自动完成计算工程、工况组合和结果处理，如图 14-19 所示。

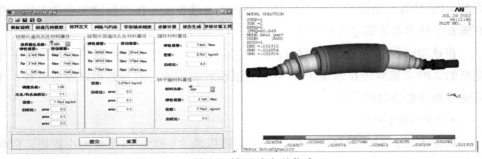

图 14-19　某电机转子动力学仿真 APP

图 14-20 展示的是机车车辆转向架的多工况强度仿真计算 APP 及机车整体分析建模 APP。

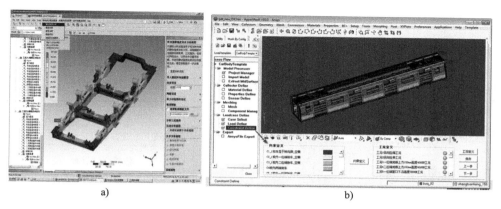

a)   b)

图 14-20 　某车辆转向架强度专用仿真 APP（a）及机车整体分析建模 APP（b）

　　笔者供职的公司在各行业积累了大量工程实践，通过技术咨询和定制开发形成了大量仿真 APP。例如，在某发动机仿真体系建设中形成的仿真 APP，包括一维工作工程计算、缸内三维燃烧仿真分析、缸盖强度分析、连杆强度分析、机体强度和动态特性分析及低速机运动件机构运动学分析等功能。

　　再如电子行业仿真体系建设中形成的仿真 APP，包括光学透镜设备振动试验仿真、球面密封设计、军工电子机箱等设备振动试验仿真、IGBT 散热和结构强度计算、悬挂式整流器抗震分析、电力电子散热分析、电子机柜强度分析以及疲劳分析、设备支架振动分析、手机屏幕撞击分析、电子设备振动试验仿真、压电风扇流固耦合分析等功能。

　　此外，还有航空、航天、石化能源、压力容器、汽车机车等行业和工业品的仿真 APP，篇幅所限，这里就不再一一介绍。

第五节　APP 交易与应用环境

　　仿真 APP 交易与应用环境面向第三方开发者开放，允许第三方开发者入驻，应具有统一性和开放性等特点，如图 14-21 所示。

1. 仿真 APP 管理

（1）仿真 APP 发布

　　系统管理员、第三方开发者可以对仿真 APP 进行发布，并可以设定基本信息、收费与否、价格及其依赖软件等信息。

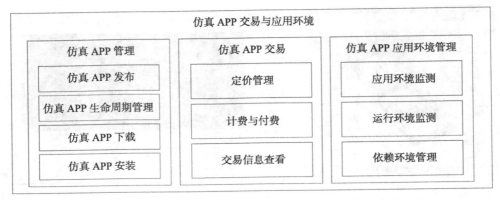

图 14-21　仿真 APP 交易与应用环境功能架构

（2）仿真 APP 生命周期管理、下载与安装

系统管理员、第三方开发者可以对仿真 APP 进行查看、下载、安装、更新、升级、编辑和删除（下线）等操作。安装方式可以是手工安装，也可以是自动安装。当 APP 升级后，已安装 APP 的版本可进行自动或手动更新。

2. 仿真 APP 交易

1）定价管理：系统管理员在发布仿真 APP 时可以对 APP 进行定价。

2）计费与付费：用户打开通过 APP Store 下载的付费软件后开始计费，关闭后台时结束扣费。用户可以基于时间及软件两个维度进行费用查询，如图 14-22 所示。

图 14-22　计费信息查看功能示意

3）交易信息查看：系统管理员和第三方开发者可以查看 APP 的使用者和收益情况。

3. 仿真 APP 应用环境管理

（1）应用环境监测

在下载、安装及运行 APP 时，会基于 IP 地址、用户账号等维度进行检测，如APP 的应用环境与指定环境不符，则终止 APP 的下载、安装及运行。

（2）运行环境检测

在安装 APP 时，仿真 APP 交易与应用环境会根据依赖关系中指定的内容，进行仿真软件及插件的安装，简化终端用户安装与配置。

（3）依赖环境管理

第三方开发者、系统管理员须指定仿真 APP 运行所依赖的其他工具或库。在终端用户的环境不满足依赖要求时，可安装相关依赖，简化用户安装。

第四篇 天路漫漫：仿真自主征途

中国仿真自主研发能否成功，首先取决于有没有找到商业成功的路线，这是第四章探讨的问题。本篇我们回到技术轨道，毕竟，仿真软件是一种具有较高技术含量的产品。

国际仿真技术经过60年的发展，已经达到相当高的技术程度，也已经相当成熟，好似在我们面前立起一座珠峰，给中国仿真软件的自主研发形成了压力，扰乱了视线，也制造了障碍。万事开头难，而选择一个正确的节奏和一条正确的路线更难。人们对一件事不能坚持不懈往往不是因为这件事情很难做，或者做起来无比痛苦，而是因为看不到这件事情坚持下去的结果，不知道会不会成功、何时成功。也就是说，"坚持是否值得"这样一个根本问题没有答案，所以没有信心坚持，也缺乏信念支持。

其实，我们在第四章提出，对于中国仿真，目前软件功能强大与否并不是最重要的成功要素，也不是商业成功的根本原因。只要具备基础功能的稳定软件，结合我们的"高点起跳、赋能开道"战略，就能保障自主仿真软件在中国取得初步成功。然后，在持续的市场反馈之下，逐步发展深层技术和高级功能，最终完成中国仿真的逆袭。

所以，在本篇我们总结了国际仿真在四个常见领域（结构仿真、流体仿真、电磁仿真和系统仿真）的专用模型、底层算法、积分格式、求解技术、建模技术以及交互界面等方面的最高成就，并设计了一个具有三个阶段目标的发展节奏，相当于打造一个三层云梯，逐步攀登直至翻越仿真这座珠峰。

第十五章 | Chapter15

仿真通用技术

建模与求解是仿真领域的两大通用技术，也是仿真的基础，决定了仿真软件能力的高低。本章首先介绍了这两大通用技术在全球的最高成就，这也是我们自主研发追赶的目标，将在仿真自主研发过程中逐步达成。但先做哪些、后做哪些，需要根据技术发展规律和工业需求来决定。本章的最后一节给出我们建议的实现顺序。

另外说明一点，建模技术在物理场仿真与系统仿真上有较大差异，所以将它们分开讨论。场域建模作为多种场仿真的通用技术，集中在本章讨论。系统建模技术在第十九章与系统仿真技术综合讨论。

第一节　几何建模技术

传统上，原本是通过构建有限元网格来定义仿真对象的形体的，但这种定义方式费时费力。随着几何建模技术的成熟，现代仿真软件的网格主要通过对几何模型的剖分来实现，把几何建模作为其基本建模技术之一。

几何建模是 20 世纪 70 年代中期发展起来的，它是一种通过计算机描述和表现几何形体的技术。几何建模是建立在几何信息和拓扑信息基础上的建模。几何信息指在欧氏空间中的形状、位置和大小，基本的几何元素是点、线、面。拓扑信息指拓扑元素（顶点、边棱线和表面）的数量及其相互间的连接关系。

国外的大型有限元仿真软件都会提供功能完善、易于操作的几何建模模块。

传统上，仿真软件的几何建模模块使用的是自顶向下或自底向上的建模方法。近年来，各大有限元仿真软件纷纷采用基于特征的参数化建模技术或与特征无关的直接建模技术等全新建模思想，可以提供更为复杂和全面的建模功能，且建模过程更为灵活方便，用户 GUI 界面也更为友好。

在现代有限元仿真中，几何建模工作可以由专业 CAD 软件完成，再通过中间格式的文件输出到 CAE（有限元仿真）软件中使用（如 Parasolid、ACIS、STEP、VDA 等），或者针对不同的 CAD 和 CAE 之间开发特定的接口（如 UG、Pro/E、CATIA、SolidWorks 等），以保证更为高效的传输并保留更多特征。但无论采用何种 CAD 导入方法，仿真人员还是会投入大量的精力和时间修补 CAD 几何，通常原因是设计部门要求的几何无论是精度还是建模流程都与 CAE 网格划分不匹配，CAD 数据来源质量不够；其次，接口转换过来的模型质量差，接口自身经常会导致模型中的点、线、面丢失。同时由于 CAD 建模目标对象和 CAE 模型区域的特征存在差异，也需要在网格生成前进行相应处理。主要的几何处理和修复功能和技术包括但不限于：

- 区域包裹与布尔运算生成分析域功能，该功能主要面向流体和电磁分析。
- 几何矫正和修复功能，包括几何穿透、间隙、破损、细小碎面、碎线、几何连贯性和连续性、法向一致、填充等。
- 几何特征清除功能，包括清除小倒角、小孔、自由边、小标识、其余小配件。

另外，在有限元仿真领域，几何建模不是用于出图和制造，而是用于生成有限元网格，因此要根据有限元方法的特殊需要来建模，如清理不影响主要计算结果但又极大增加计算量的细节几何特征，或创建抽象的线或面模型等，所以从几何模型中抽壳和梁杆的功能也有较多需求。

第二节 网格划分技术

有限元方法就是将复杂的物理模型离散为有限个单元体进行逐一处理，然后再组装为整体矩阵来求解。软件中的离散化操作体现为划分网格并赋予网格属性。有限元仿真的精度和效率与网格的密度和形状质量有密切关系。先进的有限元仿真软件都提供高级的网格划分模块来完成复杂模型的网格划分，甚至还发展出一些优秀的网格划分专用软件，提供高级和复杂的几何清理和网格划分功能，可以应对汽车、旋转机械等复杂的网格划分。

典型有限元软件会提供网格映射划分和自由网格划分策略。映射划分技术可以用于对曲面和实体的网格划分，一般使用三角形、四边形、四面体、五面体、六面体等形状。通过单元的边长、形状等参数对网格进行严格控制，可以生成质量非常高的结构化网格。自由网格划分的方法则对各类不规则模型的适用性更好，但网格的形状限于精度较低的三角形、四面体等。

有限元网格划分的实现方法包括 Octree（八叉树）方法、Delaunay 方法、Block 方法、扫掠/映射方法、笛卡儿网格方法等，其中 Octree 方法、Delaunay 方法属于自由网格划分方法，适用于各类复杂模型，产生三角形或四面体网格。

另外，由于网格的质量和数量对有限元仿真的精度影响很大，因此在先进的有限元网格划分软件中，还会提供网格质量检查和诊断功能。网格质量检查基于一些判断标准，包括网格的边长比、面积比、体积比、网格面的扭转和翘曲程度等，而且会提供网格是否协调连接的检查功能，检查并提示不同零件的网格节点是否连接、自由度是否协调等。

1. Delaunay 网格划分方法

在有限元软件产生之初，二维现象是首先被模拟的现象，三角形网格是最简单、最先被使用的网格形式。因此，三角网格剖分算法 Delaunay 也是研究最多、应用最广泛的一种方法。它可以生成满足约束条件的高质量网格，并可以对整体网格或者局部网格进行细化处理。Delaunay 网格剖分算法可以自动生成网格且保持边界的完整性，并能进行调整，从而生成高质量的网格。

2. Octree 网格划分方法

四面体网格是在模拟三维现象的时候最先被使用的网格形态，也是最容易生成的网格形态。Octree（八叉树）方法是生成非结构化网格的一种常用方法，其具体步骤是：先用一个较粗的立方体网格覆盖、包含物体的整个计算域，然后按照网格尺度的要求不断细分立方体，使符合预先设置疏密要求的立方体覆盖整个计算域，最后再将立方体切割成四面体单元。

3. 自适应网格划分方法

在某些场量变化较为剧烈的区域，网格在迭代过程中不断调节、细化，使网格点分布与物理解耦合，从而提高解的精度和分辨率。自适应网格技术可实现在物理解变动较大的区域网格自动密集，而在物理解变化平缓区域网格相对稀疏，这样在保持计算高效率的同时得到高精度的解。自适应网格技术主要有移动网格方法和局部细化或粗化方法。

4. Block结构化网格划分方法

Block是一种重要的结构化网格划分方法，其具体步骤是：首先根据问题的条件把整个求解区域划分成几个子区域，对每一子区域使用自顶向下的"雕塑"方式，构造子块拓扑空间（Block）并向几何实体的点、线、面上进行投影、映射，最终生成整个计算域多重拓扑块的结构化网格。配合先进的O-Grid等技术，用户可以方便地对非规则几何形状划分出高质量的"O"形、"C"形、"L"形六面体结构化网格。

5. 笛卡儿网格划分方法

笛卡儿（Cartesian）网格中的单元按照笛卡儿坐标方向 (x, y, z) 排列，网格生成时首先将需要计算的区域取成长方体，并对计算区域进行调整；再对其进行均匀划分生成初始化网格，使得每个网格均为立方体；然后判断每个网格与物面的相交情况并对相交的体网格进行标记，并对标记的体网格进行自适应局部加密，产生尺度合适的网格；最后删除在物面内部的网格。这种网格划分方法在流场计算软件中经常使用。

6. 边界层网格划分方法

在流场计算中，流体在固体表面的相对速度为零，在固体表面附近的流场梯度较大，需要在固体表面附近形成一层特殊网格——边界层网格，用来捕捉这种变化较快的区域特性。对于非结构化的四面体网格，则需要在物面附近生成三棱柱边界层网格。其具体步骤是：把物面按一定的方式进行放大而得到放大物面，与原物面联立求出两组物面上每个点的矢量方向，把对应的两个点用三次曲线进行拟合，得到拟合曲线，截取该曲线，从而得到三棱柱网格。边界层外部的四面体网格则从三棱柱的最外层网格点开始，使用Delaunay方法生成。

7. 集肤效应层网格划分方法

在涡流磁场求解时，需要考虑电磁波入射到金属物质表面的集肤效应与透入深度效应，在一个透入深度上会消耗大部分入射电磁波能量，所以在该深度上要保证至少有两层单元捕捉电磁能量。金属物质内部的网格可以适当放大，所以在金属物质电磁波入射表面需要绘制薄层网格，即采用集肤效应层网格划分方法。

8. 多面体网格划分方法

多面体网格能够克服传统网格的一些缺点：

- 有更多的临近单元，梯度计算及局部的流动状况计算更加准确。
- 同样的体积，网格数目相对较少，从而减少计算量。
- 多面体网格对几何变形没有四面体敏感。

多面体网格生成或转化过程只能用于包含四面体和／或棱柱网格的 3D 网格。在转化过程开始时，非六面体网格分解为多个子区域，该区域称为“dual”。每一个 dual 都与原网格的一个节点相关。这些 dual 在原节点的周围组合成多边形，所有共享一个特殊节点的 dual 集合组成一个多面体网格。当多面体形成后，可以删除该节点。为了更好地了解 dual 的形成过程，可以以一个简单四面体网格作为例子进行考虑。首先，连接面的形心与该面上边的中心形成新的边；然后，将新形成的边连接起来形成新的面。这些新的内部面构成了单元 dual 之间的边界，并且将原单元分解成 4 个子体积。为减少最终多面体网格面的数量，这些分割面在凝聚过程中可能被调整或合并。

第三节 有限单元模型

有限元软件的功能丰富性体现在其所提供的单元类型的丰富程度上，特别是结构仿真。较为成熟的商业有限元分析软件会包含几十种甚至上百种单元类型及单元模型。常见的有限单元类型包括梁杆单元、管单元、板壳单元、平面单元、实体单元等，这些单元还可分为高阶和低阶单元，以满足不同的计算精度和模型要求，如图 15-1 所示。

工程结构的复杂性决定了结构仿真的模型化方法非常丰富，为了用更小的模型求解更大的问题，往往需要进行结构等效，而不是所有的结构均用三维实体来表达。工程中常用的梁单元就是简化和等效结构的一种方法。传统的梁单元采用欧拉－伯努利梁理论，适合弯曲为主的梁结构。但为了模拟工程中的特殊梁结构，需要采用一种特殊的梁单元——铁木辛柯梁。这是一种三维两节点梁单元，适合于分析从细长到中等粗短的梁结构。该单元基于铁木辛柯梁结构理论，并考虑了剪切变形的影响，比传统的欧拉－伯努利梁单元适用性更广。这种单元非常适合于线性、大角度转动和／或非线性大应变问题，是三维线性（2 节点）梁单元，每个节点有六或七个自由度，即可以引入第七个自由度以考虑横截面的翘曲。

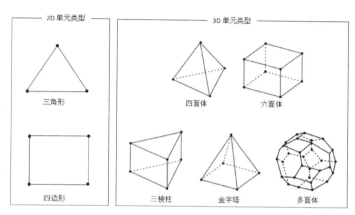

图 15-1　有限单元的类型

此外，与低阶的结构三维实体 8 节点单元对应，先进的有限元软件中还提供高阶的三维 20 节点结构三维实体单元。该单元具有二次位移，适于生成不规则网格模型，或者局部结构复杂、曲率较大的模型。而且在先进的软件中，这些单元的通用性很强，适合处理线性／非线性以及静力／动力等不同的问题，也可以通用于金属／非金属等各类非线性本构材料问题。该类型单元由 20 个节点定义，每个节点有 x、y、z 三个方向自由度，还可退化形成四面体、金字塔、棱柱体等单元。

多面体单元是近年来新发展的单元技术，其优势是单元质量高，离散化后的单元数量少，能有效节省计算资源。

在有限元仿真过程中，选择合适的单元类型以表现物理行为和材料特性，并通过每个单元的运算形成单元刚度矩阵和质量矩阵，然后组装为整体矩阵并求解。求解完成后，将以各节点的位移结果表示整个结构或局部单元的变形，并通过单元积分、求导和插值算法来获得单元内部的应力应变等更多力学性能。

工程结构的材料多种多样，很难仅仅用材料本构来表征结构的复杂特性，单元刚度的形成需要材料属性参与计算，所以，往往需要在单元中增加与材料有关的特性来配合计算。但这些复杂的单元技术在流体仿真和电磁仿真中很少用到，因为在流体与电磁仿真中没有单元刚度这个概念。

第四节　材料的数字化

材料的数字化也是仿真建模的重要组成部分，是在软件中对仿真对象的材料属性进行定义。不同类型的物理场关注材料不同类型的属性，故而材料设置对象完全不同，包括用于结构属性、电磁属性和流体属性等。

1. 结构属性定义

线性结构材料的参数较为简单，通过弹性模量、泊松比、密度就可以表述。非线性材料则比较复杂，不同的本构关系通过不同的应力应变关系模型和参数来表达。对于瞬态动力问题，材料属性可能是应变率的函数。

在进行材料设置时，首先选定特定材料的对应本构关系，然后进行本构关系的参数输入。对于复合材料，还需要对各组分材料属性以及材料的构成模式进行定义。

2. 流体属性定义

在流体仿真中，材料设置包括固体材料设置和流体物性设置。固体属性包括密度（或分子量）、比热容、热传导系数。流体物性还须增加黏性、质量扩散系数、标准状态焓、分子运动论中的各个参数等。

固体或流体的物理属性可能与温度和成分相关，其中，温度相关属性是基于之前定义的或者分子运动论计算得出的多项式、分段线性函数或者分段多项式函数。

3. 电磁属性定义

目前主流的成熟电磁算法中，网格划分过程及质量与模型的材料特性存在关联关系。因此，在模型的处理过程中，不仅需要建立准确的几何模型，更需要赋予几何模型正确的电磁材料特性。

常用的电磁材料包括导体、介质材料、复合材料、铁氧体材料等。主要的材料特性参数包括电导率、磁导率、介电常数、磁通量、损耗角正切等。

第五节　空间离散技术

1. 有限元法

有限元法是一种高效能的数值计算方法。在科学计算领域，常常需要求解各类微分方程，而许多微分方程的解析解一般很难得到，使用有限元法将微分方程离散化后，可以编制程序，使用计算机辅助求解。有限元法在早期是以变分原理为基础发展起来的，所以它广泛地应用于以拉普拉斯方程和泊松方程所描述的各类物理场中（这类场与泛函的极值问题有着紧密的联系）。自 1969 年以来，某些学者在流体力学中应用加权余数法中的伽辽金法（Galerkin）或最小二乘法等同样获得了有限元方程，因而有限元法可应用于以任何微分方程所描述的各类物理场中，而不再要求这类物理场和泛函的极值问题有所联系，其基本思想是由解给定的泊松方程化为求解泛函的极值问题。

2. 有限差分法

有限差分法是求解偏微分方程的一类主要数值方法。它的基本思想是：首先将微分方程问题的求解域划分为差分网格，用有限个网格节点代替连续的求解域；然后将微分方程的导数用差商代替，推导出含有离散点上有限个未知数的差分方程组，将微分方程问题转换为代数问题；最后求解差分方程组以获得微分方程的数值近似解。

3. 有限体积法

有限体积法是在有限差分法基础上发展起来的，同时它吸收了有限元法的一些优点。有限体积法的基本思路是：将计算区域划分为网格，并使每个网格点周围有一个互不重复的控制体积，将待解微分方程（控制方程）对每一个控制体积分，从而得出一组离散方程，其中的未知量是网格点上的因变量。

有限体积法获得的离散方程，物理上表示的是控制容积的通量平衡，方程中各项有明确的物理意义，这也是有限体积法与有限差分法和有限元法相比更具有优势的地方。

有限体积法使用体积分数准确描述几何形状，而传统有限差分法是基于六面体网格，模型表面是不均匀的，几何描述精度不够。有限体积法结合了有限差分法和有限元法两者的优势，使得网格处理更加简单、高效，离散化后的模型边界光顺，描述三维模型边界和截面尺寸精度高，因此能够获得更加精准的计算精度，使得模拟结果更加接近真实情况。在同等计算精度的情况下，有限体积法所需网格数量更少，所以计算速度更快。

4. 边界元法

边界元法（Boundary Element Method，BEM）是一种继有限元法之后发展起来的一种新的数值方法。与有限元法在连续体域内划分单元的基本思想不同，边界元法是只在定义域的边界上划分单元，用满足控制方程的函数去逼近边界条件。所以与有限元法相比，边界元法具有单元个数少、数据准备简单等优点。但用边界元法解非线性问题时，遇到同非线性项相对应的区域积分，这种积分在奇异点附近有强烈的奇异性，会使求解遇到困难。

5. 无网格法

无网格法（mesh-less method）即在数值计算中不需要生成网格，而是按照一些任意分布的坐标点构造插值函数离散控制方程，就可方便地模拟各种复杂形状的流场和结构颗粒相互作用。

该方法大致可分成两类：一类是以拉格朗日方法为基础的粒子法，如光滑粒子流体动力学法（简称 SPH），以及在其基础上发展的运动粒子半隐式法等；另一类是以欧拉方法为基础的无格子法，如无格子 Euler/N-S 算法和无单元伽辽金法等。

无网格法中比较常见的还有径向基函数方法，主要使用某径向基函数的组合来逼近原函数。无网格伽辽金法是目前影响最大、应用最广的无网格计算方法，现有的 LS-dyna、Abaqus、Radioss 等商业软件都加入了该方法的计算模块。

第六节　时间积分格式

时间积分格式对于求解非线性问题是非常重要的概念，在结构、流体、电磁以及系统仿真中均有所应用。时间积分格式包括隐式算法和显式算法两种。

1. 隐式算法（平衡迭代法）

对于线性问题，结构有限元基本方程中的刚度矩阵 K 是常量，在载荷作用过程中始终保持不变，因此可以直接求解矩阵方程。对于非线性问题，K 不再是常量，结构的刚度矩阵不再保持常数，而是位移和时间等参数的函数，因此不能直接获得刚度矩阵并求解出位移结果，需要通过多次假定位移得到假定刚度，并多次平衡迭代，通过试算获得最终的近似位移结果。

非线性求解器与线性矩阵求解器的不同之处在于增加了处理平衡迭代的牛顿－

拉普森（Newton-Raphson）平衡迭代方法。它是数值分析中最重要的方法之一，不仅适用于方程或方程组的求解，还常用于微分方程和积分方程求解。使用牛顿－拉普森算法时，每进行一次平衡迭代，就修改一次刚度矩阵，所以非线性迭代计算的稳定性更好，但计算效率会降低。因此，在先进的有限元仿真软件中，除了牛顿－拉普森算法，还提供了修正的牛顿－拉普森算法、基于初始刚度的牛顿－拉普森算法等，以便适应不同的非线性分析需求。

此外，针对如后屈曲分析、接触非线性等特殊问题，先进的有限元仿真软件还提供自适应下降、数值阻尼、弧长法等处理技术，来帮助非线性问题的求解。

2. 显式算法

显式算法基于动力学方程，分为静态显式算法和动态显式算法。显式算法基于动力学方程，因此无须迭代；而静态隐式算法基于虚功原理，一般需要迭代计算。显式算法的最大优点是有较好的稳定性。动态显式算法采用动力学方程的一些差分格式（如广泛使用的中心差分法、线性加速度法、Newmark 法和 Wilson 法等），不用直接求解切线刚度，不需要进行平衡迭代。

显式计算速度快，只要时间步长取得足够小，一般不存在收敛性问题，因此需要的内存也比隐式算法少。而且，数值计算过程可以很容易地进行并行计算，程序编制也相对简单。但显式算法要求质量矩阵为对角矩阵，而且只有在单元级计算尽可能少时才能发挥速度优势，因而往往采用减缩积分方法，容易激发沙漏模式，影响应力和应变的计算精度。

静态显式法基于率形式的平衡方程组与欧拉向前差分法，不需要迭代求解。由于平衡方程式仅在率形式上得到满足，所以得出的结果会慢慢偏离正确值。为了减少相关误差，必须每步使用很小的增量。

显式算法常用于径向锻造、冲压成形等工艺模拟分析，求解速度高，同时具有较好的稳定性。

第七节　运动状态描述方法

在连续介质力学中，物质运动（如固体大变形或流体流动）时，需要使用坐标系来描述物质的方位。如果坐标系固定在物质材料上，并在材料变形时跟随材料移动，称为拉格朗日法。如果坐标系固定在空间中，称为欧拉法。

1. 拉格朗日法

拉格朗日（Largrange）法是一种分析非线性大变形问题的数值方法，多用于固体结构的应力应变分析。拉格朗日法的名字源于流体力学中跟踪质团运动的一种方法，实际上是连续介质力学中对运动的物质描述方法，在非线性连续体力学中称为拖带坐标系或嵌含坐标系方法。

这种方法以物质坐标为基础，其所描述的网格单元"雕刻"在分析对象上，也就是说，采用拉格朗日法描述的网格和分析的结构是一体的，有限元节点即为物质点。采用这种方法时，分析对象形状的变化和有限单元网格的变化是完全一致的（因为有限元节点就是物质点），物质不会在单元与单元之间发生流动。

这种方法依然遵循连续介质的假设，利用差分格式，按时步积分求解，随着构形的变化不断更新坐标，允许介质有大的变形。

这种方法的主要优点是能够非常精确地描述结构边界的运动，但当处理大变形问题时，由于算法本身特点的限制，将会出现严重的网格畸变现象，因此不利于计算的进行。

2. 欧拉法

欧拉（Euler）法之名源自它的发明者莱昂哈德·欧拉，是一种一阶数值方法，用于对给定初值的常微分方程（即初值问题）求解。它是解决数值常微分方程最基本的一类显式方法。

欧拉法以空间坐标为基础，使用这种方法划分的网格和所分析的物质结构是相互对立的，网格在整个分析过程中始终保持最初的空间位置，有限元节点为空间点，其所在空间的位置在整个分析过程中是不变的。很显然，由于算法自身的特点，网格的大小形状和空间位置不变，因此在整个数值模拟工程中，各个迭代过程中计算数值的精度是不变的。但这种方法在物质边界的捕捉上是困难的，多用于流体的分析。使用这种方法时，网格与网格之间的物质是可以流动的。

欧拉法不直接追究质点的运动过程，而是以充满运动液体质点的空间——流场为对象，研究各时刻质点在流场中的变化规律。其将个别流体质点运动过程置之不理，而固守于流场各空间点。通过观察流动空间中的每一个空间点上运动要素随时间的变化，把足够多的空间点综合起来而得出整个流体的运动情况。

3. 任意拉格朗日 – 欧拉（ALE）法

ALE 法兼具拉格朗日法和欧拉法的特长。它首先在结构边界运动的处理上引进了拉格朗日法的特点，因此能够有效地跟踪物质结构边界的运动。其次，在内部网格的划分上，它吸收了欧拉法的长处，使内部网格单元独立于物质实体而存在。但它又不完全与欧拉网格相同，网格可以根据定义的参数在求解过程中适当调整位置，使其不致出现严重畸变，这在分析大变形问题时非常有利。使用这种方法时，网格与网格之间的物质也是可以流动的。ALE算法擅长于轧制、挤压、环轧等工艺的模拟计算。

第八节　技术实现顺序建议

表 15-1 左边两列给出了建模功能（技术）的大类和子类，右边三列给出了实现顺序建议。凡是我们认为应该最先实现的功能（首版功能），则在第三列打钩，其次在第四列打钩，再次在第五列打钩。

表 15-1　模型建立技术实现顺序建议

功能（技术）大类	功能（技术）子类	实现顺序建议		
		1	2	3
几何建模技术	基础几何建模	√		
	高级几何建模			√
	标准模型接口	√		
	专用模型接口		√	
几何修复技术	特征清除	√		
	矫正和修复	√		
	区域包裹法		√	
	梁杆壳抽取		√	
网格划分技术	三角形	√		
	四面体	√		
	六面体	√		
	自适应		√	
	Octree		√	
	Delaunary	√		
	笛卡儿			√
	Block		√	
	边界层	√		
	集肤效应	√		
	多面体		√	

（续）

功能（技术）大类	功能（技术）子类	实现顺序建议		
		1	2	3
杆单元	普通	√		
	双线性			
梁单元	普通	√		
	截面渐变			√
	塑性		√	
	考虑剪切变形		√	
管单元	普通	√		
	浸入		√	
	塑性			
	1D 流体	√		
二维单元	四边形	√		
	三角形	√		
	超弹性			√
	黏弹性			√
	大变形		√	
	谐单元		√	
	热分析	√		
	2D 流体	√		
	2D 电磁（低频）	√		
三维单元	六面体	√		
	四面体	√		
	层单元			√
	各向异性			√
	超弹性			√
	黏弹性			√
	大应变		√	
	热分析	√		
	3D 流体	√		
	3D 电磁（低频）	√		
	3D 电磁（高频）	√		
壳单元	四边形	√		
	轴对称	√		
其他单元	多面体单元		√	

（续）

功能（技术）大类	功能（技术）子类	实现顺序建议		
		1	2	3
结构材料	各向同性线性材料	√		
	各向异形线性材料			√
	率不相关非线性材料		√	
	率相关非线性材料			√
	复合材料		√	
流体物性	可压流体（气体）	√		
	不可压流体（液体）	√		
	混合物（多相流）		√	
电磁材料	低频电磁	√		
	高频电磁		√	
空间离散方法	有限体积法		√	
	有限差分法			√
	有限元法	√		
	边界元算法		√	
时间积分格式	显式算法	√		
	隐式算法	√		
	显式算法		√	
运动状态描述	拉格朗日法	√		
	欧拉法		√	
	ALE 法			√

第十六章 | Chapter16

结构仿真技术

结构仿真是基于有限元分析技术迅速发展起来的一种现代计算方法。本章首先历数了结构仿真技术在全球的最高成就，这也将是我们结构仿真自主研发追赶的目标。这些技术需要逐步达成，但先做哪些，后做哪些，需要根据结构仿真技术发展规律和工业需求的次序来决定。本章的最后一节给出我们建议的实现顺序。

第一节　方程组求解算法

有限元求解的本质就是求解一组联立的线性方程组，这组方程的求解算法直接决定了有限元求解器的求解速度和精度。在仿真软件中提供对有限元线性方程组的多种矩阵求解算法，以匹配不同的问题特点，可以满足静力学、动力学、线性、非线性等不同物理问题的求解需求。

在有限元程序中求解的线性代数方程组的刚度矩阵具有大型、对称、稀疏、带状分布、正定、主元等特点。各类求解算法都是围绕这些全部或部分特点来尽量提高矩阵的求解效率。矩阵的求解方法一般包括两大类——直接解法和迭代算法。这些求解器及算法的特点和适用性分别介绍如下。

1. 稀疏矩阵直接解法

稀疏矩阵直接解法（包括模态分析和屈曲分析中的 Block Lanczos 求解法）是基于方程组直接消项的算法。其原理是将方程的系数矩阵简化为下三角矩阵，再对方程进行求解。因稀疏矩阵直接解法采用直接消项的算法，所以适用性广，而且只要系数矩阵不是奇异矩阵，一般能够求出解来。但因系数矩阵消项过程中产生大量数据，对内存的需求量大，在求解大型问题前应该进行相应配置。

2. 共轭梯度（CG）法

共轭梯度（Conjugate Gradient）法是一种迭代法，而且是收敛速度较高的迭代法。从理论上讲，一个 N 阶方程组最多迭代 N 步就可以求出精确解。该算法不仅是求解大型线性方程组最有用的方法之一，也是解大型非线性最优化最有效的算法之一。而且在各种优化算法中，共轭梯度法也是非常重要的一种，其优点是所需存储量小，收敛性好，稳定性高，而且不需要任何外来参数。

3. 预条件共轭梯度（PCG）法

预条件共轭梯度法首先建立网格单元系数矩阵，设置初始解，通过迭代的方法将方程收敛到容差范围。根据材料和单元的不同，预条件共轭梯度法会设置一个合适的求解条件，然后再进行求解。相比稀疏矩阵求解法，预条件共轭梯度法更节省时间，而且求解规模越大，节省的时间越多，甚至达到90%之多。但病态矩阵有可能使预条件共轭梯度法不收敛，这时要么改善网格划分重新分析，要么采用其他求解器分析。

4. 雅可比共轭梯度（JCG）法

雅可比共轭梯度法也是首先建立网格单元系数矩阵，设置初始解，通过迭代的方法将方程收敛到容差范围。基本过程与预条件共轭梯度法类似，但是以刚度矩阵作为设置求解条件的依据。

5. 不完全乔类斯基共轭梯度法（ICCG）

不完全乔类斯基共轭梯度法与雅可比共轭梯度法基本一致，但对病态矩阵的求解能力更强，而且相比刚度矩阵得到的前提条件可靠性更好。

6. SPOOLES 算法

SPOOLES 的全称是面向对象的稀疏线性等式求解器（Sparse Object Oriented Linear Equations Solver），它是一个用于求解稀疏线性方程组的数学函数库，支持复数类型的矩阵数据，可以求解具有对称特点的线性方程组。求解模式包括可用串行模式、具有 Solaris 或 POSIX 线程的多线程模式或 MPI 模式。具有的功能包括计算具有对称结构矩阵的多极最小度、广义嵌套分割和多节排序。

第二节　非线性分析技术

结构非线性包括三种类型：材料本构非线性、几何非线性和接触非线性。本节就这三种非线性类型做简单介绍。

1. 材料本构非线性技术

材料本构关系用于定义材料的力学模型，如线性弹性本构关系定义线性弹性体，弹塑性本构关系定义弹塑性体。先进的有限元仿真软件都提供了多种非线弹性的复杂本构模型，并且从前后处理、单元计算、求解器方案等方面对材料非线性本构问题的分析做了大量针对性开发和改进，如 ANSYS 及 Abaqus 等软件可以提供一百多种材料线性 / 非线性本构模型，支持线性、弹塑性、超弹性、黏弹性、混凝土、岩土、多孔介质等多种材料本构。

材料非线性指的是材料具有非线性的应力和应变关系，因此结构刚度矩阵同样不再保持常量，而是随着加载历史和时间等因素发生改变。材料非线性的影响因素很多，如加载历史（如弹塑响应状态）、加载时间（如蠕变响应状态）及环境温度（如黏塑性状态）等。以钢材 Q235 为例，在常规力学分析中是线弹性材料，在弯曲成型的情况下是塑性材料，在振动阻尼问题中是黏弹性材料。

在本构关系中，材料的力学性质是用"应力 – 应变 – 时间"关系来描述的。相应地，材料的力学本构关系分为与时间无关的和与时间有关的两类。前者又可分为弹性（包括线性、非线性）和塑性（包括理想塑性、应变硬化、应变软化）两种，其中塑性本构关系常用增量的形式给出。后者又可分为无屈服的黏弹性（包括线性、非线性）和有屈服的黏塑性两种。以上这些本构关系还可以进一步组合，如组合成弹塑性本构关系、黏弹塑性本构关系等。

在先进的有限元仿真软件中，支持的材料非线性本构模型类型非常多，包括弹塑性、黏塑性、蠕变、超弹性、黏弹性、非金属、铸铁、混凝土材料等。典型的材料非线性本构模型如下：

- 率不相关塑性指材料会产生不可恢复的即时应变。求解器支持的率不相关塑性模型包括多种屈服准则，如 Mises、Hill、广义 Hill、Drucker-Prager，还支持多种硬化方式，如随动、各项同性、混合、双线性、多线性等。

- 率相关塑性也可称为黏塑性，材料的塑性应变大小是加载速度与时间的函数。物体在外载荷作用下应力状态达到临界值时，有屈服和流动现象发生，如果其变形速率与介质的黏性相关时，则可统称为黏塑性体。其主要应用是高温金属形成过程，如轧制，这时涉及大塑性应变和大位移小弹性应变。

- 材料的蠕变行为也是率相关的，产生随时间变化的不可恢复应变，但蠕变的时间尺度要比率相关塑性大得多。
- 非线性弹性允许材料的非线性应力应变关系，但应变是可以恢复的。
- 超弹性材料应力应变关系由一个应变能密度势函数定义，用于模拟橡胶、泡沫类材料，变形是可以恢复的。
- 黏弹性是一种率相关的材料特性，这种材料应变中包含了弹性应变和黏性应变。
- 混凝土材料具有模拟断裂和压碎的能力。
- 膨胀是指材料在中子流作用下的体积扩大效应。
- 蠕变材料模型：指在应力不变的情况下，应变随时间延长而增加的现象。蠕变和塑性一样，是不可恢复的。其中塑性变形通常在应力超过弹性极限发生屈服后才出现，而蠕变只要当应力作用时间足够长，那么它在应力小于弹性极限时也能出现。

在有限元求解器中，材料非线性求解常使用增量理论，逐渐加载，在发生屈服的应力水平附近，经过多次迭代，获得较精确的应力应变关系。

2. 几何非线性技术

几何非线性问题是工程中常见的一种非线性问题。典型的几何非线性行为包括几何大变形和单元大应变等。

几何大变形的典型情况是，如果单元的方向发生改变（旋转），局部刚度矩阵到总体刚度矩阵下的变换关系将会发生变化。程序计算时会考虑单元方向上的变化。

大应变效应解决的问题是，如果单元形状发生变化，单元的刚度矩阵亦会发生变化。对于大应变问题，传统理论上的位移－应变关系将变得不再适用，弹性力学中的几何方程将加入二次项，而且应变表达不再是弹性应变，而是工程应变。

3. 接触非线性技术

在有限元仿真过程中，接触非线性经常遇到，也非常难以求解和处理。当有限元模型中的两个独立表面相互接触并相切，则称之为接触。一般物理意义上，接触的表面包含如下特性：不会相互穿透、可传递法向压缩力和切向摩擦力、通常不传递法向拉力、可自由分离和互相移动。

接触是状态改变的非线性问题，有限元刚度矩阵的变化取决于接触状态，即是否局部接触或分离，因此是一种强烈的非线性行为。接触问题对于求解器是一个比较大的挑战。

先进的有限元仿真软件一般会提供多种接触行为的模拟方案，包括：

- 绑定：没有穿透，没有分离，面或者边之间没有滑动。
- 不分离：与绑定类似，但是沿着接触面会发生无摩擦滑动。
- 无摩擦：没有穿透，但是表面可以自由滑动，分离不受阻碍。
- 粗糙：与无摩擦类似，除了不允许滑动。
- 有摩擦：滑动阻力和用户定义的摩擦系数成正比，自由分离不受阻碍。

此外，对于接触算法，这些软件提供了罚函数法、增强拉格朗日法以及拉格朗日乘子法。这些方法各有优缺点，适用于不同的工程问题。

第三节　动力学分析技术

1. 结构模态分析

结构模态分析用于确定结构的振动特性（固有频率和振型），它们是承受动载荷的结构设计中的重要参数，也是瞬态分析、谐响应分析及谱分析的必要条件，是动力学分析的基础。结构模态分析是一种线性分析，求解器会忽略任何非线性行为，而且一般不需要考虑阻尼和外载荷。此外，也可以进行有预应力的模态分析。

在先进的有限元仿真软件会提供了多种模态特征值求解方法来满足不同问题的计算需求，一般包括：

- 分块兰索斯法适用于大型对称特征值求解问题。
- 子空间法适用于大型对称特征值求解问题。
- 动态提取法，用于大模型求解。
- 缩减法，速度快但精度低。
- 阻尼法和 QR 阻尼法，用于有阻尼的系统求解。

2. 瞬态动力学分析

瞬态动力学分析技术专门用来求解在时间相关载荷作用下结构的动力学响应，也称时程分析。在瞬态动力学分析中，可以包含惯性效应和阻尼的影响，也可以包含非线性响应，因此，相对于静力学分析，其难度更大，需要更多的机器资源和计算时间。

先进的有限元仿真软件一般都提供两大类瞬态动力学算法：Newmark隐式时间积分算法、模态叠加法。Newmark算法在时间增量上使用有限差分扩展，主要计算（$t+dt$）时刻的位移，属于直接积分方法中的隐式算法。它的优势是适应性好，可以支持各种特殊问题，但劣势是求解速度慢，占用资源多，有可能不收敛。模态叠加法则正好相反，主要适用于线性瞬态动力学问题，计算效率非常高，但不支持非线性行为，且阻尼的考虑也不够全面。

3. 频域动力学分析

反应谱分析是一种典型的频域动力学分析类型，它将模态分析结果和地震谱等联系起来，然后计算模型位移和应力的分析技术。在工程领域的有限元分析中，一些工程问题，如抗震设计，可以用反应谱分析替代时间历程分析，主要用于模拟在确定荷载或随机荷载作用下获取结构的响应情况。

对反应谱进行组合的方法有CQC方法（全二次组合）、SRSS方法（先求平方和，再求平方根的组合方法）等。若假定各振型地震反应之间是相互独立的，使用SRSS法，若考虑振型的耦合则使用CQC法。

另外，随机振动分析也是一种常用的频域动力学分析类型，主要用于确定结构在随机载荷作用下的响应。功率谱密度（PSD）是随机振动分析的主要方法，是针对随机变量在均方意义上的统计方法。此时，响应的瞬态数值只能用概率函数来表示，其数值的概率对应一个精确值。随机振动分析的目的是确定结构响应的统计学特性，一般是位移、力或者应力的标准差（1sigma，可用于确定结构的疲劳寿命）。

第四节　屈曲分析技术

屈曲分析主要用于研究结构在特定载荷下的稳定性，以及确定结构失稳的临界载荷。屈曲分析包括线性屈曲和非线性屈曲两种分析方法。

1. 线性特征值屈曲分析

线性屈曲以小位移小应变的线弹性理论为基础，分析中不考虑结构在受载变形过程中结构构形的变化。也就是在外力施加的各个阶段，总是在结构初始构形上建立平衡方程。当载荷达到某一临界值时，结构构形将突然跳到另一个随遇的平衡状态，称之为屈曲。临界点之前称为前屈曲，临界点之后称为后屈曲。

线弹性失稳分析又称特征值屈曲分析，因为特征值屈曲是基于线性假设，本质上是一个特征值求解器。

2. 非线性屈曲分析

非线性屈曲分析包括几何非线性失稳分析、弹塑性失稳分析（材料非线性失稳分析）及非线性后屈曲分析（包含几何非线性和材料非线性）等。

特征值屈曲分析属于线性分析，它对结构临界失稳力的预测往往要高于结构实际的临界失稳力，因此在实际的工程结构分析时一般不用特征值屈曲分析。但特征值屈曲分析作为非线性屈曲分析的初步评估是非常有用的。

非线性屈曲分析是在"大变形效应"开关打开的情况下的一种非线性静力学分析，该分析过程一直进行到结构的极限荷载或最大荷载。非线性屈曲分析的方法是，逐步施加一个恒定荷载增量，直到解开始发散为止。尤其重要的是，需要一个足够小的荷载增量，来使荷载达到预期的临界屈曲荷载。若荷载增量太大，则屈曲分析所得到的屈曲荷载就可能不准确，在这种情况下采用自动时间步长算法，有助于避免这类问题。

此外，对于非线性后屈曲问题，还可以用弧长法来完成屈曲失稳后继续求解。

第五节　温度场分析技术

固体结构的温度场分析及热应力分析问题是机械仿真软件的主要用途之一。此类分析方法可以模拟自然界常见的三种传热模式：热传导、热对流和热辐射。

1. 热传导

热传导是三种传热模式（热传导、对流、辐射）之一，是固体中传热的主要方式。热传导是温度场有限元分析中基本计算内容。在有限元分析程序中，温度场的求解方程为：$[C]\{\dot{T}\} + [K]\{T\} = \{Q\}$。

2. 热对流

在温度场分析中，热对流作为一种边界条件施加于实体或壳单元的表面，其公式为：$q = h(T_S - T_F)$，即基于对流换热系数 h 和结构与环境的温差，即可简单计算出通过表面的热流量。

3. 热辐射

热辐射是物体由于具有温度而辐射电磁波的现象，是热量传递的三种方式之一。物体辐射或吸收的能量与它的温度、表面积、黑度等因素有关。在有限元程序计算中，一般采用斯蒂芬 – 玻耳兹曼定律来考虑辐射传热，算法公式为：$Q = \sigma \varepsilon A_i F_{ij}(T_i^4 - T_j^4)$。在该算式中，$\sigma$ 是斯蒂芬 – 玻耳兹曼常数。

除了前面提到的三种热传递方式外，还有一些传热问题中的特殊算法以解决特定问题，包括相变（熔融与凝固）吸热或放热的算法、内热源（如焦耳热）作为体载荷等特殊问题。

第六节　结构工艺仿真技术

此处所谓的结构工艺主要包括锻造、热处理及焊接等工艺。这些工艺的仿真需要用到特殊的材料特性的变化模型，譬如再结晶模型或相变动力模型。

1. 再结晶模型

（1）Avrami 模型

Avrami 模型使用 JMAK（Johnson-Mehl-Avrami-Kalmogorav）方程来描述再结晶动力学关系，可以用来模拟金属成型和热处理工艺过程中的晶粒微观演变过程。静态再结晶、亚动态再结晶、动态再结晶和晶粒长大的演化机制使用 Avrami 模型都能计算。在每个时间步长中，基于时间、局部温度、应变、应变率和演化历史，先确定演化机理，然后计算并更新晶粒变量。

（2）元胞自动机模型

结合金属学基本原理，元胞自动机方法建立了二维、三维动态再结晶模型。模型将介观的位错演化过程与宏观的热加工参数相耦合，综合考虑了动态回复、形核速率、应变速率、位错密度等的影响，模拟了动态再结晶的形核、长大等一系列过程。利用该模型可以计算出位错密度的演化和动态再结晶转变的份数，动态显示热变形过程中再结晶晶粒的形态、分布和大小，模拟得到的结果很好地描述了动态再结晶动力学规律。

2. 相变动力模型

（1）扩散型相变动力模型

该模型用于描述铁素体、珠光体等界面控制型相变的相变量与相变温度历程（温度–时间关系）之间的定量关系。

（2）马氏体相变动力模型

马氏体相变是一种无扩散相变或称位移型相变。严格地说，位移型相变中只有在原子位移以切变方式进行，两相间以宏观弹性形变维持界面的连续和共格，其畸变足以改变相变动力学和相变产物形貌的才是马氏体相变。

第七节　其他结构仿真技术

基于有限元数值分析方法的仿真软件，除了以上的静力学／动力学、线性／非线性等计算分析功能外，一些先进的仿真软件还提供更多的特殊计算分析功能，包括子模型分析、子结构分析、螺栓预紧分析、断裂力学分析、疲劳寿命分析、多体运动分析、多物理场耦合分析等。这些分析功能是在各行业各领域的研发设计中有所需求的特殊功能，分别属于固体力学的专题子学科，包含的力学原理和计算方法同样具备相当的复杂度。

第八节　技术实现顺序建议

表 16-1 左边两列给出了结构仿真功能（技术）的大类和子类，右边三列给出了实现顺序建议。凡是我们认为应该最先实现的功能（首版功能），则在第三列打钩，其次在第四列打钩，再次在第五列打钩。

表 16-1　结构仿真技术实现顺序建议

功能（技术）大类	功能（技术）子类	实现顺序建议		
		1	2	3
有限元矩阵求解器	高斯消去法	√		
	稀疏矩阵求解	√		
	共轭梯度求解		√	
	高级共轭梯度求解			√
	SPOOLES 算法		√	

（续）

功能（技术）大类	功能（技术）子类	实现顺序建议		
		1	2	3
结构非线性分析技术	材料本构非线性技术	√		
	几何非线性技术	√		
	接触非线性技术		√	
结构动力学分析技术	结构模态分析	√		
	瞬态动力学分析	√		
	频域动力学分析		√	
屈曲分析	线性屈曲分析	√		
	非线性屈曲分析		√	
结构温度场分析技术	热传导	√		
	热对流		√	
	热辐射		√	
	热应力耦合分析		√	
再结晶模型	Avrami 模型	√		
	元胞自动机模型		√	
相变动力模型	扩展型相变动力模型	√		
	马氏体相变动力模型		√	
其他特殊分析技术	子模型分析	√		
	子结构分析		√	
	螺栓预紧分析			√
	断裂力学分析		√	
	疲劳寿命分析	√		
	多体运动分析		√	

第十七章 | Chapter17

流体仿真技术

计算流体动力学（CFD）是在结构有限元技术成功发展之后，将其技术成果应用在流体力学，并引入更丰富的技术，特别是有限体积法的成功应用而形成的。

同样，本章首先历数了流体仿真技术在全球的最高成就，这也将是我们流体仿真自主研发追赶的目标。这些技术需要逐步达成，但先做哪些，后做哪些，需要根据流体仿真技术发展规律和工业需求的次序来决定。本章的最后一节给出我们建议的实现顺序。

第一节　流场求解算法

1. 全隐式耦合算法

全隐式耦合算法对 Navier-Stokes 方程组进行联立求解。由于采用隐式格式，因而计算精度与收敛性要优于显式方法，但占用较多内存。该算法另一个突出的优点是可以求解全速度范围，即求解范围可从低速流动到高超音速流动。

2. 半隐式迭代算法

求解压力耦合方程的半隐式方法（semi-implicit method for pressure linked equations）是一种被广泛使用的求解流场的数值方法。该算法是由 Patankar 和 Spalding 与 1972 年提出的一种压力修正法，通过"先猜想后修正"的方法得到压力场，并求解离散化的动量方程。在这种方法中，从假设压力场求解动量方程，再求解由连续性方程推得的压力修正方程，进而获得修正的压力场，然后更新速度场和压力场。这些假想场通过迭代逐渐改进直至得到收敛的速度场和压力场。

3. SIMPLE 算法

在求解不可压缩流体的流场问题时，动量方程与连续性方程离散得到的代数方程组联立，会得到一个庞大的方程组。对于工程问题，直接求解几乎是不可能的。采用迭代法求解时，由于压力隐含在连续性方程中，没有独立的压力方程而无法进行。于是问题就集中在如何利用质量守恒方程使假定的压力场能不断地随迭代过程的进行而得到改进，这就是所谓的压力修正算法。压力修正算法源于1972 年由明尼苏达大学的 Patankar 与 Spalding 提出的 SIMPLE 算法。

SIMPLE 算法是不可压缩流体的动量方程数值求解中应用非常广泛的算法，并且也被广泛用于可压缩流体流场的数值计算。这种技术以及后来由 Patankar 发展的 SIMPLER 法可用来计算定域、不稳定速度场的问题，是典型的比较全面的计算方法。SIMPLE 技术的最大特点是两场（压力场、速度场）同时迭代。

4. 压力基算法

该算法源于经典的 SIMPLE 算法，其适用范围为不可压缩流动和中等可压缩流动。这种算法不对 Navier-Stokes 方程联立求解，而是对动量方程进行压力修正。这种方法可以与燃烧、化学反应、辐射、多相流模型配合，解决流动传热问题。

5. 密度基算法

该算法主要用来求解可压缩流动（跨音速、超音速流动乃至高超音速）。该方法与压力基算法不同，对整个 Navier-Stokes 方程组进行联立求解，空间离散采用通量差分分裂格式，包括 ROE-FDS 格式及目前最先进的算法之一 AUSM 格式，在间断分辨率、黏性分辨率及稳定性方面均有良好表现，时间离散采用多步 Runge-Kutta 格式，并采用了自动多重网格加速收敛技术（FMG）。

第二节 空间离散格式

1. 一阶迎风格式

当需要一阶精度时，我们假定描述单元内变量平均值的单元中心变量就是整个单元内各个变量的值，而且单元表面的量等于单元内的量。因此，当选择一阶迎风格式时，表面值被设定为迎风单元的单元中心值。

2. 二阶迎风格式

当需要二阶精度时，使用多维线性重建方法来计算单元表面处的值。在这种方法中，利用单元中心解，在单元中心处通过泰勒展开来实现单元表面的二阶精度值。因此，当使用二阶迎风格式时，用下面的方程来计算表面值：$\varphi_{f,sou} = \varphi + \nabla\varphi \cdot \vec{r}$。

3. 混合迎风格式

通过一阶到高阶的混合因子（0 到 1 之间的数）来定义迎风格式。当混合因子为 0 时，完全转换为一阶格式。当混合因子为 1 时，完全转换为高阶格式。当混合因子介于 0 和 1 之间时，可以在一阶格式的收敛性和高阶格式的计算精度之间进行权衡。

4. 指数律格式

指数律格式认为流场变量在网格单元中呈指数规律分布。在对流作用起主导作用时，指数律格式等同于一阶迎风格式。在纯扩散问题中，对流速度接近于零，指数律格式等于线性插值，即网格内任意一点的值可以用网格边界上的值线性插值得到。而在对流和扩散作用共同起作用时，积分得到 $\dfrac{\varphi(x) - \varphi_0}{\varphi_L - \varphi_0} = \dfrac{\exp(Pe_L^x) - 1}{\exp(Pe) - 1}$。

5. 中心格式

以本地网格单元的控制点为基点，对流场变量做泰勒级数展开并保留前两项，也可以得出边界点上具有二阶精度的流场变量值。在一般情况下，这样求出的边界点变量值与二阶迎风差分得到的变量值不同，而二者的算术平均值就是流场变量在边界点上的用中心差分格式计算出的值。

6. QUICK 格式

QUICK 格式用加权和插值的混合形式给出边界点上的值。QUICK 格式是针对结构网格，即二维问题中的四边形网格和三维问题中的六面体网格提出的，但是在非结构网格计算中也可以使用 QUICK 格式选项，非六面体（或四边形）边界点上的值是用二阶迎风格式计算的。

7. 三阶 MUSCL 格式

MUSCL（Monotone Upstream-centered Schemes for Conservation Laws）格式通过混合中心差分格式和二阶迎风格式得到：$\varphi_f = \theta\varphi_{f,CD} + (1-\theta)\varphi_{f,SOU}$，通过单调插值将低阶格式推广到高阶格式。

8. HRIC 格式

HRIC（High Resolution Interface Capturing）格式是 VOF 多相流模型中针对体积分数输运方程常用的高分辨率界面捕捉格式，是一种复合的 NVD（Normalised Variable Diagram）格式。在 VOF 多相流模型的计算中，使用 HRIC 格式能够得到比二阶迎风和 QUICK 格式更加精确的相界面结果。

第三节　物理现象模型

1. 湍流模型

（1）k-ε 模型

标准 k-ε 模型需要求解湍动能及其耗散率方程。湍动能输运方程通过精确的方程推导得到，但耗散率方程是通过物理推理的，而非通过精确求解数学方程而获得。该模型假设流动为完全湍流，分子黏性的影响可以忽略。因此，标准 k-ε 模型只适合完全湍流的流动过程模拟。

（2）RNG k-ε 模型

RNG k-ε 模型是对瞬时的 Navier-Stokes 方程用重整化群的数学方法推导出来的模型。模型中的常数与标准 k-ε 模型不同，而且方程中也出现了新的函数或者项。其湍动能与耗散率方程与标准 k-ε 模型有相似的形式。

（3）k-ω 模型

标准 k-ω 模型是一种基于湍流能量方程和扩散率方程的经验模型。它是为了考虑低雷诺数、可压缩性和剪切流传播，并基于 Wilcox k-ω 模型修改而来的，可以很好地处理近壁面处低雷诺数的数值计算。

（4）SST k-ω 模型

标准 k-ω 模型的主要问题是对自由流条件有着强烈的敏感性。而由 Menter 提出的 SST k-ω 模型则有效地融合了 k-ω 模型在近壁面区域求解的精度，以及 k-ε 模型在远场区域对自由流条件的不敏感性，使得 SST k-ω 模型在更广泛的流动领域中具有更高的精度和可信度，如逆压梯度流动、机翼流动、跨音速激波等。

（5）SAS SST 模型

Menter 在 SST 湍流模型中引入能够刻画当地流动拓扑的 von Karman 长度尺度（L_{vk}）作为湍流模型的第二长度尺度，而不是使用 LES 的滤波尺度，由此导出尺度自适应模拟（Scale Adaptive Simulation，SAS）的概念。L_{vk} 能够模化惯性子区所有的湍流脉动，可以作为边界层内 RANS 的长度尺度，同时 L_{vk} 在非稳态区域能够依据当地网格分辨的湍流涡动态地调整 RANS 的长度尺度，从而自边界层的惯性子区出发，直到远离壁面的非稳态区域，SAS 自然克服了 RANS/LES 交界面的问题。

（6）转捩模型

Menter 提出的基于当地变量的 γ-Re_θ 转捩模型考虑了间歇因子 γ 和当地边界层动量厚度雷诺数 Re_θ 两个参数，构造了两个输运方程，并将这两个输运方程及相关的经验公式与 SST k-ω 两方程湍流模型相结合，构成了四方程的 Transition SST 转捩模型。该模型能够较为准确地预测出转捩位置，并准确求解近壁区域的流动特征。

（7）DES 模型

分离涡模拟（Detached Eddy Simulation，DES）是最常见的 RANS-LES 耦合算法，是基于求解高雷诺数流动的迫切需要而产生的，特别是针对壁面约束流动问题的求解。近壁面需要非常精细的网格，不宜采用全 LES 模拟，在近壁面的少量内流（非稳定 RANS）区域采用 RANS 方法来处理，而在占主体的外流区域中用 LES 求解。

（8）SA 模型

SA（Spalart-Allmaras）模型只需求解湍流黏性的输运方程，并不需要求解当地剪切层厚度的长度尺度。该模型对于求解有壁面影响流动及有逆压力梯度的边界层问题有很好的模拟效果。

（9）LES 模型

LES 的控制方程是对 Navier-Stokes 方程在波数空间或者物理空间进行过滤得到的。过滤的过程是去掉比过滤宽度或者给定物理宽度小的涡旋，从而得到大涡旋的控制方程。由于 LES 中亚网格应力项是未知的，需要使用亚网格模型模拟以封闭方程。

（10）ELES 模型

嵌入式大涡模拟（ELES）方法人为地将流动区域划分为 RANS 区和 LES 区，在两种区域内分别求解不同的控制方程组，数据在交界面上按一定的方法进行转换和交换。通常，LES 区内嵌于 RANS 区内，RANS 区的网格可以更加稀疏，因此 ELES 方法能够减少网格总数，降低对计算资源的要求。

2. 旋转机械模型

（1）混合平面模型

在混合平面模型中，每一个流动区域被当作定常流场计算。流域之间的关系通过混合平面的空间平均或者混合数据来建立。通过混合就消除了流域通道之间由于周向变化而导致的不稳定（如尾流、激波、分流等），从而得到稳态解。混合平面模型忽略了周围环境的随机扰动对流场的影响。

（2）多重参考坐标系模型

对于需要同时考虑旋转和静止部件的问题，将计算域分为旋转域和静止域，使用交界面把域分隔开，每个域都假设流动是稳定的并分别求解各自的流动方程，在旋转域中使用旋转参考坐标系下的方程进行求解，在静止域中使用静止坐标系下的方程进行求解，在转静交界面上，速度向量和速度梯度适当变化，便可以计算得出质量、动量、能量和其他标量。

3. 辐射传热模型

（1）P-1 辐射模型

P-1 辐射模型是 P-N 模型中最简单的类型。P-N 模型的出发点是把辐射强度展开成为正交的球谐函数，如果只取正交球谐函数的前四项，则辐射热流为 $q_r = -\dfrac{1}{3(a+\sigma_s)-C\sigma_s}\nabla G$，$G$ 的输运方程为 $\nabla \cdot (\Gamma \nabla G) - aG + 4an^2\sigma T^4 = S_G$，通过求解这个方程得到当地的辐射强度。

（2）DO 辐射模型

离散坐标（DO）辐射模型求解的是从有限个立体角发出的辐射传播方程（RTE），每个立体角对应着坐标系（笛卡儿）下的固定方向。立体角的离散精度由用户确定，有多少个（立体角）方向，就求解多少（辐射强度）输运方程。方程的求解方法与流体流动以及能量方程的求解方法相同。

（3）Rossland 辐射模型

同 P-1 辐射模型相比，Rossland 辐射模型的优点是不用像 P-1 模型那样计算额外的 G 输运方程，因此 Rossland 模型计算速度更快，需要的内存更少。Rossland 模型的缺点是仅能用于光学厚度大于 3 的问题，同时计算中只能采用分离式求解器算法。

（4）DTRM 辐射模型

DTRM 辐射模型使用"射线跟踪"方法，通过跟踪穿过流体计算单元中的每条辐射射线，求得它们的辐射强度变化，得到对应于每个流体单元内由辐射引起的能量方程源项，从而计算各个表面之间的辐射传热。DTRM 辐射模型的计算精度主要由所跟踪的射线数目以及计算网格的密度所决定。

（5）S2S 辐射模型

表面对表面（S2S）辐射传热模型可计算出在封闭区域内的漫灰表面之间的辐射换热。两个表面间的辐射换热依赖于它们的尺寸、间距和方向，通过一个被称为"角系数（视系数）"的几何量来度量。表面对表面辐射传热模型的主要假定是忽略了所有的辐射吸收、发射和散射，因此，模型中仅考虑表面之间的辐射传热。

（6）MC 辐射模型

蒙特卡罗（MC）辐射模型是将每个表面发射的辐射能量看成由大量独立的光束组成，将复杂的辐射传递问题分解为发射、反射、吸收、散射等独立过程，每一光束在系统内的传递过程由一系列随机数确定。通过跟踪一定量的光束，可以得到较为稳定的统计结果，从而计算出表面之间的辐射传热量。

4. 燃烧和化学反应模型

（1）体积反应模型

体积化学反应模型在整个计算域内求解反应物和生成物的组分输运方程，并由用户来定义化学反应机理。化学反应速率作为源项在组分输运方程中通过 Arrhenius 公式计算。基于通用有限速率化学反应的体积反应模型对许多应用都适用，包括层流或湍流化学反应系统、预混、非预混、部分预混燃烧系统等。

（2）表面反应模型

表面化学反应模型可以模拟吸附和解吸的化学物质，以及沉积在固体表面或从固体表面蚀刻的化学物质。表面反应需要单独定义表面化学物质材料，即使该物质的材料物性与体积反应中完全相同。非均相表面反应会在气相中产生化学物质的源（和汇），同时也改变表面化学物质材料在固体表面的覆盖，还可以沉积或蚀刻物质以进行固体反应。

（3）反应通道模型

反应通道模型是解决具有细长通道的管壳式换热器中反应流的有效方法。反应通道内无须像外部流动一样划分网格和求解，仅使用塞流近似，并通过通道的壁面和外部流动进行耦合传热。反应通道模型在反应通道的中心线处求解一维组分守恒方程，因此模型的准确性取决于如何从通道壁面的表面网格计算通道中心线，这需要在通道壁面上使用扫掠式的结构化表面网格。

（4）反应器网络模型

反应器网络模型能够使用详细的化学动力学机理对燃烧器进行快速仿真。首先使用快速化学模型（如非预混、部分预混或涡耗散模型）执行 CFD 模拟，再使用反应器网络模型来计算详细的动力学机理，从而实现快速仿真。反应器网络模型将来自 CFD 计算结果的网格单元进行聚合，使之成为用户指定的少量反应器，并在这些反应器网络上计算详细的化学动力学机理。

（5）电化学反应模型

与表面化学反应模型类似，电化学反应也会在化学组分输运方程中产生化学物质的源（和汇）。电化学反应仅发生在电解质和电极相遇的固壁表面上，水溶液和固体物质都可以参与电化学反应，其中固体通过腐蚀或沉积的方式参与电化学反应。可以人为指定仅有哪些壁面参与电化学反应，而且还可以为不同的壁面设定不同的反应机理，计算各壁面上单位面积的化学反应速率。

（6）非预混燃烧模型

非预混燃烧模型假定反应受混合速率控制，即反应已达到化学平衡状态，每个单元内的组分及其性质由燃料和氧化剂的湍流混合强度所控制。化学反应体系由化学平衡计算来处理。通过求解混合物分数及其方差的输运方程获得组分和温度场，而不是直接求解组分和能量的输运方程。层流小火焰模型是非预混燃烧模型的进一步发展，用来模拟非平衡火焰燃烧。

（7）预混燃烧模型

湍流预混燃烧的化学反应采用反应进度 c 进行表征，湍流预混燃烧的关键在于求解湍流火焰传播速度（位于湍流火焰表面的法线方向），该速度受两方面因素的影响：一是层流火焰传播速度，即取决于燃料和氧化剂的浓度、初始温度、组分的扩散特性以及化学反应动力学特性；二是由大涡决定的火焰皱褶和拉伸，以及由小涡决定的火焰表面厚度。

（8）部分预混燃烧模型

部分预混模型是非预混模型和预混模型的结合。预混燃烧的反应进度 c 决定了火焰前锋的位置。在火焰前锋的后面（$c=1$），混合物已燃，使用守恒标量 PDF 或层流火焰面模型的解。在火焰前锋的前面（$c=0$），组分质量分数、温度和密度由混合但未燃烧混合物分数来计算。在火焰内部（$0<c<1$），则使用未燃和已燃混合物的线性结合的方法。

（9）污染物生成模型

污染物生成模型通常包含 NOx、Soot（煤烟）等污染物模型。NOx 的输运方程通过给定的流场和燃烧结果来求解，通常使用 Thermal NOx 机理和 Fuel NOx 机理。NOx 的预测是燃烧模拟的后处理过程，因此准确的燃烧模拟结果是 NOx 预测的前提。煤烟污染物的预测通常使用单步模型（one-step model）或两步模型（two-step model）来实现。单步模型是求解煤烟质量分数的输运方程；两步模型是先预测核的形成，然后再计算在这些核上煤烟的生成。

（10）点火模型

如果仅将燃料和氧化剂混合，自发的点火可能并不会发生，除非混合物的温度超过了维持燃烧所需的活化能阈值。对于此类问题，需要提供一个点火源以启动燃烧，这等同于一个火花，即一个初始求解状态使得燃烧可以开始进行。点火源可以是加热的表面或温度超过点火温度的入口质量流，也可以在一个包含有足够燃料/空气混合物以使点火能发生的区域赋予一个较高的初始温度。

（11）化学反应加速模型

使用直接积分法（Direct Integration，DI）模拟详细化学动力学时，由于涉及的组元和反应数量都非常多，再加上化学反应机理在数值上的刚性，导致了极大的计算代价。通常需要使用化学反应加速模型来加速计算，常用的加速模型有动态自适应建表（ISAT）、动态机理简化（DMR）、化学机理降维和动态网格成组（Dynamic Cell Clustering，DCC）等。

5. 多相流动模型

（1）拉格朗日离散相模型

拉格朗日离散相（DPM）模型遵循欧拉 – 拉格朗日方法。流体相被处理为连续相，直接求解纳维 – 斯托克斯方程，而离散相是通过计算流场中大量的粒子、气泡或液滴的运动得到的。离散相和流体相之间可以有动量、质量和能量的交换。

（2）流体体积（VOF）模型

VOF（Volume of Fluid）模型是一种在固定的欧拉网格下的表面跟踪方法。当需要得到一种或多种互不相融流体间的交界面时，可以采用这种模型。在VOF模型中，不同的流体组分共用一套动量方程。计算时，在全流场的每个计算单元内都记录下各流体组分所占有的体积分率。

流体体积模型可以用于跟踪自由面。该模型是一种以流体占据网格单元体积份额的途径来追踪自由面演化的方法。这种方法可以跟踪发生复制变形的自由面。在铸造工艺模拟过程中，流体体积模型可以非常准确地描述铸件几何形状，精度误差可达到0.01毫米。

（3）Mixture模型

Mixture（混合物）模型可用于两相流或多相流（流体或颗粒）。在欧拉模型中，各相被处理为互相贯通的连续体。混合物模型求解的是混合物的动量方程，并通过相对速度来描述离散相。

（4）欧拉多相流模型

欧拉模型建立了包含 n 个动量方程和连续方程的方程组来求解每一相，压力项和各界面交换系数是耦合在一起的。耦合的方式则依赖于所含相的情况，不同相之间的动量交换也依赖于混合物的类别。

（5）真实气体模型

气体在高压下会偏离理想气体假设，用理想气体模型进行计算会产生误差，在这种情况下需要采用真实气体模型进行计算。常用的真实气体模型有两种：第一种是使用NIST（美国国家标准与技术学会）提供的制冷剂与制冷剂混合物的热力学和输运性质数据库；第二种是用户自定义真实气体模型。

（6）壁面液膜模型

在多相流模型的计算中，液滴会被壁面捕捉并形成液膜。由于液膜非常薄，直接求解需要在壁面附近布置非常精细的网格，计算量巨大。而通常薄液膜的存在并不会影响到核心流场，因此可以使用虚拟薄膜的壁面液膜模型来近似求解。壁面液膜模型可用于预测墙壁表面薄液膜的产生和流动。

（7）壁面磨损模型

对于夹杂在流体中的固体颗粒对壁面引起的冲蚀磨损，可以在DPM模型结果的基础上，通过计算每一个颗粒对壁面的累积损伤来计算冲蚀速率，即壁面材料在单位时间和单位面积上损失的质量。常用的壁面磨损模型有 Finnie 冲蚀磨损模型、Oka 冲蚀磨损模型和 McLaury 冲蚀磨损模型等。

（8）喷嘴雾化模型

对于液滴在气相中的雾化过程，难以对其物理过程进行直接模拟，通常使用喷嘴雾化模型，通过给定喷嘴的物理及尺寸参数（如喷嘴直径、质量流率等）来计算初始液滴颗粒的尺寸、速度、方向和位置等参数。常用的喷嘴雾化模型有平口喷嘴雾化、压力旋流雾化、气流式雾化和气泡雾化模型等。

第四节　铸造工艺仿真

铸造工艺仿真是一项特殊而重要的流体仿真类型，具有一些特殊的算法、模型和技术。

1. 铸造仿真专用算法

（1）准平衡计算模型

采用准平衡计算模型进行凝固模拟，准平衡两相区理论是基于合金结晶的宏观现象学理论。

（2）非平衡计算模型

非平衡计算模型用于凝固模拟，考虑了凝固过程中不同固相的沉淀。该模型不能进行收缩计算，也不能模拟流体动力学和对流。

（3）MAC 技术

具有自由表面的流体输运问题是工程实践中常见的问题之一。如果研究大体积的流体运动，如河流、海洋中的宏观水体运动，则近似利用"刚盖近似"（rigid-lid approximation）可以巧妙地回避自由表面问题，而且能满足所需要的计算精度。如果研究自由表面液流的局部变化，则刚盖近似不再适用，准确地确定自由表面的位置成为不可回避的问题。在这类问题中，MAC 方法显示出了独特的优越性。

（4）格子气模型

格子气模型又称为离散粒子技术，是近年来一种全新的计算流体力学的方法，于 1986 年由美国 Los Alamos 国家试验室的科学家提出。该方法的提出基于以下理论：由许多行为简单的微观个体组成的宏观物理系统具有复杂的物理性质，大量个体的集合行为可以表现为高度的有序性。离散粒子技术在此基础上把流体看成是由大量的微观粒子组成的，这些微观粒子在规则或不规则的网格空间内按一定的规律相互作用和移动，形成宏观上的流体运动。微观粒子的运动在热力学极限下用粗略平均的方法可以逼近 N-S 方程来求解流体问题。P.Clavin 和 E.G.Miravete 采用离散粒子技术模拟了具有自由表面的流体流动。结果表明，采用离散粒子技术比用传统的方法解 N-S 方程快 1000 倍以上，是一类很有发展前途的数值模拟方法。

2. 微观组织模拟技术

（1）蒙特卡罗方法

蒙特卡罗法最初源于对再结晶过程中固相晶粒生长过程的模拟，后来 Spittle 和 Brown 对这一方法进行了发展，研究了工艺参数及合金参数对单相二元合金晶粒组织的定性预测结果，其中包括柱状晶和等轴晶的转化。然而这些模型忽略了宏观与微观传输过程的细节，因此缺乏物理背景。另外，Monte carlo 方法的步长与凝固时间无关。

（2）相场方法

固液界面结构取决于结构有序化与热致无序的竞争。相场理论则通过微分方程反映了扩散、有序化势及热力学驱动力的综合作用。相场方程的解可以描述金属系统中固液界面的形态、曲率以及界面的移动。将相场方程与温度场、溶质场、流速场及其他外部场耦合，则可对金属液的凝固过程进行真实的模拟。相场方法也称为直接的微观组织模拟。

第五节　技术实现顺序建议

表 17-1 左边两列给出了流体仿真功能（技术）的大类和子类，右边三列给出了实现顺序建议。凡是我们认为应该最先实现的功能（首版功能），则在第三列打钩，其次在第四列打钩，再次在第五列打钩。

表 17-1　流体仿真技术实现顺序建议

功能（技术）大类	功能（技术）子类	实现顺序建议		
		1	2	3
求解算法	全隐式耦合算法			√
	半隐式迭代算法	√		

（续）

功能（技术）大类	功能（技术）子类	实现顺序建议		
		1	2	3
求解算法	SIMPLE 算法	√		
	压力基算法		√	
	密度基算法		√	
湍流模型	K-ε 模型	√		
	RNG K-ε 模型		√	
	K-ω 模型			√
	SST 模型			√
	SAS SST 模型			√
	转捩模型			√
	DES 模型			√
	SA 模型		√	
	LES 模型		√	
	ELES 模型			√
空间离散格式	一阶迎风格式	√		
	二阶迎风格式	√		
	混合迎风格式		√	
	指数律格式			√
	中心格式		√	
	QUICK 格式			√
	三阶 MUSCL 格式			√
	HRIC 格式			√
旋转机械模型	混合平面模型	√		
	多重参考坐标系模型	√		
辐射传热模型	P-1 辐射模型		√	
	DO 辐射模型		√	
	Rossland 辐射模型			√
	DTRM 辐射模型	√		
	S2S 辐射模型			√
	MC 辐射模型		√	
燃烧和化学反应模型	体积反应模型	√		
	表面反应模型		√	
	反应通道模型			√
	反应器网络模型			√
	电化学反应模型			√

（续）

功能（技术）大类	功能（技术）子类	实现顺序建议		
		1	2	3
燃烧和化学反应模型	非预混燃烧模型		√	
	预混燃烧模型		√	
	部分预混燃烧模型			√
	污染物生成模型		√	
	点火模型			√
	化学反应加速模型			√
多相流动模型	拉格朗日颗粒流模型		√	
	VOF 模型		√	
	Mixture 模型			√
	欧拉多相流模型		√	
	真实气体模型			√
	壁面液膜模型			√
	壁面磨损模型			√
	喷嘴雾化模型			√
铸造仿真技术	准平衡计算模型	√		
	非平衡计算模型	√		
	MAC 技术			√
	格子气模型			√
	蒙特卡罗方法		√	
	相场方法		√	

第十八章 | Chapter18

电磁仿真技术

电磁仿真（CEM）技术的发展比较晚，但电磁场的复杂特性使得电磁仿真软件具有更为复杂的功能和丰富的算法。依据电磁波频率的不同，把电磁场分为低频电磁场和高频电磁场。这两种电磁场的特性差异巨大，其仿真分析方法也迥异。

同样，本章首先历数了电磁仿真技术在全球的最高成就，这也将是我们电磁仿真自主研发追赶的目标。这些技术需要逐步达成，但先做哪些，后做哪些，需要根据电磁仿真技术发展规律和工业需求的次序来决定。本章的最后一节给出我们建议的实现顺序。

第一节　低频电磁仿真技术

1. 专用单元算法

（1）二维矢量磁位算法

单元节点含有 AZ 矢量磁位自由度，采用矢量磁位、磁密 B、磁场强度 H 的顺序进行磁场分析。

（2）三维矢量磁位算法

单元节点含有 AX、AY 和 AZ 三个自由度，采用矢量磁位、磁密 B、磁场强度 H 的顺序进行磁场分析。该算法在铁磁物质和空气物质交界面上会产生磁场连续性问题，需要加入接触面算法。

（3）三维棱边单元算法

以矢量磁位对单元棱边长度的积分为未知量，采用棱边磁位、磁密 B 和磁场强度 H 的顺序进行分析。该算法不会产生铁磁物质和空气物质交界面上的磁场连续性问题，无须接触面算法。

（4）三维标量磁位算法

节点存储标量磁位 ϕ，按照标量磁位、磁场强度 H 和磁密 B 的顺序进行计算。

（5）二维和三维标量电位算法

节点存储标量电位 V，按照电位、电场强度和电位移矢量的顺序计算静电场和电流场问题。

2. 求解算法

（1）静磁场算法

静磁场算法用来求解由直流电流和永磁体产生的静态磁，可以考虑线性和非线性材料属性，计算磁饱和与电磁力。

（2）涡流磁场算法

涡流磁场算法采用频域变换方法，将时域正弦激励分解为频域中的幅值、相角和频率的形式，采用单步计算得到一个频率周期内的平均发热量与平均受力。涡流磁场计算可以考虑非线性材料属性与铁耗模型。

（3）瞬态磁场算法

瞬态磁场算法可以计算任意随时间变化的电流、电压、外电路与运动的永磁体产生的电磁场分布。计算采用向后欧拉或龙格库塔时间积分方法，可以考虑刚体运动及给定速度的运动。计算得到线圈电感、磁链、运动体速度、位移等变量。瞬态磁场也可以考虑铁耗模型。

（4）静电场算法

静电场算法可计算绝缘物质的绝缘性能。采用相对介电常数、电压与电荷计算绝缘体与空气内的电位分布、电场强度分布，提取出沿面电场进行绝缘距离评估。通过有限元方法求解麦克斯韦方程组所转化的拉普拉斯或泊松方程。

（5）交直流传导电流场算法

交直流传导电流场算法以欧姆定律为基础，通过电压、电流和电阻率计算复杂导体直流电流和交流电流传导路径及其发热功率。在交流传导电流场算法中，可以通过损耗角正切值考虑电介质损耗。

　　（6）瞬态电场算法

　　瞬态电场为静电场与电流场的叠加，计算介电常数与电阻率共同影响下的电场容性与阻性电流分布、不同电介质表面电荷积累问题。主要应用领域为高压直流输电与换流变压器极性反转。

3. 铁耗模型

　　（1）电工钢铁耗模型

　　采用斯坦梅兹公式电工钢模型计算电工钢的铁耗，公式中考虑涡流参数 Kc、磁滞参数 Kh 和附加损耗参数 Ke。通过输入多频点电工钢 BP 曲线拟合出 Kc 和 Kh 参数，根据经验公式提供 Ke 参数，应用参数和模型尺寸计算出随时间变化的铁耗发热功率。

　　（2）功率铁氧体铁耗模型

　　采用斯坦梅兹公式功率铁氧体模型计算功率铁氧体的铁耗，公式中考虑参数 cm、x 和 y。通过输入多频点功率铁氧体 BP 曲线拟合出 cm、x 和 y 参数，应用参数和模型尺寸计算出随时间变化的铁耗发热功率。

　　（3）磁滞回线铁耗模型

　　采用软磁与硬磁材料的充退磁曲线（磁滞回线），在一个充退磁周期内围成的面积表征磁性材料的磁滞损耗，使用初始磁化曲线和斯坦梅兹涡流损耗 Kc 参数计算铁磁材料损耗。

4. 电磁力算法

　　（1）麦克斯韦应力张量法

　　在电磁学里，麦克斯韦应力张量可以表现出电场力、磁场力和机械动量之间的相互作用，其 ij 元素诠释为：朝着 i 轴方向，施加于 j 轴的垂直平面，单位面积的作用力；对角元素代表负压力，非对角元素代表剪应力；对角元素给出作用于其对应轴的垂直面微分元素的张力（拖拉力）；非对角元素给出电磁场内一个面元素受到的面内剪应力。

　　（2）虚功原理

　　虚功原理是虚位移原理和虚力原理的统称。虚位移原理用于求力，虚力原理用来求位移。虚位移原理只适用于刚体，虚力原理则适用于刚体和弹性体两种情况。

（3）洛伦兹法

运动电荷在磁场中所受到的力称为洛伦兹力，即磁场对运动电荷的作用力。

5. 电磁场后处理方法

（1）电感计算方法

采用电磁能与电感电流的关系计算电感。给定 n 个电源中的某一个电源电流为 1，其余为 0，计算此时的单根导体电感。后处理中考虑匝数对电感的影响，最终形成 $n \times n$ 阶的自电感与互电感矩阵。

（2）电容计算方法

采用电磁能与电容电压的关系计算电容。给定 n 个导体中的某一个导体电压为 1，其余为 0，计算此时的单根对地电容和对其他 $n - 1$ 个导体的互电容，最终形成 $n \times n$ 阶的自电容与互电容矩阵。

（3）电磁能计算方法

电磁能是计算电感与电容的基本物理量，可根据有限元离散后的磁通密度 B、磁场强度 H、电场强度 E 和电位移矢量 D，通过如下两个公式计算获得：电场能量密度 $\omega_e = 1/2\, D \cdot E$，磁场能量密度 $\omega_m = 1/2\, B \cdot H$。

第二节　高频电磁仿真技术

1. 专用建模技术

（1）等效传输线理论模型建模

这类建模方法是高频电路建模与仿真中常用的简化方法，利用传输线理论对实际电路中的 3D 模型进行快速等效建模，简化计算和前处理的难度，降低工作量。其特点是计算速度快，效率高，资源消耗少。

这种建模方法的不足之处是：对于频率较高、复杂 3D 模型的计算精度差，只能处理相对简单规则的理想化模型；在高频电磁效应明显的情况下，计算误差比较大。

（2）高频近似理论建模

这类建模方法是高频电大 / 超电大尺寸建模与仿真中常用的理论建模方法，利用几何 / 物理光学 / 射线传输等高频近似理论建立模型，基本不用网格或者少量使用网格。其特点是计算规模大，速度快，效率高，资源消耗少。

　　这类建模方法的不足之处是：只适用于天线布局、电大尺寸问题的电磁散射分析等应用，不适合计算具体 3D 高频器件／模块，其计算精度比较差。

2. 求解算法

（1）全波有限元算法

　　全波有限元（FEM）算法擅长处理各种复杂 3D 模型的计算。其优点是计算精度高，缺点是计算资源消耗比较大，速度比较慢。常见有限元方法如下。

- 矢量有限元（V-FEM）

　　目前高频电磁有限元算法的主流先进技术为矢量有限元技术，能够对任意复杂结构进行全波电磁场求解计算。采用四面体切向矢量有限元算法，配合全自动自适应网格剖分技术，就可获得精确稳定的求解结果。

- 间断有限元（DGM）

　　该算法主要结合了有限元和有限体积法的特点，适用于用时域有限元的微分算法分析复杂方程的电大尺寸结构。

（2）时域有限差分（FDTD）法

　　FDTD 法的计算资源消耗相对较少，计算速度比较快，特别适合处理宽带／超宽带电磁计算。但对复杂 3D 模型的网格处理能力不足，计算精度不理想。并且对于封闭／半封闭腔体结构很难收敛。常见 FDTD 类方法如下。

- 传统 FDTD 算法

　　对于结构简单、形状规则的模型计算效率高，但对于复杂 3D 模型的网格处理能力不足（产生阶梯化网格），计算精度比较差，且计算效率明显下降。

- 共形 FDTD 算法

　　在传统算法基础上改进了网格处理技术，对于复杂 3D 曲面问题，可以进行共形网格划分，提高了网格质量，并大大增强了计算能力和效率。

- FIT 算法

　　FIT 算法为时域积分算法，对电磁积分方程进行离散处理。相对于传统的 FDTD 算法，在处理非均匀介质和分界面时计算精度更高。

（3）全波 MOM 算法

　　矩量法（MOM）适应于开放空间的 3D 电磁场仿真，擅长计算散射问题，如 RCS 等。该算法不擅长处理封闭或半封闭结构的仿真问题，并且对于介质模型很难处理，特别是薄层介质（如 PCB 介质层）。常见 MOM 类方法如下。

- 传统 MOM 算法

擅长计算开放空间的电磁辐射与散射问题，对于薄层介质模型处理比较困难。计算消耗的硬件资源比较多，计算速度慢。

- MLFMA 算法

在传统 MOM 算法基础上开发的加速算法——多层快速多极子算法，这种算法计算速度快，硬件消耗少。相对传统 MOM 算法，电大金属模型的散射计算所消耗的硬件资源少 50% 以上。

- SFX 算法

在传统 MOM 算法基础上开发的高性能算法，电磁散射仿真计算速度不及 MLFMA 算法，但擅长计算辐射问题，特别是针对大型金属天线阵列的计算效率和能力优于 MLFMA 算法。

（4）等效传输线理论计算方法

该方法主要利用传输线理论公式对各种平面传输线结构进行电路建模，主要用于高频高速平面电路的仿真分析；计算速度快，效率高，消耗资源少，但是适用面窄，只适用于满足传输线公式条件的简单传输线结构。很多实际 3D 高频应用情况无法使用，对于频率高且结构复杂的传输线也无法准确分析。

PEEC 算法是传输线理论的一个典型应用算法。该算法将麦克斯韦方程组与基尔霍夫定律相结合，将所有变化单元间场的关系替换为电路的关系；单元之间通过局部的互电感和互电容相连，系统总体通过电路模型计算，然后将求解的电流和电压参数转化为场；适合进行 PCB 等平面电路的简单仿真分析。

（5）高频近似算法

该算法主要利用高频渐进电磁算法理论，计算电大 / 超电大结构的电磁特性，适用于天线布局、电大尺寸问题的电磁散射分析等应用；不适合计算具体高频 3D 器件 / 模块，其计算精度比较差。典型代表算法如物理光学（PO）法、几何光学（GO）法、一致性几何绕射理论（UTD）、几何绕射理论（GTD）等。

- PO

物理光学（Physical Optics，PO）法是电磁计算中高频近似方法的一种，用散射体表面的感应电流的积分表示散射场。物理光学法被公认在高频电磁场计算领域具有极佳的适用性，特别对于电大尺寸目标的散射及辐射问题能够给出令人满意的结果。其计算速度快、占用内存小等优点也使其受到广大学者的青睐。对于电磁波传播遮挡物的判断和处理是 PO 法的难点和缺点。

　　PO 算法主要原理为射线照射区域产生感应电流，而且在阴影区域设置为零电流。以入射波作为激励源，将平面波或链接的场数据作为馈源。由于不考虑射线的多次反射和绕射等现象，针对大平台上的天线布局和大型反射面天线这样的尺寸超大、结构均匀的物体的电磁场计算，PO 法在效率方面明显高于全波算法。

- GO

　　该方法建立在电波传播和几何光学理论及费塞尔理论的基础上，分析考虑了不同情况下电波的空间传播与衍射，计算出路径的传播损耗，但不能有效分析和处理复杂障碍物。

- GTD/UTD

　　几何绕射理论（GTD）建立在费马原理的基础上，用物理概念清晰而且简单准确地解决了复杂系统的辐射和散射问题。这类方法主要考虑了几类典型的几何绕射效应：边缘绕射、尖顶绕射、曲面绕射等。在 GTD 的基础上，发展形成了 UTD（一致性几何绕射理论）。该理论的提出使得原先不适应处理阴影边界附近过渡区的 GTD 得到了完善。因此，在复杂电大模型的仿真分析方面，UTD 的分析处理能力更强，计算精度更高。

3. 仿真模型

（1）电磁物理模型

　　该类模型基于 3D 物理原型建立模型，包含研究对象的基本几何形状、尺寸、材料特性、外围场景、边界条件、外加激励等，可以最大限度反映电磁模型的真实物理状况，对于确保计算结果的准确性极其重要和关键。电磁物理模型适用于各种 3D 结构的无源电磁场仿真。

（2）电路有源器件 SPICE 模型

　　SPICE 模型以元器件的工作原理为基础，从元器件的数学方程式出发，得到的器件模型及模型参数与器件的物理工作原理有密切关系。SPICE 模型由两部分组成：模型方程式和模型参数。由于提供了模型方程式，因而可以把 SPICE 模型与仿真器的算法非常紧密地连接起来，可以获得更好的分析效率和分析结果。

　　SPICE 模型的优点是精度较高，特别是随着建模手段的发展和半导体工艺的进步和规范，人们已可以在多种级别上提供这种模型，满足不同的精度需要。缺点是模型复杂，计算时间长。

（3）电路有源器件 IBIS 模型

IBIS 是 I/O Buffer Information Specification 的缩写，它是一种基于 I/V 曲线的对 I/O Buffer 快速和准确建模的方法，是反映芯片驱动和接收电气特性的一种国际标准。它提供一种标准的文件格式来记录如驱动源输出阻抗、上升／下降时间及输入负载等参数，非常适合做振荡和串扰等高速电路设计中的计算与仿真。

IBIS 模型可提供比结构化方法更快的仿真速度。在 I/O 非线性方面能够提供准确的模型，同时考虑了封装的寄生参数与 ESD 结构，可用于系统板级或多板信号完整性分析。可用 IBIS 模型分析的信号完整性问题包括串扰、反射、振荡、上冲、下冲、不匹配阻抗、传输线分析、拓扑结构分析。IBIS 尤其能够对高速振荡和串扰进行准确精细的仿真，它可用于检测最坏情况的上升时间条件下的信号行为，以及一些用物理测试无法解决的情况。

（4）S 参数模型

S 参数就是建立在入射波、反射波关系基础上的网络参数，适于微波电路分析，以器件端口的反射信号以及从该端口传向另一端口的信号来描述电路网络。S 参数模型属于行为级模型，可以通过测试／仿真等方式获取，不仅可以用于准确的系统仿真，更可以用于精确的电路仿真分析。但是对于非线性电路／系统，S 参数模型的使用会受到一定限制。

（5）X 参数模型

X 参数是对 S 参数在数学上的扩展，也就是更为科学严谨的扩展集。就像 S 参数表征器件的线性特征那样，X 参数用来表征器件和系统的非线性特性的参数，它为工程师们所遇到的麻烦找出了解决方案。X 参数包含了丰富的非线性信息，其精确性和可信任性为解决当前业内难题提供了理想解决方案。无论是通过实测得到还是通过仿真创建，它们都可以像众所周知的 S 参数一样给用户提供其所需要的测量速度、精度与使用方便性。

第三节　技术实现顺序建议

表 18-1 左边两列给出了电磁仿真功能（技术）的大类和子类，右边三列给出了实现顺序建议。凡是我们认为应该最先实现的功能（首版功能），则在第三列打钩（√），其次在第四列打钩（√），再次在第五列打钩（√）。

表 18-1　电磁仿真技术实现顺序建议

功能（技术）大类	功能（技术）子类	实现顺序建议		
		1	2	3
低频求解算法	静磁场算法	√		
	涡流磁场算法		√	
	瞬态磁场算法	√		
	静电场算法	√		
	交直流传导电流场算法			√
	瞬态电场算法			√
铁耗模型	电工钢铁耗模型	√		
	功率铁氧体铁耗模型	√		
	磁滞回线铁耗模型		√	
电磁力算法	麦克斯韦应力张量法			√
	虚功原理		√	
	洛伦兹法	√		
低频电磁场后处理	电感计算方法		√	
	电容计算方法		√	
	电磁能计算方法			√
低频专用单元算法	二维矢量磁位算法	√		
	三维矢量磁位算法			√
	三维棱边单元算法	√		
	三维标量磁位算法		√	
	二维和三维标量电位算法	√		
高频专用建模方法	等效传输线理论建模			√
	高频近似理论建模			√
全波有限元算法	V-FEM 算法	√		
	DGM 算法		√	
FDTD 算法	传统 FDTD 算法	√		
	共形 FDTD 算法			√
	FIT 算法			√
全波 MOM 算法	传统 MOM 算法	√		
	MLFMA 算法		√	
	SFX 算法		√	
等效传输线理论	PEEC 算法			√
高频近似算法	PO 算法	√		
	GO 算法		√	
	GTD/UTD 算法			√

（续）

功能（技术）大类	功能（技术）子类	实现顺序建议		
		1	2	3
高频专用模型	电磁物理模型	√		
	电路有源器件 SPICE 模型		√	
	电路有源器件 IBIS 模型			√
	S 参数模型	√		
	X 参数模型		√	

系统仿真技术

系统设计在正向设计过程中扮演重要角色，其设计对象、设计方法和仿真方法与物理设计和物理场分析方法差异巨大。因此系统仿真与物理场仿真的从业者和供应商具有基因级别的差异，各自走出完全不同的发展路线。

同样，本章首先历数了系统仿真技术在全球的最高成就，这也将是我们系统仿真自主研发追赶的目标。这些技术需要逐步达成，但先做哪些，后做哪些，需要根据系统仿真技术发展规律和工业需求的次序来决定。本章的最后一节给出我们建议的实现顺序。

第一节　系统建模技术

1. 功率键合图

功率键合图（bond graph，简称键合图）是一种用来描述工程系统能量结构的图示表示方法。它以一种向量的形式给出了复杂系统的简练描述，极大地提高了人们对工程系统行为的洞察力，是一种可统一处理多种能量范畴工程系统的十分有效的动态建模与分析方法。多数人造系统是多种能量耦合的复杂系统，系统中包含若干种元件。在系统工作过程中，有的元件产生能量，有的元件消耗能量，有的元件仅传递能量，有的元件使能量从一种形式转变为另一种形式。按功能将这些元件分成若干种类，把它们有机结合起来就可以描述物理系统了。

功率键合图方法的核心思想是认为一个工程系统的能量是守恒的，动态过程即其功率流在特定激励作用下重新分布与调整的过程。以一种统一的方法对系统各部分功率流的构成、转换、逻辑关系及物理特征等进行描述，即可实现对该系统的建模。这种方法为分析研究人员进行系统动态特性分析提供了极大方便。一方面，功率流的模块化结构与物理系统各子结构之间具有明确而形象的一一对应关系，各部分的动态影响关系也一目了然，非常便于理解其物理意义。另一方面，它与系统动态数学模型（即状态方程）之间存在着其他方法无法比拟的一致性。系统状态方程的数量与储能元件的数量是一致的，可以根据系统的功率键合图有规律地推导出相应的数学模型。

在具体表达方式上，键合图方法从功率流的角度出发，将各类工程系统所涉及的多种物理参量统一归纳为四种系统变量：势、流、动量和变位。同时，采用若干基本构成元素，诸如功率键、作用元、源、节点（0 节点即等势节，1 节点即等流节）、变换器和回转器等来表征系统基本物理特征和功率转换与守恒的基本联结方式。所定义的系统变量和构成元素都具有特定的物理含义，并由一组专门的图形或字母符号来标识。键合图本身具有一套严密的描述变换规则，这些规则同各类典型物理特性及普遍定律之间具有高度的协调一致性。正因为如此，它为系统动态模型的准确定义描述及据此有规律地推导状态方程提供了一条十分有效的途径。

2. Modelica 语言

Modelica 基于非因果建模思想，是一种面向对象的结构化数学建模语言，支持类、继承、方程、组件、连接器和连接。它采用基于广义基尔霍夫原理的连接机制进行统一建模，采用数学方程（组）和面向对象的结构来促进模型与知识的重用。Modelica 模型的数学描述是微分、代数和离散方程（组），相关的 Modelica 工具能够决定如何自动求解方程变量。对具有超过 10 万个方程的大规模模型，可以使用专门的算法进行有效处理。Modelica 语言主要特点如下。

（1）基于方程的非因果建模

非因果建模是一种陈述式建模方式，意味着基于方程而不基于赋值语句。不管哪个变量是输入（已知）、哪个变量是输出（未知），赋值语句的赋值符号左边总是输出，右边总是输入。基于方程的模型其因果特性是不明确的，只有在方程系统求解时才确定变量的因果关系。非因果建模适于表达复杂系统的物理结构，基于方程的 Modelica 模型也比传统包含赋值语句的模型具有更强的复用性。

（2）多领域建模

Modelica 能够描述电气、机械、热力学、液压、生物、控制等多领域模型或组件，已有大量可复用的领域库。

（3）面向对象建模

Modelica 具有面向对象语言特征：类、泛型（C++ 模板）、子类型，允许组件复用和模型进化。Modelica 提供良好的软组件模型，通过组件（接口）相互连接，快速搭建复杂物理系统。

（4）连续离散混合建模

Modelica 支持连续离散混合建模，对于以下各种情况均能很好地建模与仿真：变量只在某个时间点发生变化（电源开 / 关）、变量不连续（离合器分离 / 结合）、尽管变量不是瞬态变化但变化时间区间小（阀门开 / 关）。

3. 方块图法

方块图法起始于控制理论学科，可以对信号流的输入输出进行建模。它提供大量基本的控制模块，如比例、积分、微分、比例积分、比例微分、相位延迟、相位提前等模块，每个模块都是由表达输入输出关系的传递函数组成，它的优点是可以用前馈模块和反馈模块两种模块来表达任何控制系统。方块图建模主要用在多领域控制系统的建模中。

但是方块图建模不直观，模型的通用性不高，最关键的是物理量的运算是不带量纲的，因此模型的正确与否严重依赖软件使用者的水平。

第二节　系统仿真类型

1. 时域分析

以时间为自变量描述物理量的变化是信号最基本、最直观的表达形式。在时域内对信号进行滤波、放大、统计特征计算、相关性分析等处理，统称为信号的时域分析。时域分析是指控制系统在一定的输入下，根据输出量的时域表达式，分析系统的稳定性、瞬态和稳态性能。由于时域分析是直接在时间域中对系统进行分析的方法，所以时域分析具有直观和准确的优点。系统输出量的时域表示可由微分方程得到，也可由传递函数得到。时域分析在初值为零时，一般都利用传递函数进行研究，用传递函数间接评价系统的性能指标。通过时域的分析方法可以有效提高信噪比，求取信号波形在不同时刻的相似性和关联性，获得反映机械设备运行状态的特征参数，为机械系统动态分析和故障诊断提供有效信息。

2. 频域分析

频域分析法是研究控制系统的一种工程方法。控制系统中的信号可以表示为不同频率的正弦信号的合成。描述控制系统在不同频率的正弦函数作用时的稳态输出和输入信号之间关系的数学模型称为频率特性，它反映了正弦信号作用下系统响应的性能。应用频率特性研究线性系统的经典方法称为频域分析法。频域分析法是从频率的角度看问题，它能看到时域角度看不到的问题。频域分析法的优点是：它引导人们从信号的表面深入信号的本质，看到信号的组成部分。通过对成分的了解，人们可以更好地使用信号。有了信号分析的概念，就提高了人们的观察力。

第三节　系统仿真的特殊功能

1. 加密封装

企业通常需要把自己的模型提供给供应链的上下游企业。为了保护知识产权，需要对模型进行加密，保留模型的输入输出端口及必要的参数。模型加密后近似于黑箱，使用者不需要了解模型内部的细节，只需要将模型的参数定义好，将模型的输入输出连接好即可。

2. 实时代码生成

随着对伺服系统性能的要求越来越高，伺服控制器用到的控制方法越来越复杂，对其本身的设计也变得越来越复杂。这就要求设计人员采用并行设计方法。并行设计有两方面的含义：一方面在设计控制对象的同时进行控制器的设计，这样做可以在设计早期就进行控制器的集成，更好地考虑控制器和控制对象之间的相互影响，优化整个伺服控制系统；另一方面进行控制器快速成型，即在被控制对象物理样机试制出来之前，利用虚拟的控制对象模型进行控制器的设计、测试和标定，从而从整体上缩短开发周期和降低成本。

控制器快速成型包括三个阶段：

1）在功能设计阶段，通过结合控制器和被控对象的模型来验证控制器的功能。此时需要用到控制器的模型和被控对象的离线模型。

2）在植入阶段，通过软件在环仿真将控制器的控制代码和被控对象的虚拟模型结合起来测试和验证控制代码。这有两种方法：一种是在计算机仿真软件中进行，这需要用到控制代码和被控对象离线模型；另一种是在实时仿真平台中进行，这需要用到控制代码和被控对象的实时模型。

3）在成型阶段，通过硬件在环将已经物理成型的真实控制器和被控对象的虚拟模型结合起来测试和标定真实的控制器。此时需要用到真实的控制器和被控对象的实时模型。因此需要软件具有根据不同操作系统生成实时代码的功能。

3. 三维模型参数识别

在针对多体系统进行建模时往往需要考虑机构的运动副位置以及构件的转动惯量。如果按照传统办法，在三维软件中先测量好，然后输入系统仿真软件，这样不但建模工作量很大，而且很容易产生错误，因此软件应该可从三维模型的中性文件中提取所需几何参数，这样大大简化了建模工作量。

4. 用户定制图形输出和动画显示

通常情况下，系统仿真结果是以曲线形式进行输出，但是为了更好地展示仿真结果，还需要有动画、图表、仪表盘等多种用户定制化的输出形式。

第四节　系统仿真软件的二次开发

除多领域专业库和标准元件模型之外，系统仿真软件需要提供二次开发能力，在确保开发过程中的标准化和规范化的同时，允许用户随时扩充和定制新的部件模型，建立用户自定义部件库。用户自定义部件的方法和工具包括如下内容。

1. C 语言

通过元件定制工具，用户可利用 C 语言开发和维护自己的模型库，并编写规范、可重用及易维护的模型应用库。通过遵循简单规则，用户自创建的模型库可以完全兼容现有的模型，并自动在各个支持平台上移植。

2. Fortran 语言

软件提供图形化界面，用户可以直接访问软件所有模型的源代码，还可以把自己开发的新图标和模型集成到软件中，或生成标准化的 Fortran 代码，并为此生成相应的标准帮助文档。

3. Modelica 语言

通过软件与 Modelica 语言的集成功能，直接将基于 Modelica 语言创建的物理元件模型集成到软件中。软件可以输入 Modelica 模型并将其与软件应用库中的模型连接起来。软件允许用户引入、编辑、集成其 Modelica 语言模型，并生成基于 Modelica 语言的部件库，这些部件库可以与软件其他标准部件或用户自定义部件混合使用。

第五节 系统仿真运行模式

软件应具备多种不同的仿真运行模型，包括动态仿真模式、稳态仿真模式、断点续算仿真模式、批处理仿真模式等。

1）动态仿真模式：从仿真开始一直到仿真结束时刻计算系统的输出。

2）稳态仿真模式：系统首先会根据当前参数计算出一个稳定值，然后把这个稳定值作为结果输出。

3）断点续算仿真模式：上次仿真结果作为下一次仿真的初始值继续进行计算。

4）批处理仿真模式：针对同一组参数在一定范围内研究并获得变化规律，这就需要批量处理功能，即同时运行多组仿真结果的能力。

第六节 其他系统仿真软件的接口

在很多情况下，系统仿真的单元模型参数需要其他仿真软件来提供，因此提供与其他仿真软件的接口是系统仿真软件的重要特性。

1. FMI

FMI（The Functional Mockup Interface）是基于通用标准的功能模型接口，用于将不同设备供应商提供的不同行为模型的设备与标准控制器的软件 / 硬件 / 模型进行半实物实时仿真测试。通过 FMI 标准的制定和推广，可从技术层面比较好地满足仿真模型重用和知识产权保护的需求。

系统集成商和供应商都遵循 FMI 标准，供应商各自建立的仿真模型可以通过 FMI 标准导出 FMU（The Functional Mockup Unit）文件给集成商，使得集成商可以快速构建系统级模型，而无须像传统方法那样大量开发软件定制接口以进行模型的联合仿真。供应商之间也可根据产品设计和分析的需要互换相关联的模型，组成自己关心的系统级仿真模型。

基于 FMI 标准，不同层级的复杂系统开发人员可以实现系统模型的集成，并分析所负责的系统、子系统或部件与其他子系统或部件的耦合作用，为整个系统的设计带来更丰富、更科学的分析手段，为分析跨学科和多系统交联的验证和确认提供了技术方法。

同时，无论是供应商给集成商提供集成模型，还是供应商之间互换模型，都不用担心知识产权泄露问题，因为 FMI 标准提供了模型加密方法。

2. Matlab / Simulink

Simulink 是 Matlab 中的可视化仿真工具，是一种基于 Matlab 的框图设计环境，是实现动态系统建模、仿真和分析的软件包，被广泛应用于线性系统、非线性系统、数字控制及数字信号处理的建模和仿真。

软件与 Matlab / Simulink 的接口有两种形式：标准界面和联合仿真界面。采用标准界面仿真时，计算时使用 Simulink 选定的求解器。采用联合仿真界面仿真时，二者采用各自的求解器。采用标准界面仿真时，模型被看作时间连续模块，而采用联合仿真界面仿真时，模型被当作时间的离散模块处理，这使得模型与在 Simulink 中建立的模型的控制器十分匹配。

3. MSC ADAMS

ADAMS 软件是美国 MSC 公司开发的虚拟样机分析软件。该软件使用交互式图形环境和零件库、约束库、力库，来创建完全参数化的机械系统几何模型，其求解器采用多刚体系统动力学理论中的拉格朗日方程方法建立系统动力学方程，对虚拟机械系统进行静力学、运动学和动力学分析，输出位移、速度、加速度和反作用力曲线。ADAMS 软件的仿真可用于预测机械系统的性能、运动范围、碰撞检测、峰值载荷以及计算有限元的输入载荷等。

4. SIMPACK

SIMPACK 软件是德国 SIMPACK AG 公司开发的针对机械 / 机电系统运动学 / 动力学仿真分析的多体动力学分析软件包。它以多体系统计算动力学为基础，包含多个专业模块和专业领域的虚拟样机开发系统软件。

5. RecurDyn

RecurDyn（Recursive Dynamic）是由韩国 FunctionBay 公司开发的新一代多体系统动力学仿真软件。它采用相对坐标系运动方程理论和完全递归算法，非常适合于求解大规模的多体系统动力学问题。基于 RecurDyn 提供的各种建模元素，用户可以建立系统级数字化样机模型，并对其进行运动学、动力学、静平衡、特征值等全面的虚拟测试验证，通过判断仿真测试的数据、曲线、动画、轨迹等结果，据此进行系统功能改善并实现创新设计。

6. LMS Motion

LMS Motion 多体动力学软件能够让设计师和工程师真实地仿真整车设计中驾驶的平顺性及操纵的稳定性、动力总成动力学、悬架动力学、履带动力学、新型挖掘机的运转、机械开关的可靠性等。仿真结果可用于后续的耐久性或者噪声振动分析相关的研究。

7. Fluent

Fluent 软件包含基于压力的分离求解器、基于密度的隐式求解器、基于密度的显式求解器，多求解器技术使 Fluent 软件可以用来模拟从不可压缩到高超音速范围内的各种复杂流场。由于采用了多种求解方法和多重网格加速收敛技术，Fluent 能达到最佳的收敛速度和求解精度。灵活的非结构化网格和基于解的自适应网格技术及丰富成熟的物理模型，可以模拟高超音速流场、传热与相变、化学反应与燃烧、多相流、旋转机械、动 / 变形网格、噪声、材料加工等复杂机理的流动问题。

8. STAR-CCM+

STAR-CCM+ 是 CD-adapco 集团推出的新一代 CFD 软件。采用最先进的连续介质力学数值技术，拥有出色的性能和高可靠性。对于 STAR-CCM+ 的并行计算，不仅求解器可以并行计算，前后处理也能通过并行来实现。

9. iSIGHT

iSIGHT 能够实现 CAD/CAE/CAM 以及 PDM 等各种操作系统的自动化和集成化，并为产品设计及开发提供最优化设计及稳健设计功能。

10. Optimus

Optimus 作为多学科的仿真集成平台，能够集成并自动化用户的多学科仿真分析流程，实现"设计－修改－再分析"自动化，能应用现代设计方法（包括试验设计、敏感度分析、响应面建模、参数优化、参数识别、可靠性设计、鲁棒性设计等）实现综合优化和自动化分析。

11. HEEDS MDO

HEEDS MDO 是西门子的一款多学科 CAE 优化软件。用户可以利用该软件快速确定优化空间，从大量模型参数中提取出敏感参数，并对敏感参数进行评估。HEEDS MDO 还可对模型的健壮性和可靠性进行评估。

第七节　系统模型和应用库

系统仿真建模方式并不复杂，难度在于模型参数的确定。如果软件提供一定数量的包含了参数的实用模型库，对系统仿真软件的应用将大有裨益。本节将系统仿真软件通常会提供的模型库简述如下。

1. 信号控制库

该库主要用来搭建系统的控制逻辑或传递函数，包括各种数学运算、向量矩阵计算、连续积分、滤波器、离散采样、PID 控制器、数据总线、神经网络等内部元件，是构成平台的基础。

2. 机械库

机械库主要用来描述机构沿一个轴的直线运动或绕一个轴的转动，具体包括一维平动模型、一维转动惯量、弹簧、阻尼、碰撞、扭簧、扭转阻尼器，以及平动与转动的转化机构等元件。由于相当数量的机械系统在约束条件下可以转化成一维的平动或转动，所以机械库是构成平台的另一基础。

3. 液压库

液压库主要由符合 ISO 标准的液压元件构成，具体包括各种液体属性库、各种形式的液压泵、液压换向阀、液压缸、液压马达和各种管路模型。

4. 液压元件设计库

液压元件设计库主要用于零部件的性能仿真，该库被看作液压元件建模的工程语言。液压元件设计库采用结构单元的细分来处理多样性，使得用最少的图标和单元模块来构建最多的工程系统模型。

5. 液阻库

液阻库主要用来评估整个流体管网中压力和流量的分布，在轴承和润滑系统中应用广泛。液阻库主要包括各种形式的关弯头、变径接头、三通接头、各种形式的轴承等。

6. 气动库

气动库主要由符合 ISO 标准的气动元件构成，具体包括各种气体属性库和状态方程、空气压缩机、换向阀、气压缸和各种管路模型。

7. 气动元件设计库

气动元件设计库包含了构成气动元件的基本功能单元模块，该库被看作气动元件建模的工程语言。气动元件设计库采用结构单元的细分来处理多样性，使得用最少的图标和单元模块来构建最多的工程系统模型。

8. 电磁库

电磁库是用来建立电、磁和机械相互作用的工程应用系统的模型。该库用于研究机电系统或者驱动器，诸如电磁阀（VFS、VBS、PWM）、电磁或者压电驱动喷油器、可变气门机构、可变磁阻驱动器、传感器以及力矩马达等的电磁部分动态特性。该库也包括不同材料的磁特性、磁铁单元、磁铁、漏磁以及电子模型。

9. 电池库

电池库提供了电化学电池和超级电容子模型。该库采用专用校准工具，用来设计并优化电池或超级电容包，广泛应用于电池单元（锂电池、镍金属氢化物）和通用模型的预校准。

10. 电机驱动库

电机驱动库可以应用在绝大多数的机械能和电能相互转换的工程应用场合。电机驱动库对那些需要用电动设备来替代机械或者液压驱动的现代机械制造厂商和研究所非常有用。该库有助于用户建立电力驱动的完整的机电系统仿真模型。

11. 热库

热库主要用来描述最基本的传热现象（如热传导、热对流和热辐射）。热库的基本理论是能量守恒定律在瞬态的描述，是计算温升和传热的基础，具体包括导热材料属性数据库、对流换热模型、湿空气模型、辐射模型等。

12. 热液压库

热液压库专用于流体温度变化对整体性能影响很大的液压系统设计，用于建立流体中热现象（能量转换，对流）模型，并且研究在液压系统中流体的热变化。

13. 热液压元件设计库

热液压元件设计库包含热液压元件的基本功能单元模块，被看作液压元件建模的工程语言。热液压元件设计库通过采用结构单元的细分来处理多样性，使得工程师可以用最少的图标和单元模块来构建最多的工程系统模型。

14. 传动库

传动库包含用于建立动力传动系、变速箱以及驱动链的各种模块。该库使得设计人员可以考虑在动力传动系统仿真中涉及的各种物理现象。从发动机到轮胎，该库为传动系的设计提供完整的建模手段。

15. 整车性能库

整车性能库是专用于传统车辆或者混合动力车辆动力学及排放性能的仿真和分析，有助于评估发动机、传动系统以及车辆的选型和匹配。该库可以作为一个实际的监测工具，提供接近现实的动态边界条件，使得在一个完整的车辆环境中分析某个部件的详细功能成为可能。该库收集了标准循环行驶试验工况、环境数据、变速器、电池、发动机以及车辆模型等，帮助用户优化车辆的油耗和排放。

16. 冷却库

冷却库用于发动机冷却系统设计，由不同复杂程度的模块所组成。在瞬态热转换计算的基础上，该库用于模拟在冷却液中的热现象（能量传输，对流）、热交换器的热转换以及发动机冷却回路中的热变化。

17. 空调库

空调库专用于设计空调系统，用以确定制冷循环零部件的尺寸，尤其是换热器的尺寸，设计并测试现存的或者新开发的系统性能，研究制冷循环的稳定性，对控制方案进行测试，评估空调系统的能效及其对电负荷、发动机负荷、燃油消耗、污染排放的影响。

18. 两相流库

两相流库可以模拟复杂的相变制冷剂流动网络，采用动态集中参数法模拟换热现象，可以计算系统中能量的传递、制冷剂单相和两相（对流沸腾和冷凝）对流换热、系统各处的压降和温度、制冷剂流量、焓分布以及气体质量比的变化、气相和液相间质量的转换、壁面与湿空气间的对流换热以及冷凝水的影响等。

19. 平面机构库

平面机构库用于分析在同一平面运动或转动的机构，包含用于构建二维平动和转动机械系统的元件模块。由于大部分机械系统是平面机构，而且大多数空间机构可以简化为平面机构来分析，因此该库的应用非常广泛。采用该库的元件主要包括实体、运动副、绳索、链条、碰撞等元件。

20. 三维多体库

三维多体库包含用于构建三维空间运动的机械元件模块，通过用户定义坐标来确定机构的位置；可以从三维动画软件中导入实体模型，也支持柔性体刚度矩阵导入。该库的元件主要包括实体、运动副、绳索、链条、碰撞等元件。

21. 航空燃油库

航空燃油库提供专用于燃油油箱系统分析的元件。在油箱和机翼弯曲及扭转时，它们之间的燃油、燃油补给和燃油传输，可利用飞机姿态和加速度来计算。

22. 航空发动机库

航空发动机库提供了一系列专用于航空发动机或燃气轮机系统分析的元件，具体包括压气机、燃烧室、燃烧模型、燃气涡轮、换热器等。

23. 飞行动力学库

飞行动力学库提供专用于飞行动力学分析的元件，具体包括不同维度的飞机模型、发动机推力模型、风阻模型、飞行任务模型、大气数据模型及各种传感器等元件。

24. 液体推进库

液体推进库主要用来计算液体火箭发动机的燃烧和产生的推力，具体元件包括燃气涡轮、燃烧室、压气机、喷管等。

第八节　技术实现顺序建议

表 19-1 左边两列给出了系统仿真功能（技术）的大类和子类，右边三列给出了实现顺序建议。凡是我们认为应该最先实现的功能（首版功能），则在第三列打钩，其次在第四列打钩，再次在第五列打钩。

表 19-1　系统仿真技术实现顺序建议

功能（技术）大类	功能（技术）子类	实现顺序建议		
		1	2	3
建模技术	功率键合图	√		
	Modelica 语言		√	
	方块图法			√
分析类型	时域分析	√		
	频域分析	√		
特殊功能	加密封装	√		
	实时代码生成		√	
	三维模型参数识别			√
	图形输出和动画显示	√		
二次开发	C 语言		√	
	Fortran 语言		√	
	Modelica 语言		√	
仿真运行模式	动态仿真模式	√		
	稳态仿真模式	√		
	断点续算仿真模式		√	
	批处理仿真模式		√	
仿真软件接口	FMI	√		
	Matlab/Simulink	√		
	MSC ADAMS		√	

（续）

功能（技术）大类	功能（技术）子类	实现顺序建议		
		1	2	3
仿真软件接口	SIMPACK		√	
	RecurDyn		√	
	LMS Motion			√
	Fluent			√
	STAR-CCM+			√
	iSIGHT			√
	Optimus			√
	HEEDS MDO			√
应用库	信号控制库	√		
	机械库	√		
	液压库	√		
	液压元件设计库	√		
	液阻库	√		
	气动库	√		
	气动元件设计库	√		
	电磁库		√	
	电池库		√	
	电机驱动库			√
	热库			√
	热液压库			√
	热液压元件设计库			√
	传动库			√
	整车性能库			√
	冷却库		√	
	空调库		√	
	两相流库		√	
	平面机构库		√	
	三维多体库	√		
	航空燃油库	√		
	航空发动机库		√	
	飞行动力学库		√	
	液体推进库	√		

第二十章 | Chapter20

仿真交互界面

本篇前面介绍了各类仿真软件的核心技术。这些技术都相对独立，需要嵌入一个仿真软件框架中，通过某种形式的调用才能发挥作用。本章将介绍一种普适的仿真软件框架，该框架除包含界面框架外，还包括交互式前处理、求解设置及图形化后处理。

第一节　交互式界面综述

仿真交互式界面围绕结构仿真、流体仿真、电磁仿真、系统仿真等核心求解器的需求，提供可视化的前处理环境和后处理环境，实现面向核心求解器的几何模型、网格模型、求解设置等的数据准备，解析核心求解器的结果数据文件，对结果数据文件根据需要进行处理、计算及可视化。

1. 技术目标

仿真交互式界面的具体技术目标如下：

1）构建面向结构、流体、电磁与系统等仿真类型的统一的前后处理系统框架，并具有开放性架构，提供面向用户功能扩展的 API 接口。

2）提供面向仿真计算的几何建模功能，包括基于草图的几何模型构建、几何模型的简化与处理、几何模型的布尔操作、基于模板的标准模型构建、几何模型的标准格式输入输出接口、基于功能键合图的系统建模等。

3）提供网格划分功能，针对结构、流体、电磁计算对网格的要求，划分高质量的网格，并进行网格质量检查。

4）提供结构仿真的前后处理功能，实现针对结构仿真模型的属性设置、不同分析类型的求解设置、载荷定义、提交计算、结果解析、结果后处理及展示等功能。

5）提供流体仿真的前后处理功能，实现针对流体仿真的属性设置、CFD 模型选择与定义、边界条件定义、求解设置、提交计算、结果解析、结果后处理及展示等功能。

6）提供高低频电磁场分析的前后处理功能，实现针对高低频磁场分析和电场分析的属性设置、边界条件及载荷定义、求解设置、提交计算、结果解析、结果后处理及展示等功能。

7）提供系统仿真的前后处理功能，实现系统仿真的属性设置、建模、求解条件设置、计算设置、提交计算、结果解析、结构后处理及展示等功能。

8）提供用户交互及图形可视化功能，实现用户基于 GUI 模型的前处理定义及结果的后处理。

9）提供几何、网格、面向求解器的数据接口。

2. 业务流程和架构

从工程角度看，无论是结构仿真、流体仿真、电磁仿真还是系统仿真，仿真分析过程一般划分为三个阶段，即前处理、求解计算和后处理，整个分析的一般过程如图 20-1 所示。

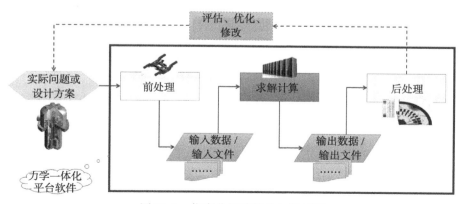

图 20-1　仿真分析计算的一般过程

（1）前处理的业务流程

前处理主要为求解器准备求解输入文件。为了更直观、方便地进行求解文件的准备，需要面向用户提供图形化的应用环境，提供各类前处理的定义功能，并具有明晰的应用流程。以结构仿真为例，前处理的典型业务流程如图20-2所示。

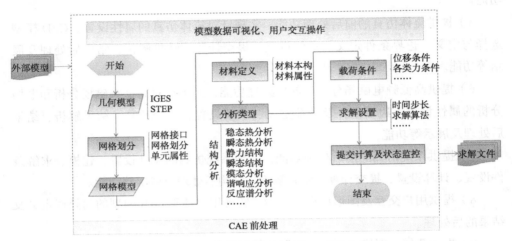

图 20-2　结构仿真前处理的典型业务流程

（2）后处理的业务流程

后处理主要是对计算结果数据进行后处理及图形可视化，典型业务流程如图20-3所示。

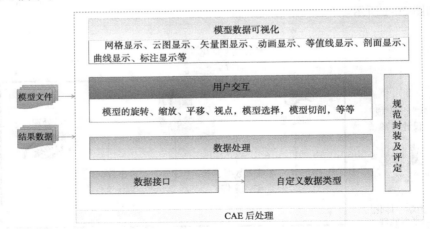

图 20-3　CAE 后处理的典型业务流程

（3）业务架构

基于上述业务流程，给出如图 20-4 所示的业务架构。采用分层的软件架构，应用层和界面层为用户界面和系统控制层，负责解释用户的控制操作，调用相应的功能模块，具体体现为用户界面和应用流程。业务层集成了系统的全部功能模块。数据层为系统的数据资源。

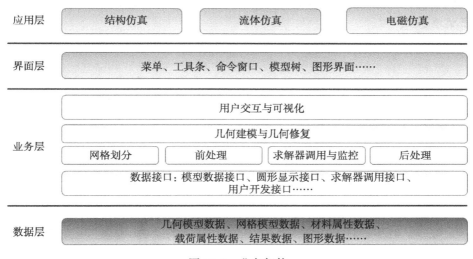

图 20-4　业务架构

第二节　软件界面框架

图形用户界面是用户和计算机交互的窗口。交互式建模环境的图形用户界面应该简洁、流程和逻辑合理、风格统一、可扩展。图 20-5 为一个常见的图形用户界面的框架示意图。

1. 菜单

菜单是交互式建模环境的主要元素。菜单设计应该符合用户习惯，采用下拉式形式。主菜单包括文件、编辑、工具、帮助等。每一个主菜单都包含一些子菜单。

1）文件包括新建、打开、保存、另存为、读入、输出等子菜单。

2）编辑包括撤销、重做、清除撤销、复制、偏好等子菜单。

　　3）视图包括适合、缩放、上视图、下视图、左视图、右视图、前视图、后视图等子菜单。

　　4）信息包括几何信息、表面面积、曲线长度、曲线方向、网格信息等子菜单。

　　5）设置包括通用、工具、显示、内存、速度、背景、鼠标、重置等子菜单。

　　6）帮助包括帮助主题、培训教程、用户手册、程序指南、安装指南、新功能等子菜单。

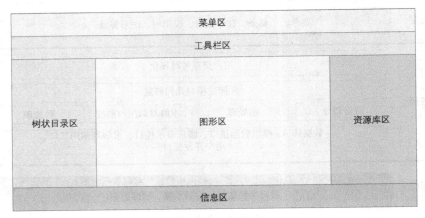

图 20-5　图形用户界面示意

2. 工具栏

　　工具栏可提高交互效率，是常用工具的集合。这些工具一方面可以通过菜单完成，另一方面可以直接在工具栏里点击完成。其中的工具分为两类，一类是通用型，如与视图操作相关的放大、缩小、旋转、对齐、默认等工具，这些工具在不同交互模式下都需要，所以作为通用工具，一直布置在工具栏。另一类是专用型，与交互式建模环境当前的功能相关，如当前功能选择的几何建模模式，工具栏则需要包括创建点、创建线、创建面、布尔运算等。图 20-6 为工具栏示意图。

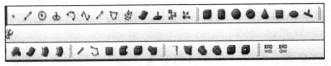

图 20-6　工具栏示意图

3. 资源库

几何建模或系统建模会用到很多基本部件或元件，按照类别或领域用树状目录对这些部件或元件进行管理，可清晰地显示部件或元件之间的关系，给软件操作带来便利。

4. 树状目录

交互式前后处理会生成许多部件和操作记录，用部件目录对这些部件和操作记录进行管理，能清晰地显示部件之间的关系。因此，在图形用户界面的左侧设计部件及操作的树状目录。

第三节　交互式前处理

交互式建模环境主要指的是仿真过程中的前处理模块。物理场仿真和系统仿真在前处理方面的差异较大，下面分别介绍。

1. 物理场仿真前处理

物理场仿真交互式建模环境的核心内容包括四个方面：几何模型建立、材料设置、网格划分、物理问题定义。此外，为了采用云超算进行高性能计算，可通过云仿真提交功能，将前处理阶段完成的模型一键提交到云端求解。

（1）几何建模

几何建模模块通过 GUI（图形用户界面），利用基本几何元素（点、线、面、体等）建立仿真所需的几何模型。几何建模模块可以独立运行，也可以读取现有的 CAD 常用文件格式，并进行切割、修补、删除、布尔运算等常见操作。在建立模型时，常用的创建点、线、面、体功能也需要具备多种途径，以增加建模的便利性。图 20-7 为部分几何建模功能的示意图。

● 创建坐标系

当创建的几何模型较为复杂时，需要多个坐标系。在交互式建模环境中，坐标系的创建可以根据点的坐标、平移、旋转等方式来完成。允许用户定义新坐标系的类型，坐标系分为直角坐标系、柱坐标系、球坐标系三类。

● 创建点

点是几何建模中的最基本要素之一，需要提供多种创建点的方式，包括坐标、平移、圆弧、点比例、线比例、端点、交点、线上投影、面上投影等。

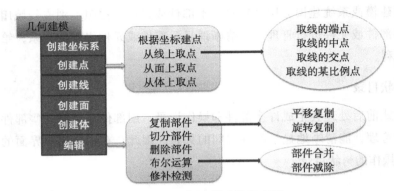

图 20-7　几何建模功能示意图

● 创建线

线是几何建模中的最基本要素之一，需要提供多种创建线的方式，包括样条、圆弧、抽中线、相交、投影、分割、合并、边界线、比例、修改等。

● 创建面

面是几何建模中的最基本要素之一，需要提供多种创建面的方式，包括合围、扫掠、拉伸、旋转、平移、抽中面、分割、合并、修补、投影等。

● 创建体

体是几何建模中的最基本要素之一，需要提供多种创建体的方式，包括拉伸、旋转、扫掠、连接、抽取。

● 几何编辑

提供多种方式对几何进行编辑，以从基本几何要素快速生成复杂几何，包括平移、旋转、镜像、缩放、布尔运算等。

（2）网格划分

用户通过 GUI 菜单设置网格的类型、尺寸控制参数等，并调用相应的网格算法划分网格。考虑到不同的求解器对网格的要求不同，网格算法包含常见的六面体、四面体、棱柱体类型。为了提高网格质量，在网格划分时带有网格光顺算法。图 20-8 为部分网格划分功能的示意图。

● 网格类型选择

根据求解器的要求，网格有多种类型，主要包括六面体网格、棱柱体网格、四面体网格、金字塔形网格、多面体网格、四边形网格、三角形网格等。

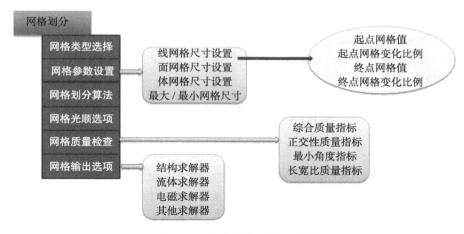

图 20-8 网格划分功能示意图

- 网格参数设置

网格参数可用来定义网格的尺寸等属性,包括全局网格参数和局部网格参数,譬如尺寸函数、相对中心、初始网格种子、过渡、跨角度中心、间距内网格数量、最小网格尺寸、最大面网格尺寸、最大体网格尺寸、增长率、自动去除特征、最小边长等。

- 网格划分算法

在进行网格划分时,可根据所要生成的网格类型选择不同的网格算法,包括自动方法、四面体、六面体为主(包含少量四面体和金字塔网格)、扫掠、多域、自适应等。

- 网格光顺选项

在划分网格时,有时要考虑网格之间的过渡和光顺,尤其是对于流体计算的边界层,需要在各边界层网格之间实现光顺过渡。

- 网格质量检测

在划分网格之后,需要对网格质量进行检查,以确保网格的质量满足求解器的要求,检测内容包括单元质量、长细比、雅可比、最大角度、扭曲度、正交质量等。

2. 系统仿真前处理

系统仿真建模环境的核心内容包括三个方面的设置:草图模式、子模型模式、参数模式。

1）草图模式：选择合适的元件并把它们的端口连接在一起。

2）子模型模式：选择元件目录下的子模型，用于计算。

3）参数模式：输入相关模型的参数。

第四节　物理设置及求解

1. 物理设置

物理设置模块是对所仿真的物理问题进行定义，包含材料物性、边界条件及求解控制参数等的定义，这一部分通常被称为物理前处理。

针对不同的求解器，物理设置内容不同。在选择了结构求解器时，物理设置环节要包含约束条件、载荷大小、接触关系、材料物性等；在选择了流体求解器时，物理设置环节要包括湍流模型、参考压力、计算域的运动、进出口的压力、流量、温度等；在选择了电磁求解器时，物理设置环节要包括电场磁场类型、电势、磁势、磁导率等。图 20-9 为部分物理设置功能示意图。

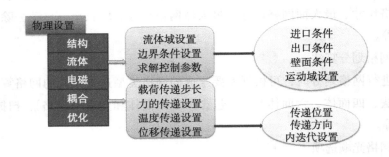

图 20-9　物理设置示意图

（1）结构仿真

结构仿真涵盖线性、非线性、静力、动力、疲劳、断裂、复合材料等分析中几乎所有的功能。在交互式建模环境中，需要对结构分析进行问题定义和载荷添加，譬如加速度、旋转速度、压力、力、轴承载荷、动量、固定约束、位移、无摩擦支撑、弹性支撑等。

（2）流体仿真

流体仿真包含牛顿流体到非牛顿流体、单相流到多相流、亚音速到高超音速。在交互式建模环境中，需要对流体分析进行问题定义和边界条件设定，譬如稳态、瞬态、压力基、密度基、多相流、能量、黏性、辐射、换热器、组分、凝固融化、材料、边界条件、求解方法等。

（3）电磁仿真

电磁仿真包括高频和低频分析。其中，低频分析的主要分析内容包括静电场、静磁场、交变电磁场和瞬态电磁场等；高频分析的主要分析内容包括电场/磁场场强分布、电磁辐射/耦合、电压/电流特性、SYZ矩阵参数、天线方向图、相位方向图、Smith圆图等。

（4）系统仿真

系统仿真有其特定的物理设置，包括求解设置（仿真时间、采样频率等）、绘制结果设置、启动线性化设置、活性指数分析设置等。

2. 数据传输

在交互式建模时，软件后台实际在不断记录GUI里的操作过程，记录所形成的脚本文件也一并保存。用户可以针对脚本文件完成自动化建模任务，也可在不同模块间通过脚本文件实现数据链接和共享。

（1）脚本文件

脚本文件是GUI界面操作过程的命令集合文件。在交互式建模环境中，打开脚本文件记录控制菜单，可以实现软件自动记录每步操作过程。用户可以根据需要编辑、修改脚本文件。

（2）模块间数据通信

交互式建模过程会产生大量数据。因为不同模块需要共同完成建模工作，需要有合理的通信模式，以完成建模需要的数据传递。根据使用场景不同，数据通信分为以下几种：外部CAD数据传输到几何建模模块、几何建模模块传输到网格划分模块、网格划分模块传输到物理设置模块、物理设置模块传输到求解器模块、各个求解器之间的数据耦合传递等。图20-10为流固耦合数据通信示意图。

3. 云端提交

求解发送一般是发送到本机求解器或局域网中的求解器。对于大型求解，本机通常无法完成。即便企业不具备超级计算设备，云时代为我们提供了可以精益化使用云超算的可能。云端提交即自动把前处理完成的设置文件传输到云端，并根据设置文件里的参数调用相应的CPU核数来完成高性能求解计算，从而简化用户的云计算设置，提升用户的云计算体验。当计算在云端进行时，客户端可以直接查看收敛过程。当计算在云端完成时，客户端可以直接显示后处理过程。

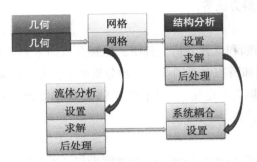

图 20-10　流固耦合数据通信示意图

（1）云端提交界面

云端提交界面集成在交互式建模环境中，用户只需选择云端提交的任务和相应设置，即可快速完成云端任务提交。

（2）云端求解监测

在云端求解过程中，用户可以在客户端实时监测求解过程，查看监测变量的变化趋势，也可以终止正在进行的求解过程。

（3）云端结果显示

当所提交的任务在云端完成计算后，用户可以选择直接查看云端的结果。

第五节　图形化后处理

交互式后处理环境主要指的是仿真过程中的后处理模块，包括图形后处理和文本后处理两种。图形后处理模式可以输出直观的变量分布等值线图、云图、流线图、矢量图、3D/2D 电磁场强分布图、3D 极坐标方向图等；文本后处理可以输出计算结果的文字表格，如边界上各节点的压力、温度数值、电磁场强区域分布、辐射方向图等。

1. 位置定义

交互式后处理环境中要显示不同变量的分布图，首先需要定义一个位置。位置一般是二维的面，如切面、边界面，也可以是零维的点、一维的线和三维空间。定义方式包括点位置、点云、线位置、多段线、平面、等值面、回转面、用户面、球体等。

2. 图形类型

图形类型通过不同的渲染方式把变量显示出来。常见的图形类型有矢量图、等值线图、流线图、体渲染等。

1）矢量图：显示矢量方向和大小的图形类型，如图 20-11a 所示。常用矢量图显示的变量是速度。

2）等值线图：通过显示变量的等值线来描述变量在面上的分布情况，如图 20-11b 所示。常用等值线图包括压力等值线、速度等值线、温度等值线等。

3）流线图：通过显示变量的流线来描述变量在面上的分布情况，如图 20-11c 所示。流线图一般采用速度作为变量。

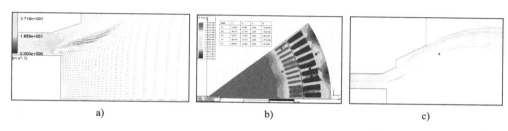

图 20-11 矢量图（a）、等值线图（b）和流线图（c）

4）体渲染：直接显示三维空间中的变量分布。为了看到体内部的变量，一般采用透明处理。

5）图表：希望查看某一变量随着另一变量的变化而变化时，可以采用图表类型，如图 20-12a 所示。一般横坐标表示一个变量，纵坐标表示另一个变量。

6）3D 电磁辐射场图：直接显示三维空间中的辐射场量分布，如图 20-12b 所示。为了看到 3D 物体内部的变化，可采用调节透明度处理。

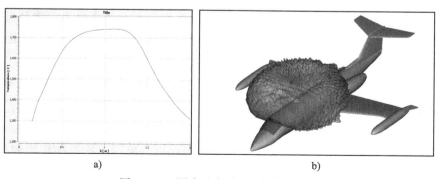

图 20-12 图表（a）和 3D 辐射图（b）

数字孪生体技术研究报告（2019）

A.1　编者按

这几年，数字孪生体的概念炙手可热，越来越成为从工业到产业、从军事到民生各个领域的智慧新代表。

在工业界，无论智能制造还是工业 4.0，这些智能化体系都需要网络化和数字化两只轮子来支撑。在中国，工业互联网已成为其中一只，而数字孪生体将成为另外一只。

数字孪生体将撑起数字化之轮，但又不止于数字化。数字孪生体的突破在于：它不仅仅是物理世界的镜像，也要接收物理世界的实时信息，更要反过来实时驱动物理世界，而且进化为物理世界的先知、先觉甚至超体。这个演变过程称为成熟度进化，即一个数字孪生体的生长发育将经历数化、互动、先知、先觉和共智等几个过程。这里首先要强调互动，因为没有实时互动，数字世界和物理世界之间则是伪孪生。其次，我们提出"数字孪生体是仿真应用新巅峰"这一论断，因为在数字孪生体成熟度进化的每个过程中，仿真都扮演着不可或缺的角色。另外，我们还提出将"共智"作为数字孪生体的理想态，受人类认知所限，物理世界各物件是否在"共智"我们不得而知，但数字世界提供了无限便利以实现"共智"，让我们可以把数字孪生体的价值挖掘到极致。

数字孪生体的应用绝不止于工业，我们应以更抽象的层次总结架构和技术，以更广阔的视角来观察场景和案例。本研究报告的第一部分关注对数字孪生体的抽象和总结。无论是参考架构、成熟度模型还是关键技术，都以"放之四海皆准"
为原则。在其余的章节，我们分别在工业、产业、民生和军事等四个领域选择了
最关键的场景做实例化论述：数字孪生制造、数字孪生产业、数字孪生城市和数字
孪生战场。

田锋

安世亚太公司高级副总裁

数字孪生体实验室主任

2019 年 12 月 20 日

A.2 研究报告目录（全版）

（三）数字孪生制造参考架构

（四）数字孪生制造的关键技术

（五）数字孪生制造的典型应用场景

（六）数字孪生制造的典型应用案例

六、数字孪生产业

（一）现状

（二）综述

（三）数字孪生产业参考架构

（四）数字孪生产业的关键技术

（五）数字孪生产业的典型应用场景

（六）数字孪生产业的典型应用案例

七、数字孪生城市

（一）现状

（二）综述

（三）数字孪生城市参考架构

（四）数字孪生城市的关键技术

（五）数字孪生城市的典型应用场景

（六）数字孪生城市的典型应用案例

八、数字孪生战场

（一）现状

（二）综述

（三）数字孪生战场参考架构

（四）数字孪生战场的关键技术

（五）数字孪生战场的典型应用场景

（六）数字孪生战场的典型应用案例

九、数字孪生体标准化进展

（一）标准化相关活动

（二）相关标准研发进展

十、结论

参考文献

A.3　研究报告正文（节选）

一、数字孪生体的定义

本研究报告给出数字孪生体的定义如下：数字孪生体是现有或将有的物理实体对象的数字模型，通过实测、仿真和数据分析来实时感知、诊断、预测物理实体对象的状态，通过优化和指令来调控物理实体对象的行为，通过相关数字模型间的相互学习来进化自身，同时改进利益相关方在物理实体对象生命周期内的决策。

二、数字孪生系统参考架构

本研究报告提出数字孪生系统的通用参考架构。一个典型的数字孪生系统包括用户域、数字孪生体、测量与控制实体、现实物理域和跨域功能实体共五个层次（图 A-1）。

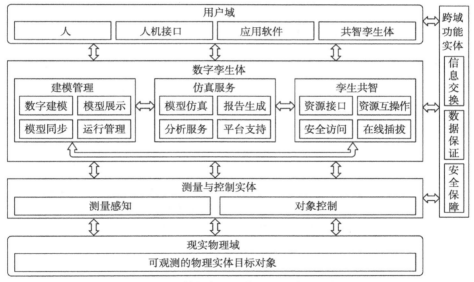

图 A-1　数字孪生系统的通用参考架构

第一层是使用数字孪生体的用户域，包括人、人机接口、应用软件，以及其他相关数字孪生体（本研究报告称之为共智数字孪生体，简称共智孪生体）。

第二层是与物理实体目标对象对应的数字孪生体。它是反映物理对象某一视角特征的数字模型，并提供建模管理、仿真服务和孪生共智三类功能。建模管理涉及物理对象的数字建模与展示、与物理对象模型同步和运行管理。仿真服务包括模型仿真、分析服务、报告生成和平台支持。孪生共智涉及共智孪生体等资源的接口、互操作、在线插拔和安全访问。建模管理、仿真服务和孪生共智之间传递实现物理对象的状态感知、诊断和预测所需的信息。

　　第三层是处于测量控制域、连接数字孪生体和物理实体的测量与控制实体，实现物理对象的状态感知和控制功能。

　　第四层是与数字孪生体对应的物理实体目标对象所处的现实物理域。测量与控制实体和现实物理域之间有测量数据流和控制信息流的传递。

　　测量与控制实体、数字孪生体以及用户域之间的数据流和信息流动传递，需要信息交换、数据保证、安全保障等跨域功能实体的支持。信息交换通过适当的协议来实现数字孪生体之间交换信息。数据保证负责数据传递的安全保障，负责数据和信息传递的认证、授权和保密。数据保证和安全保障一起提供数据的准确性和完整性。

三、数字孪生体成熟度模型

　　数字孪生体不仅仅是物理世界的镜像，也要接收物理世界实时信息，更要反过来实时驱动物理世界，而且进化为物理世界的先知、先觉甚至超体。这个演变过程称为成熟度进化，即一个数字孪生体的生长发育将经历数化、互动、先知、先觉和共智等几个过程（图 A-2）。

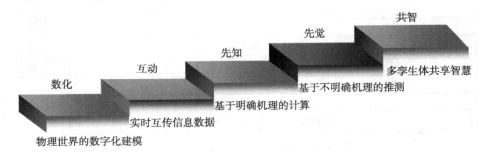

图 A-2　数字孪生体成熟度模型

1. 数化

　　"数化"是对物理世界数字化的过程。这个过程需要将物理对象表达为计算机和网络所能识别的数字模型。建模技术是数字化的核心技术之一，如测绘扫描、几何建模、网格建模、系统建模、流程建模、组织建模等技术。物联网是"数化"的另一项核心技术，将物理世界本身的状态变为可以被计算机和网络所能感知、识别和分析。

2. 互动

"互动"主要是指数字对象间及其与物理对象之间的实时动态互动。物联网是实现虚实之间互动的核心技术。数字世界的责任之一是预测和优化，同时根据优化结果干预物理世界，所以需要将指令传递到物理世界。物理世界的新状态需要实时传导到数字世界，作为数字世界的新初始值和新边界条件。另外，这种互动包括数字对象之间的互动，依靠数字线程来实现。

3. 先知

"先知"是指利用仿真技术对物理世界的动态预测。这需要数字对象不仅表达物理世界的几何形状，更需要在数字模型中融入物理规律和机理。仿真技术不仅建立物理对象的数字化模型，还要根据当前状态，通过物理学规律和机理来计算、分析和预测物理对象的未来状态。这种仿真不是对一个阶段或一种现象的仿真，应是全周期和全领域的动态仿真。

4. 先觉

如果说"先知"是依据物理对象的确定规律和完整机理来预测数字孪生体的未来，那么"先觉"就是依据不完整的信息和不明确的机理通过工业大数据和机器学习技术来预感未来。如果要求数字孪生体越来越智能和智慧，就不应局限于人类对物理世界的确定性知识。其实人类本身就不是完全依赖确定性知识而领悟世界的。

5. 共智

"共智"是通过云计算技术实现不同数字孪生体之间的智慧交换和共享，其隐含的前提是单个数字孪生体内部各构件的智慧首先是共享的。所谓"单个"数字孪生体是人为定义的范围，多个数字孪生单体可以通过"共智"形成更大和更高层次的数字孪生体，这个数量和层次可以是无限的。众多数字孪生体在"共智"过程中必然存在大量的数字资产的交易，区块链则提供了最佳交易机制。

四、数字孪生体核心技术

从数字孪生系统参考架构可见：建模、仿真和基于数据融合的数字线程是数字孪生体的三项核心技术；能够做到统领建模、仿真和数字线程的系统工程和MBSE，则成为数字孪生体的顶层框架技术；物联网是数字孪生体的底层伴生技术；而云计算、机器学习、大数据、区块链则是数字孪生体的外围使能技术（表A-1）。

表 A-1　数字孪生体成熟度模型、关键特征和关键技术

级别	名称	关键特征	关键技术
1	数化	对物理世界进行数字化建模	建模 / 物联网
2	互动	数字间及其与物理之间实时互传信息和数据	物联网 / 数字线程
3	先知	基于完整信息和明确机理预测未来	仿真 / 科学计算
4	先觉	基于不完整信息和不明确机理推测未来	大数据 / 机器学习
5	共智	多个数字孪生体之间共享智慧，共同进化	云计算 / 区块链

1. 建模

"数化"是对物理世界数字化的过程。这个过程需要将物理对象表达为计算机和网络所能识别的数字模型。建模的目的是将我们对物理世界或问题的理解进行简化和模型化。而数字孪生体的目的或本质是通过数字化和模型化，用信息换能量，以更少的能量消除各种物理实体，特别是复杂系统的不确定性。所以建立物理实体的数字化模型或信息建模技术是创建数字孪生体、实现数字孪生的源头和核心技术，也是"数化"阶段的核心。

2. 物联网

"数化"中的另一层意思是物理世界本身的状态变为可以被计算机和网络所能感知、识别和分析，这些状态包括位置、属性、性能等。物联网技术为原子化向比特化转变提供了完整的解决方案。同时物联网为物理对象和数字对象之间的"互动"提供了通道。

3. 数字线程

"互动"是数字孪生体的一个重要特征，主要是指物理对象和数字对象之间的动态互动，当然也隐含了物理对象之间的互动以及数字对象之间的互动。前两者通过物联网实现，而后者则是通过数字线程实现。能够实现多视图模型数据融合的机制或引擎是数字线程技术的核心。

4. 仿真

"先知"是指对物理世界的动态预测。这需要数字对象不仅表达物理世界的几何形状，更需要数字模型中融入物理规律和机理，这是仿真世界的特长。仿真技术不仅建立物理对象的数字化模型，还要根据当前状态，通过物理学规律和机理来计算、分析和预测物理对象的未来状态。物理对象的当前状态则通过物联网和数字线程获得。这种仿真不是对一个阶段或一种现象的仿真，应是全周期和全领域的动态仿真，譬如产品仿真、虚拟试验、制造仿真、生产仿真、工厂仿真、物流仿真、运维仿真、组织仿真、流程仿真、城市仿真、交通仿真、人群仿真、战场仿真等。

5. 虚拟现实

人类通过屏幕与数字世界交互不仅不直观、不真实，而且交互的深度受到巨大限制。虚拟现实（VR）、增强现实（AR）及混合现实（MR）等三种技术提供的深度沉浸技术让人类与数字世界的交互方式与物理世界类似，使数字世界在感官和操作体验上更加接近物理世界，让"孪生"一词变得更为精妙。但在数字世界中，人类又具有超人般的特异功能，可以无限驾驭数字世界，如穿墙而过、隔空取物、时空穿越、变换大小等，将数字孪生体的应用推向极致。

6. MBSE

系统工程的建模和仿真方法及流程可以作为顶层框架分别指导系统级数字孪生体和体系级数字孪生体（如共智孪生体）的构建和运行。MBSE（基于模型的系统工程）是创建数字孪生体的框架，数字孪生体可以通过数字线程集成到 MBSE 工具套件中，进而成为 MBSE 框架下的核心元素。从系统生存周期的角度，MBSE 可以作为数字线程的起点，使用从物联网收集的数据，运行系统仿真来探索故障模式，从而随着时间的推移逐步改进系统设计。

7. 大数据

如果说"先知"是依据物理对象的确定性规律和完整机理来预测数字孪生体的未来，那么"先觉"就是依据不确定和不完整的信息来预感未来，这是大数据的强项。如果要求数字孪生体越来越智能和智慧，就不应局限于人类对物理世界的确定性知识，其实人类本身就不是完全依赖确定性知识而领悟世界的。

8. 云计算

"共智"的目标是实现世界上所有数字孪生体智慧的交换和共享，其隐含的前提是单个数字孪生体内部各构件的智慧首先是共享的。云计算、雾计算和边缘计算则为数字孪生体内部和之间进行智慧共享提供了可能。当然，所谓"单个"数字孪生体是人为定义的范围，多个数字孪生单体可以通过共智形成更大的数字孪生体，这个数量可以是无限的。

9. 区块链

数字孪生体是典型的数字资产。在众多数字孪生体"共智"的过程中，必然存在数字资产的交易。区块链提供的去中心化的交易机制能很好地支持分布、实时和精细化的数字资产交易，可以成为数字孪生体的最佳资产交易媒介。同时它也能引入信任度，持续保持透明度，很好地支持数字资产交易生态系统的参与主体，包括数字资产采集、存储、交易、分发和服务各个流程的参与者。

以上技术为数字孪生体的通用核心技术，数字孪生体在工业、产业、民生和军事等领域的应用中应有更多具体技术。这在研究报告的具体场景中展开介绍。

五、数字孪生体典型应用

数字孪生体的应用广泛，本研究报告分别在工业、产业、民生和军事等四个领域选择了最关键的领域做实例化论述：数字孪生制造、数字孪生产业、数字孪生城市和数字孪生战场。

1. 参考架构的实例化

针对不同领域，对通用参考架构做了实例化，主要的变化在于：

- 对现实物理域的物理对象做了实例化展开。
- 对数字孪生体中的数字组件做了实例化展开。
- 对测量和控制实体的元素做了实例化展开。

2. 成熟度模型的实例化

针对不同领域，对通用成熟度模型做了实例化，分别给出了数化、互动、先知、先觉和共智在各领域的实例化特征。

3. 特定领域的核心技术

针对不同领域，讨论了其特定核心技术：

- 数字孪生制造：CAD、CAE、工艺仿真、工厂仿真、工业控制、CAM、MES、PLM、ERP。
- 数字孪生产业：创成式设计、增材制造、增材制造执行系统（AMES）、物流仿真。
- 数字孪生城市：测绘技术、BIM、3D-GIS、CIM、城市仿真、人脸识别。
- 数字孪生战场：毁伤与损伤评估、体系仿真、军用数据链、战场感知。

4. 特定领域的实例化场景

针对不同领域，讨论了其特定场景：

- 数字孪生制造：研发设计、生产制造。
- 数字孪生产业：市场营销和电子商务、供应链和物流、产品使用和维护。
- 数字孪生城市：市政、交通、环保、安防、医疗、服务、社区、景区等。
- 数字孪生战场：单兵（装备）作战、多兵种战役、战略决策。

5. 特定领域的应用案例

针对不同领域，讨论了其典型案例：

- 数字孪生制造：物料堆放场设计、机床、水泵运行、二氧化碳循环。
- 数字孪生产业：GE 航空发动机。
- 数字孪生城市：虚拟新加坡。
- 数字孪生战场：单兵与作战小队作战训练、航母战斗群体系对抗。

六、结论

本研究报告在吸收了全球在数字孪生体领域最新研究成果的基础上，做了一定创新和发展。我们在数字孪生体参考模型以及标准建设等方面，紧跟国际权威机构的研究成果。在大框架上不特立独行，但在国际空白领域、尚无定论环节和具体应用方案上大胆创新和创造。

首先，不局限于当前研究较多的工业（或制造业）和城市领域，在产业和军事领域，数字孪生体也将大有所为。所以，作为数字孪生体的通用研究报告，对实例化应用的抽象和总结是首要任务，其次还要回归到更大范围的实践中。

其次，以往的数字孪生体研究过于偏重于数字化，更像是数字化技术的微小升级。其实仅就数字化而言，在 PLM、虚拟城市、战场仿真、工业大数据等方面都已经有很成熟的研究成果，应用也较为成功。所以，我们将数字孪生体的研究视角提升到"互动"和"共智"层面，强调虚实动态实时互动，以及相关数字孪生体的共同进化。这才是数字孪生体区别于过往研究的重点所在，也是该体系价值最大的领域。

再次，我们提出"数字孪生体是仿真应用新巅峰"这一论断："数化"的核心技术——建模总是与仿真联系在一起，或是仿真的一部分；"互动"是半实物仿真中司空见惯的场景；"先知"的核心技术本身就是仿真；有很多学者将"先觉"中的核心技术——工业大数据视为一种新的仿真范式；"共智"需要通过不同孪生体之间的多学科耦合仿真才能让思想碰撞，才能产生智慧的火花。

最后，关于数字孪生体的成熟度模型，也是基于以上的考虑，从更为抽象的层次和更具价值的领域出发，提出一个放之四海皆准且有益于数字孪生体这门学科进化发展的模型。

中国仿真标准编制指南 V1.0（节选）

在撰写本书的同期，本人参与了中国数字仿真联盟的一个项目——中国仿真标准规范指南编制，并为该项目的成果《中国仿真标准编制指南 V1.0》撰写了编者按。本指南目前是 1.0 版，完成了静强度、模态、气动、散热、天线电磁等仿真类型的标准编写指南，并包含一篇范例——《汽车碰撞仿真标准范例》。作为数字仿真联盟的长期工作，本项目会陆续推出更多仿真类型的标准编写指南。笔者将在合适的时间以合适的方式与读者交流。

为了方便读者了解，本书节选了该指南的部分内容：编者按和空气动力学仿真标准编写指南。如需本指南的全文，请读者联系本书作者。

B.1　编者按

"要么仿真，要么被打败！"这是仿真界的旧口号。那时候，仿真价值还很少人知道。

"是否仿真已不是问题，怎么仿真才是！"这是仿真界的新口号。仿真具有价值已经成为企业共识，但我们必须承认，中国企业的仿真效益远未达到引入时的初衷。中国企业仿真缺钙，主要是缺乏仿真标准、规范、人才这样的软实力，而不是软件和硬件这样的硬能力。软实力中尤其以仿真标准为甚，这一点，中国多数企业还没有认识到，总是误认为"建立仿真能力就是买软件，标准是附属品而已"。

　　我想，作为中国数字仿真联盟的一项重要工程，本项目的首要任务应该是纠正人们这一错误观念，然后才是如何建立仿真标准。本项目的成果侧重在后者，但前者却更重要，是后者发挥作用的前提。所以，我借本文来完成这一任务。

　　在企业调研时，多家企业讲了同一个现象。我们把这个现象称为"大拿迷局"：

　　1）对同一个问题，使用同一款仿真软件，两个"大拿"做出来的结果不同！

　　2）同一个"大拿"，用不同的软件，做出来的结果不同！

　　3）用试验进行验证，发现两个仿真结果与试验都不同！

　　面对这些"怪现象"，如果没有合理的解释，那么企业最终得到的结论肯定就是"仿真无法作为设计依据"，这基本上是对仿真判了死刑。这些怪现象的产生有体系性原因，其中最重要的原因就是企业缺乏仿真标准。如果没有一份文件告诉我们仿真该怎么做，怎么做才是对的，我们何以指望仿真具有稳定结论？

　　仿真是对真实世界的近似，有偏差是常态，无偏差是巧合。偏差并不是问题，弄清楚偏差多少才是关键。只要这种偏差是可度量的、稳定的和可预测的，偏差就不是误差，因为它并不会带来困惑，不会引起决策困难。仿真标准的目的、意义和价值正在于此！

　　仿真标准的根本目的是"保障计算结果的一致性"。只要遵守同一个标准，对同一个问题，针对不同的人、不同的软件，仿真结论都是一致的。标准所约定的未必是最优的，但其计算结果是可重现的，可被重现和追溯的结果才是可靠的。我们没有必要追求仿真结果与试验结果完全相同，但只要仿真标准让我们获得的计算结果是稳定的，与试验的偏差始终如一，那么这种有偏差的结果其实就是"精确解"，因为我们总可以依据这个稳定偏差来修正结果。

　　因此，建立仿真标准是企业做好仿真唯一正确的道路。但仿真标准是严重依赖于企业、专业和产品的，没有一个放之四海皆准的仿真标准。所以，本项目的目标并不是有人误解的那样——我们要做一套仿真标准，而是想提供给企业一套如何做好本企业仿真标准的指南。我们认为，没有一个放之四海皆准的标准，但可以有一套放之四海皆准的仿真标准建设指南，这就是本项目的预期成果。当然即便是指南，也不能一篇指南包打天下。针对不同的仿真专业，仍然有不同的指南，所以，本项目将会是一个长期工程，因为仿真学科之下的专业实在不少。本次项目是第一期工程，完成了静强度、模态、气动、散热、天线电磁等仿真标准的编写指南，并包含一篇范例——《汽车碰撞仿真标准范例》。

希望本项目成果对读者有所帮助，这将是我们继续开展此项目的动力。

田 锋

安世亚太科技股份公司高级副总裁

北京市综合仿真实验室主任

2019 年 12 月 22 日

B.2 空气动力学仿真标准编写指南

1. 目标

原则： 对编写或制定标准/规范的目标进行描述。

参考范例： 在利用 CFD 软件对飞行器进行气动仿真时，有多个环节需要使用者根据经验进行设置。这就导致了一个问题，对于经验不同的使用者，同一仿真任务会得到不同的仿真结果，有时候这个仿真结果的差异还比较大。因此，气动仿真结果的可信度和一致性就是仿真人员首先要考虑的重要问题，对经验较少的初级仿真人员来说，这个问题尤其重要。

本指南的目标就是减少气动仿真过程中的不确定性，提升仿真结果的一致性。在指南中，梳理了影响气动仿真的主要内容，指出了针对每一项内容需要考虑的模型设置或参数选取原则，并对仿真结果验证的方法论和验证工具进行了说明。按照本指南进行的气动仿真，会在不同程度上提高结果的一致性。

2. 范围

原则： 对标准/规范的适用范围进行明确。

参考范例： 本规范/标准规定了各类航空航天飞行器的气动仿真技术分析的分析依据、分析流程、分析要求、分析类型、建模原则、结果评估、模型修正、结果输出、数据处理、报告编写等内容。

本规范/标准适用于应用 XXX 仿真分析软件进行气动仿真分析。

3. 规范性引用文件

原则： 将标准中引用的文件进行描述。

参考范例： 下列文件对于本文件的应用是必不可少的。凡是标注日期的引用文件，仅所注日期的版本适用于本文件。凡是不标注日期的引用文件，其最新版本（包括所有的修改单）适用于本文件。

1）GB 3100—1993 国际单位制及应用。

2）GB 3101—1993 有关量、单位和符号的一般原则。

3）GB/T 16638.1—2008 空气动力学 概念、量和符号 第1部分：空气动力学常用术语。

4）GB/T 16638.2—2008 空气动力学 概念、量和符号 第2部分：坐标轴系和飞机运动状态量。

5）GB/T 16638.3—2008 空气动力学 概念、量和符号 第3部分：飞行器几何特性。

6）GB/T 16638.4—2008 空气动力学 概念、量和符号 第4部分：飞机的空气动力、力矩及其系数和导数。

7）《Guide for the Verification and Validation of Computational Fluid Dynamics Simulations》，American Institute of Aeronautics and Astronautics，AIAA G-077—1998，January 14,1998。

8）《Standard for Verification and Validation in Computational Fluid Dynamics and Heat Transfer》，American Society of Mechanical Engineers，ASME V&V 20—2009，November 30，2009。

4. 术语和定义

原则：对仿真规范中使用的主要术语进行描述和定义。

参考范例：规定仿真规范中使用的主要术语，这些术语应该符合当前主流的仿真分析要求，部分术语如下所示。

- 几何模型（Geometry）：使用几何概念描述物理或者数学物体形状，一般包括点、线、面、体等元素构成集合。
- 网格划分（Mesh）：把几何模型分成很多小单元，作为具有几何、物理属性的最小的求解域。
- 坐标系（Coordinate System）：规定仿真中使用何种坐标系。一般情况下，建议使用直角笛卡儿坐标系。同时，根据分析需要，也可以定义其他局部坐标系，包括笛卡儿坐标系、柱坐标系、球坐标系等。
- 转捩（Transition）：从层流到湍流的过渡。

- 相（Phase）：指不同物态或同一物态的不同物理性质或力学状态。
- 升力系数（Lift Coefficient）：物体所受到的升力与气流动压和参考面积的乘积之比。

5. 通用规范

（1）坐标系

原则 / 参考范例： 对建模采用的坐标系进行描述，坐标系由右手定则来确定，宜采用笛卡儿坐标系直角坐标系，必要时可选用柱坐标系或球坐标系。

有限元分析建模时应定义全局坐标系，当模型载荷、约束或结果显示需求与全局坐标系不一致时，可增加局部坐标系。

（2）单位制

规定仿真规范中使用的单位制，单位制应该统一且简洁。一般情况下，工程上建议使用常用单位制，如表 B-1 所示。

表 B-1　SI 国际单位制系统

物理量名称	SI 单位制	
	单位名称	单位符号
长度	米	m
时间	秒	s
速度	米每秒	m/s
密度	千克每立方米	kg/m^3
力	牛	N
压强	帕斯卡	N/m^2
力矩	牛顿·米	$N \cdot m$

（3）计算程序

原则： 对气动仿真计算使用的计算程序及版本号进行说明。

参考范例： 本规范适用以下软件工具进行气动仿真计算分析：Ansys Fluent 2019R2。

（4）仿真目标

原则 / 参考范例： 定义仿真目标，就是要列出仿真最终要达到什么结果，或者要解决哪些问题。气动计算的一般目标包括飞行器的气动力（升力、阻力、侧向力）和力矩（俯仰力矩、滚转力矩、偏航力矩），以及重要部件的压力系数分布（如机翼的压力系数分布）。

　　仿真目标可能有多个，一要细化仿真目标，二要按重要性排序。在后续的模型建立和设置中，要优先考虑重点的仿真目标。

6. 交付物

　　原则 / 参考范例：明确气动分析过程中需要提交的数据和模型，气动仿真分析过程中一般需要提交的文件如下。

- 气动仿真的几何模型文件。
- 气动仿真的网格模型文件。
- 前处理设置文件。
- 求解结果文件。
- 后处理报告文件等。

7. 工作流程

　　原则：对气动仿真计算过程进行规范，一般可采用流程图的方式表示。同时建议对整个分析过程进行管控，一般用表格形式。

　　参考范例：气动仿真分析流程如图 B-1 所示。

8. 几何建模处理

　　（1）建模方式

　　原则：可根据实际需要对合适的建模方式进行描述。

　　参考范例：气动计算的几何建模一般是将 CAD 设计的模型导入气动仿真分析软件进行建模，称之为"几何导入法"。

　　（2）几何模型导入

　　原则：对主要仿真目标影响不大的几何细节可以忽略，几何建模时不用考虑。如原始的 CAD 模型已经有该细节特征，可以清除或简化处理。

　　参考范例：真实的几何模型包含所有特征，在气动计算时，不需要考虑所有几何细节特征，可以根据下述原则进行简化处理，以节省计算工作量……

9. 网格划分处理

　　（1）网格尺寸

　　a）网格疏密程度

　　原则：在流场变化平缓的位置，可以采用较疏的网格。在流场变化剧烈的位置，需要采用较密的网格（如边界层和激波位置）。

参考范例：在气动仿真过程中，空间的离散化通过空间网格来实现，网格疏密分布对计算结果会带来很大的影响。在本分析的网格疏密分布参考以下规定……

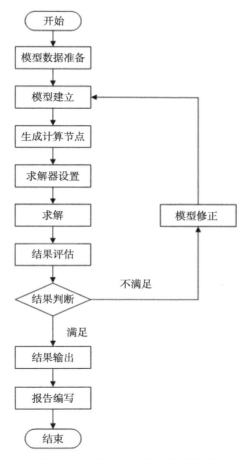

图 B-1   气动仿真分析计算流程图

b）边界层网格

原则：如果硬件资源允许，气动计算的边界层网格建议采用递进的分布方式，边界层取值在 1 附近。

参考范例：在气动计算中，由于边界层的特殊性，即在很薄的空间里垂直于边界层的流体速度变化很大，因此，为了获得较为准确的气动力，需要对边界层进行精确捕捉。本分析的边界增网格的选取参考以下规定……

　　c）激波位置的网格

　　原则：一般情况需要在激波附近加密网格，对于提前无法预判激波位置的仿真，建议采用自适应网格加密来捕捉激波。

　　参考范例：气动计算中常常会出现激波现象，在激波位置处，很薄的空间里速度、压力等变量变化剧烈，为了捕捉激波，并仿真出激波的形状和位置，激波附近的网格请参考以下规定……

　　d）网格无关性验证

　　原则：网格无关性验证的基本原则是逐渐加密网格，直至继续加密后计算结果不再变化。在实际操作时，需要设置合理的网格加密方案，节省无关性验证的计算成本。较为通用的做法是 ASME 中推荐的 Richardson 外推法，推断"网格无限加密、网格间距趋于零时"理论上的仿真"精确解"。

　　参考范例：对于气动计算，为了保证计算结果的一致性，还必须进行网格无关性验证。网格无关性验证是为了评估或排除仿真中的网格离散误差。在本分析中，要对网格进行无关性验证请遵从以下步骤……

　　（2）网格质量检查

　　原则/参考范例：网格生成后，应对网格质量进行检查。网格质量直接影响仿真精度，甚至导致发散，直接决定计算能否取得成功。网格质量检查需要包括并不限于以下指标：偏斜度、增长率、长宽比等。具体来讲，本分析中网格质量检查应遵守以下方法……

10. 边界工况

　　原则/参考范例：对气动仿真，边界一般考虑以下要求。

- 来流压力、温度、马赫数。
- 出口环境压力。
- 壁面的粗糙度。

11. 前处理模型检查

　　原则/参考范例：气动模型在提交求解前应进行充分的质量检查，确保模型网格质量、输入参数的正确性、边界条件的合理性等。

　　模型质量检查主要包括：

- 单位制检查，检查模型单位制是否统一，不应存在单位冲突情况。
- 物理模型的检查，如物性、湍流模型、可压缩设置等情况。

- 边界条件的检查，如入口出口的压力、温度、速度、湍流量等。
- 求解设置的检查，如初场、求解器选择、时间步长等。

12. 提交求解

原则／参考范例：

（1）求解器

标准中应该规定每种求解器的主要参数选取范围。在气动计算中优先建议选取密度基求解器。

（2）求解收敛参数

对于气动问题的求解，可以选择密度基求解器和压力基求解器。在有些情况下气动计算会发散。通过调节求解控制参数，可以促进求解过程的收敛。

要获得好的收敛曲线，可以选择小的 CFL 数或松弛因子或时间步长。标准中可以根据实际情况规范具体的选择范围。

（3）初场定义

初场对气动问题的收敛影响较大，有些初场甚至会导致计算发散，对初场的适当定义应该在气动计算标准中进行规范。

建议尽可能给一个接近终场的初场。在有些情况下，可以用低精度格式或欧拉方程先计算一个初场。标准中应给出本分析的初场的参考特征。

（4）求解过程监测

对于气动计算，在求解过程中应该监测升力系数、阻力系数等关键参数。

选取的监测参数和仿真目标要有关联性。重点监测这些相关参数的变化规律。标准中应给出本分析的常见规律。

（5）收敛的判断

可以根据残差的量级和关键气动参数的波动范围来判断收敛。

一般情况下，如果关键气动参数变化小于一定范围，同时残差达到一定等级，即可认为收敛。

仿真中要求得到收敛的结果，需要对迭代收敛误差进行评估和量化。标准中应给出本分析评估与量化方法与原则。

13. 结果后处理

原则／参考范例： 结果后处理一般要求查看如下内容，如速度云图、压力系数云图、速度矢量云图、流线、阻力系数、升力系数、激波位置等。标准中应给出本分析必须输出的关键数据。

14. 结果评估

原则 / 参考范例：标准中应给出以下结果的常见特征和参考范围。

- 查看飞行器表面的压力分布。
- 查看空间截面的速度或马赫数、压力、密度分布。
- 查看激波位置是否合理。
- 升力系数、阻力系数是否合理。

15. 模型修正

原则：可以通过修正算法计算实验与仿真值偏差最小时的仿真模型输入量，最终给出满足精度要求的仿真模型输入参数取值。

仿真模型中的一些经验参数或可变参数的设置具有很大的经验性。通过模型修正，可以找到最符合工程实际的模型参数，提高仿真结果与实验数据的一致性。

对少量的参数修正可以基于工程经验人工试算调整；对修正参数较多的情况，可以先采用灵敏度分析方法找到关键参数，进行模型降维，再采用专业的 CFD 模型修正工具进行参数的自动修正。

参考范例：基于实验标模测试的数据，对仿真模型进行修正；对 CFD 软件中的概念模型进行反设计，对模型中的参数进行校准优化。本分析模型修正应遵从以下原则与规定……

16. 计算报告

计算报告内容应当包括：

（1）报告一般要求

根据分析对象及分析内容，制定分析报告的名称、编号、分析标准、报告编写人员信息。

（2）仿真分析模型

对仿真分析模型对应的算例信息进行说明，记录算例数据的版本，如几何外形、来流条件、实验条件等。

（3）仿真分析软件

记录仿真软件的官方名称、版本信息、软件类型。

（4）仿真任务概述

对分析任务进行背景介绍，并说明本报告分析的内容及拟关注的分析结果。

（5）仿真分析过程

对案例数模信息、模型简化、模型状态、边界条件、求解方式逐个进行必要的说明。

（6）结果分析与结论

分析结果应至少输出气动分析的关键目标，如来流速度、参考面积等。根据仿真后处理结果，总结分析结论。对分析对象的空气动力学性能给出客观、综合评定。

（7）分析报告

仿真分析报告模板详见表 B-2。

表 B-2　空气动力学仿真分析报告模板

报告名称	
报告编号	
仿真分析对象	
仿真分析时间	
报告编制人员	
报告审核人员	
报告校核人员	
报告批准人员	
仿真分析软件	软件名称： 软件类型： 版本日期：
仿真模型文件	
仿真分析标准	
仿真分析内容	

仿真模型：
1. 飞行器信息
2. 模型介绍
3. 仿真工况

仿真分析结果：
1. 气动力参数
2. 仿真分析结果
3. 仿真分析结论

某企业仿真体系建设过程

下文展示了某发动机研制企业的仿真体系建设任务书，描述了完整的仿真体系建设过程。

一、成熟度评估与战略选择

	工作项	工作内容
1	成熟度评估报告	对企业仿真体系的成熟度进行评估，获得企业的当前状态，成为仿真体系建设项目的起点
	1） 调研问卷设计	根据企业初步信息，设计定制化的与成熟度相关的调研问卷，既要避免过量问题，又要保证信息量足够
	2） 成熟度培训与研讨	为了取得调研的成功，对调研对象及其周围的同事进行成熟度的培训和研讨是必要的
	3） 实施调研	选择企业领导和员工（高：中：基 =1:2:7，主要是中层和基层），进行调研和记录客观信息
	4） 调研报告整理	对调研报告进行整理，归类同类观点，进行分析，形成调研结论
	5） 成熟度对标分析	对调研的结论及数据与成熟度标准的指标数据进行对比，获得企业成熟度的雷达图以及总体级别评价
	6） 成熟度报告撰写	根据调研报告以及对标结论，撰写企业的成熟度报告
2	仿真战略报告	根据企业的总体战略和产品战略，为企业定制与之相适应的仿真战略
	1） 调研问卷设计	根据企业的初步信息，设计定制化的与企业战略和产品战略相关的调研问卷，既要避免过量问题，又要保证信息量足够
	2） 仿真价值观和成本观研讨	仿真价值观和成本观在不同企业的理解有差异，为了达到一致性，对仿真的价值观和成本观进行研讨是必要的

（续）

	工作项	工作内容
3）	企业与产品战略研讨	企业内部对于企业战略和产品战略的认识可能不一致，有些企业也许没有总结，此次研讨帮助达到这一目的
4）	实施调研	选择企业领导和员工（高：中：基 =5:3:2，主要是高层和中层），进行调研和记录客观信息
5）	调研报告撰写	对调研报告进行整理，归类同类观点，进行分析，形成调研结论
6）	战略模式对标	对调研的结论及数据与世界标准战略模型进行对比，获得企业战略和产品战略模型
7）	企业仿真战略确定	根据企业战略和产品战略，设计与之相适应的仿真战略
8）	仿真战略报告撰写	根据调研报告、战略对标结论以及企业仿真战略的选择，撰写企业的仿真战略报告

二、仿真流程、标准与规范建设

	工作项	工作内容
1	仿真驱动设计流程改进	通过梳理企业设计流程，并选取行业内标杆企业进行对标分析，从而完成基于仿真的设计流程优化与流程再造
1）	设计流程梳理	进行研发任务结构分析及搭建、任务间逻辑关系的梳理以及工作任务内容信息梳理
2）	仿真问题梳理	进行仿真应用现状调查及梳理，分析汇总各设计阶段、各个部件（零件）、系统或专业仿真问题
3）	企业产品试验现状梳理	进行产品试验现状调查及梳理，以设计阶段为单位，汇总各阶段整机、各个部件（零件）、系统或专业试验情况
4）	对标分析	建立对标指标体系，分析现状，选取标杆单位，制定对标方案，进行对标实践及对标评估
5）	基于仿真的流程优化与再造	选择需要优化流程的设计阶段及关键流程，确定需要优化的流程清单，明晰改进方向，突出仿真在产品设计中的作用，进行基于仿真的设计流程的设计，绘制流程图
2	多学科仿真流程梳理与设计	以基于仿真的设计流程为基础，识别并梳理出各设计阶段的多学科仿真流程
1）	综合设计流程分析	以设计阶段为单位，深入分析基于仿真的设计流程
2）	多学科仿真流程识别与初步设计	从综合设计流程中把各个设计阶段的多学科仿真流程识别并抽取出来，进行多学科仿真流程的初步设计
3）	分析、研究仿真流程图中的仿真活动	分析、研究仿真流程图中的仿真活动，须确定的内容应包括：仿真问题、仿真过程或步骤、采用的技术及工具、仿真模型、工况及边界条件、仿真结果等
4）	对部分仿真活动进行试验验证	通过试验对部分仿真活动的结果进行校验与确认
5）	完善仿真流程设计	根据分析及校验的结果，对仿真流程进行修改完善，绘制仿真流程图

（续）

	工作项		工作内容
3	仿真规范的撰写		根据仿真流程，对流程中的各个仿真任务进行描述，形成仿真规范手册
	1）	仿真问题研究	研究并描述仿真的问题
	2）	仿真过程或步骤梳理	分析、梳理仿真任务所采用的多学科仿真过程或通过仿真向导或模板表达的步骤
	3）	采用的技术及工具	分析该仿真任务所采用的技术及工具
	4）	仿真人员能力描述	确定可以胜任此项任务的仿真人员的能力
	5）	输入输出描述	确定任务的输出数据及来源、输出数据及去向
	6）	任务约束描述	确定并描述该任务需要遵守的规范和质量要求
	7）	仿真规范的起草	依据仿真规范立项的具体要求，起草仿真规范，形成仿真规范草案
	8）	仿真规范的修改完善与审查	仿真规范草案提出后，须广泛征求相关各方的看法和意见。在充分讨论、研究的基础上，改正其中不恰当的地方，使规范草案进一步完善，修改后的仿真规范草案应报请上级管理部门审批
	9）	仿真规范的试行	仿真规范经过一段时间试行、完善后，即可稳定下来，形成正式的规范文本，按照确定的范围和时间正式执行
	10）	仿真规范的复审、修订	仿真规范应定期进行复审，可根据企业仿真技术、软件、系统等的发展情况全面评价仿真规范的内容，并形成评价报告。以此为依据，对局部内容不适用的仿真规范予以修订，对于内容已不适应当前需要的仿真规范，应制定新规范代替，原仿真予以废止
4	仿真标准的撰写		通过分析、确定仿真标准中的相关内容，如引用的术语、仿真问题、仿真过程、结果的处理与校验等，起草并修改完善仿真标准
	1）	确定仿真标准中引用的术语及其他标准、规范	根据仿真问题，确定标准中出现的术语，明确仿真标准中引用的标准和其他规范
	2）	定义仿真问题	明确仿真的基本内容，分析仿真对象的结构特点与工作原理，建立分析模型。根据工作特性，确定分析工况、载荷、接触条件、位移约束，确定仿真问题的分析流程。确定仿真问题的前提假设，确定该仿真任务的前、后置任务
	3）	仿真过程及处理方法固化	各种计算软件的对比分析及选取，选取单位制与坐标系，确定分析工况与分析类型，确定几何模型简化规则、物理（离散）建模原则、载荷和等效原则、边界条件和等效原则、材料模型的选择与等效、计算控制的设置原则、预计的精度、进行仿真结果的处理与评价，确定仿真结果验证方法，进行仿真结果的校验与确认，修正计算结果、预计的计算时间
	4）	仿真问题的试验标定	通过试验对仿真结果进行验证，多次迭代确定仿真处理方法的合理性和涉及的相关参数
	5）	仿真问题的数字化	根据仿真问题确定仿真问题的数字化方法，将仿真问题封装为模板，撰写仿真模板封装及应用说明
	6）	仿真标准的起草	依据仿真标准立项的具体要求，起草仿真标准，形成仿真标准草案

（续）

	工作项	工作内容
7）	仿真标准的修改完善与审查	仿真标准草案提出后，须广泛征求相关各方的看法和意见。在充分讨论、研究的基础上，改正其中不恰当的地方，使标准草案进一步完善。修改后的仿真标准草案，应报请上级管理部门审批
8）	仿真标准的试行	仿真标准经过一段时间试行、完善后，即可稳定下来，形成正式的标准文本，按照确定的范围和时间正式执行
9）	仿真标准的复审、修订	仿真标准应定期进行复审，可根据企业仿真技术、软件、系统等的发展情况全面评价仿真标准的内容，并形成评价报告，以此为依据，对局部内容不适用的仿真标准予以修订，对于内容已不适应当前需要的仿真标准，应制定新标准代替，原仿真标准予以废止

三、仿真组件规划与实施

	工作项	工作内容
1	仿真模板与组件建设	依托仿真平台，进行仿真过程的数字化建设，实现规范化快速仿真
1）	需求	根据企业信息化建设规划，对需要建设的仿真问题进行详细需求调研、分析，形成业务需求报告
2）	仿真问题研究	分析仿真流程图中的仿真活动，须确定的内容应包括仿真问题、仿真过程或步骤、采用的技术及工具、仿真模型、工况及边界条件、仿真结果等
3）	设计	根据业务需求报告，结合仿真平台，进行仿真组件设计
4）	开发	运用仿真平台所提供的工具和系统，进行仿真组件的开发
5）	测试	包括组件测试、系统测试、业务测试
6）	工程验证	对用户进行应用和开发培训，用实际产品进行工程验证

四、仿真装备规划、选型与实施

	工作项	工作内容
1	软件体系规划与选型	根据企业研发技术特点和仿真战略，完成仿真工具软件体系的规划和选型
1）	软件使用及技术现状调研问卷设计	根据企业的初步信息，设计定制化的成熟度相关的调研问卷，既要避免过量问题，又要保证信息量足够
2）	实施调研访谈	选择企业领导和员工（高：中：基=1:2:7，主要是中层和基层），进行调研和记录客观信息
3）	调研成果整理	对调研报告进行整理，按专业学科归类，合并同类需求和观点，分析形成调研结论
4）	面向业务分析并选定工具软件支撑的仿真流程	面向业务，基于设计流程及仿真流程分析与设计成果，选定目标仿真流程，以开展支撑这些流程的仿真工具软件规划和选型

（续）

	工作项	工作内容
5)	仿真流程中各专业国内外同行业最佳实践对标分析	针对仿真流程的专业方向，从使用的软件技术和效率方面，对标同类国内外专业软件技术最佳实践
6)	企业仿真软件的需求分析和选型规划	根据企业仿真战略、成熟度进化预期及仿真规范，分析企业对各类仿真软件的需求，综合形成软件选型规划
7)	仿真软件建设规划方案编制	根据仿真软件的选型规划，制定软件的采购、研发和定制化方案
8)	回访确认仿真工具软件规划与选型报告	基于各专业仿真流程软件的技术成熟度评估、软件选型模型、选型分析结论等结果，对专业人员进行回访，确认与需求实际符合
2	仿真计算设备选型规划	根据仿真分析规模规划仿真工作站选型
1)	仿真计算规模和性能要求评估	调研仿真人员规模、学科类型、仿真软件种类，以及仿真计算应用基本需求和性能要求等
2)	选型方案规划	根据调研情况给出硬件型号、备选厂商、系统配置、系统和软件标准环境以及工作站生产环境部署方案
3	HPC调度系统建设	高性能计算任务调度系统规划和建设，实现大规模复杂仿真问题的快速计算和高性能计算资源的统一调度管理
1)	计算规模和建设要求调研	调研需要高性能计算的学科类型、采用的仿真软件、网格规模、求解规模、通常的求解时间、计算数据文件大小。调研高性能计算任务调度系统的功能需求
2)	系统建设方案规划	根据计算规模和建设要求设计高性能计算硬件选型方案、网络拓扑结构、任务调度策略、数据存储和传输方式、求解器集成方式、用户和权限管理功能以及门户系统功能
3)	测试系统搭建	搭建测试系统，测试任务提交、求解计算、任务调度和异常处理功能、负载平衡性、数据存储与传输功能、用户与权限以及网络环境兼容性等
4)	系统试运行和完善	系统上线开展工程测试，完善系统功能
4	仿真桌面云系统建设	仿真桌面云系统规划和建设，实现仿真工作站的统一集中管理和高度共享，节约硬件投入成本
1)	计算规模和建设要求调研	调研仿真工作站的分布、使用和管理现状、工作站上运行的仿真软件、仿真模型网格规模、仿真数据保持方式。调研工作站管理模式需求、工作站上仿真数据的管理需求及系统性能要求等
2)	系统建设方案规划	规划桌面云功能方案，根据仿真人员规模、仿真软件类型和性能要求，规划网络拓扑结构、任务调度策略、数据存储和传输方式、求解器集成方式、用户和权限管理以及门户系统功能
3)	测试系统搭建	搭建测试系统，测试图形传输效果、仿真软件操作效果、仿真数据管理情况、用户并发效果、用户与权限管理功能以及网络环境兼容性等
4)	系统试运行和完善	系统上线开展工程测试，完善系统功能

（续）

	工作项		工作内容
5	许可证管理系统建设		规划和建设许可证管理系统，实现仿真软件许可证服务的统一管理和监控
	1）	仿真软件许可证管理现状调研	调研仿真软件许可证服务的类型、部署方式、网络情况和管理需求等
	2）	系统建设方案规划	规划仿真软件许可证统一管理方案
	3）	系统开发	许可证申请分配策略、统计功能的定制开发
	4）	系统实施和完善	系统上线开展工程测试，完善系统功能
6	数据云存储与云安全		规划和建设仿真数据云存储与云安全相关系统
	1）	仿真数据管理现状调研	仿真数据存储、应用、共享现状调研
	2）	相关 IT 基础环境调研	网络拓扑结构、网络设备、存储设备、防火墙、杀毒软件、安全软件、灾备等基础 IT 环境情况调研
	3）	仿真数据存储和安全需求调研	调研仿真数据存储、管理、传输和应用以及数据安全的需求
	4）	系统建设方案规划	规划云存储技术方案，确定云存储应用系统功能、云存储的协议、容量、性能、可扩展性、兼容性和成本等；规划云数据加密、数据备份与恢复技术方案
	5）	产品选型	确定云存储系统、数据加密系统、数据备份与恢复系统的产品方案
	6）	测试系统搭建	改造网络环境，搭建测试系统，进行基本功能、性能、兼容性测试
	7）	系统定制化开发	根据测试系统测试效果和客户需求对系统进行定制开发
	8）	正式系统实施与完善	正式系统上线实施，维护系统运行，完善系统功能

五、仿真组织规划与实施

	工作项		工作内容
1	仿真组织规划与实施		设计适合于企业现状的仿真组织，包括文化、架构、职责、流程和规划等
	1）	专项调研	根据企业的初步信息，设计定制化的组织规划相关的调研问卷，同时完成专项调研
	2）	愿景、使命、价值观设计	根据调研的结果，设计仿真组织的愿景、使命和价值观并获得确认
	3）	组织架构图	设计与愿景、使命、价值观相匹配的仿真组织架构，包括企业其他组织与仿真组织的关系以及仿真组织内部结构
	4）	组织价值及职责	设计仿真组织对企业和产品的价值，形成组织职责、岗位设计以及各岗位的职责说明书
	5）	组织内部流程	设计组织内部的工作流程，包括 WBS、SIPOC 模型的实例化等
	6）	跨部门流程设计	设计仿真组织与企业其他组织（如设计、工艺、试验、制造等）的工作流图，SIPOC 的实例化

（续）

工作项		工作内容
7）	近远期规划	根据企业产品研发计划，设计仿真组织近期工作计划。根据企业战略和产品战略以及仿真战略，设计组织的远期发展规划
8）	组织进化路径分析	根据企业产品研发计划，设计仿真组织近期工作计划。根据企业战略和产品战略以及仿真战略，设计组织的进化路线
2	仿真任职资格体系建立	设计仿真组织的任职资格体系，包括序列、等级、标准以及运行规范
1）	现状调查	根据企业的初步信息，设计定制化的任职资格情况的调研问卷，同时完成专项调研
2）	序列设计	根据仿真的岗位需求，确定仿真组织的序列名称、内容、特征等
3）	等级设计	根据企业产品特点和仿真需求，设计每个序列中的等级数量、特征等
4）	标准设计	设计每个等级的工作技能要求和细化指标，作为资格认证的标准
5）	运行规范设计	任职资格体系运行的规范设计，包括申报、评审、审批、发布等规范
6）	沟通与反馈	将体系在各岗位和序列的员工代表会议上沟通审议，确定最终版本
7）	资格申报	开始进行资格申报工作，收集申报信息，对不合格的材料进行沟通，补充填写
8）	评审与审批	对各级别的申报按照规范进行审批，对于高级别的申请，需要进行评审
3	人才梯队规划与培养	根据人员的状况，规划人才梯队，设计人员培养及发展规划，并进行人员的培养实施
1）	能力专项调查	根据企业的初步信息，设计定制化的人员梯队能力状况的调研问卷，同时完成专项调研
2）	员工能力报告	对每个员工的能力给出能力报告，此报告以任职资格标准的模式进行描述与评价
3）	仿真人员规划	根据仿真战略、成熟度进化预期及仿真规范进行近中远期人员规划
4）	招聘与定岗	根据人员能力状况进行定岗，如果能力差距较大，进行招聘工作
5）	能力补差方案	对每个人提出能力补差的方案，包括理论、软件、实践、培训等
6）	自学材料设计	针对当前能力状况，定制每个人员的自学材料
7）	培训材料设计	针对当前能力状况，定制每个人员的培训材料
8）	实践课题设计	针对当前能力状况，定制每个人员的实践课题及计划
9）	人员培训培养	针对人员的能力状况，设计培训计划并实施培训
10）	进步考核方案	针对人员学习、训练、实践的计划，设计考核方案

（续）

	工作项		工作内容
4	仿真组织激励制度建设		根据企业整体薪资结构，设计仿真组织体系的激励与考核制度，并在一定时间内实行
	1）	专项调研	根据企业的初步信息，设计定制化的组织激励制度相关的调研问卷，同时完成专项调研
	2）	岗位职责与价值分析	对组织设计中的岗位职责和岗位机制进行量化分析
	3）	关键量化指标提取	对仿真体系的关键量化指标进行提取，形成指标库
	4）	KPI 体系及权重设计	针对每个岗位和级别，设计 KPI 体系，并给每个 KPI 赋予权重
	5）	KPI 数据的获取路径设计	针对每个 KPI，设计日常数据收集和跟踪的路线
	6）	报酬类型设计	根据岗位的特点和对人员需求情况，设计岗位的报酬类型
	7）	任职资格对应的薪资设计	根据任职资格体系，对每个序列和每个级别进行薪资上下限的设计
	8）	公平公正准确性分析	根据岗位价值、企业薪资结构以及社会薪资结构，对仿真体系的薪资进行公平公正性分析
	9）	激励方案的确定	根据 KPI、报酬类型、任职资格等确定仿真体系每个岗位和级别的激励及考核方案
	10）	运行规范设计	薪资体系运行的规范设计，实现在一定时间内相关员工实行新的薪资体系

六、综合仿真平台建设

	工作项		工作内容
1	综合仿真平台的软件开发		
	1）	综合设计流程管理系统	将综合设计流程的设计任务结构树按型号、阶段、专业等层级进行组织管理，将大的任务分解为不同的子任务，并建立多个子任务之间的数据关系
	2）	仿真任务管理环境	管理综合设计流程中仿真任务的 SIPOC 要素，并对任务的执行进行追踪。执行过程中可以总览所有仿真列表，并可详细查看每个仿真任务的信息、数据及执行状态
	3）	多学科集成系统	为复杂产品的设计提供完整的系统集成和优化解决方案，集软件封装集成、多学科设计、并行计算等功能与实施操作于一身，支持研发团队的多学科协同设计与优化集成
	4）	组件与向导环境	提取设计过程中重复进行的设计、建模、分析操作过程，封装后可形成可重复使用的组件，通过在设计过程中使用组件可以实现自顶向下的快速建模、设计方案的快速更改，以及调用专业软件完成计算分析

（续）

	工作项	工作内容
5）	数据管理系统	提供研发过程数据管理功能：支持设计、仿真过程数据管理，提供数据定义、元数据管理、网络文件管理、数据应用集成等功能，在应用功能基础之上，通过对研发过程数据进行参数抽取和轻量化，并进行谱系化，建立过程化结构，形成可以直接进行即时监控和快速浏览的研发数据视图，以便研发管理人员和设计师进行监控和决策
6）	仿真资源调度系统	支撑仿真高性能计算需求，具备远程图形终端、资源状态查看、作业提交、作业管理、记录查看、软件 License 策略管理等功能
2	仿真向导定制	
1）	固定机件：机座、机体、主轴承、汽缸盖、汽缸套等设计向导定制	典型固定机件设计过程的标准化、规范化；记录设计过程关键数据；封装设计过程工具、算法、公式等信息，支撑设计过程
2）	运动机件：曲轴、连杆、活塞、活塞销、连杆螺栓等设计向导定制	典型运动机件设计过程的标准化、规范化；记录设计过程关键数据；封装设计过程工具、算法、公式等信息，支撑设计过程
3）	配气机构：凸轮轴、顶杆、摇臂、气阀机构（进气阀、排气阀、气阀弹簧）等设计向导定制	典型配气机构设计过程的标准化、规范化；记录设计过程关键数据；封装设计过程工具、算法、公式等信息，支撑设计过程
4）	燃油系统：喷油泵、高压油管、喷油器等设计向导定制	典型燃油系统零部件机件设计过程的标准化、规范化；记录设计过程关键数据；封装设计过程工具、算法、公式等信息，支撑设计过程
5）	辅助机件：进气管、排气管等设计向导定制	典型辅助机件设计过程的标准化、规范化；记录设计过程关键数据；封装设计过程工具、算法、公式等信息，支撑设计过程
3	多学科仿真流程定制	
1）	供油及燃烧系统仿真流程集成定制	供油系统仿真 [喷油器内流场仿真、喷油嘴流固耦合仿真、电磁阀二（三）维电磁仿真]；缸内 3D-CFD 模拟（定容弹喷雾模拟）、缸内流场计算、缸内喷雾计算、缸内燃烧计算等仿真流程集成定制
2）	进排气系统仿真流程集成定制	进排气系统一维流场仿真、进气道流体动力学计算（稳态计算）、进气道流体动力学计算（瞬态计算）、进气歧管流体动力学计算、排气歧管流固耦合计算仿真流程集成定制
3）	冷却系统仿真流程集成定制	内燃机内部冷却液体流场及外部循环一维流场分析、缸盖水套流体动力学计算等仿真流程集成定制
4）	润滑系统仿真流程集成定制	内燃机缸盖、缸体的润滑油道、内燃机各运动部件（如凸轮配气机构、曲柄连杆机构）等机构润滑分析计算仿真流程集成定制
5）	启动系统仿真流程集成定制	内燃机启动系统仿真流程集成定制

（续）

	工作项		工作内容
	6）	固定件结构仿真流程集成定制（机体、缸盖）	缸盖静强度、模态、热、热固耦合、疲劳等分析；机体静强度、刚度、模态、疲劳分析等的仿真流程集成定制
	7）	运动件结图仿真流程集成定制（连杆、曲轴、凸轮轴、活塞、阀系）	连杆静强度、疲劳分析仿真流程集成定制；曲轴静强度、疲劳、振动分析仿真流程集成定制；凸轮轴静强度、疲劳、刚度分析仿真流程集成定制；活塞静强度、热分析仿真流程集成定制；阀系运动分析仿真流程集成定制
4	综合设计流程定制		
	1）	概念设计阶段一级设计流程定制实施	概念设计阶段一级设计流程定制实施，含二、三级流程之间的逻辑流、数据流程、任务流关系
	2）	概念设计阶段二级设计流程定制实施	零部件结构设计与分析工作流、主要性能参数设计工作流、起动、润滑与冷却系统参数估计工作流
	3）	概念设计阶段三级设计流程定制实施	连杆结构设计与分析工作流、曲轴结构设计与分析工作流、机体结构设计与分析工作流、齿轮结构设计与分析工作流、气阀结构设计与分析工作流、性能参数确定工作流、增压/燃油系统布置设计工作流
	4）	布置设计阶段一级设计流程定制实施	布置设计阶段一级设计流程定制实施，含二、三级流程之间的逻辑流、数据流程、任务流关系
	5）	布置设计阶段二级设计流程定制实施	固件布置设计与分析工作流、运动部件布置设计与分析工作流、传动系统布置设计与分析工作流、增压系统布置设计与分析工作流、燃油系统布置设计与分析工作流、起动/冷却/润滑系统布置设计与分析工作流
	6）	布置设计阶段三级设计流程定制实施	固件布置设计工作流、机体噪声与振动分析工作流、机体强度分析工作流、活塞性能分析工作流、连杆性能分析工作流、曲轴箱内分析工作流、齿轮系统布置与分析工作流、配气机构性能分析工作流、起动系统布置设计工作流、冷却系统布置设计与分析工作流、润滑系统布置设计与分析工作流
	7）	详细设计阶段一级设计流程定制实施	详细设计阶段一级设计流程定制实施，含二、三级流程之间的逻辑流、数据流程、任务流关系
	8）	详细设计阶段二级设计流程定制实施	总体性能分析工作流、固定部件详细设计工作流、运动部件详细设计工作流、传动部分详细设计工作流、燃油系统详细设计工作流、起动/冷却/润滑系统详细设计工作流、安全保护部件设计工作流、监控系统详细设计工作流
	9）	详细设计阶段三级设计流程定制实施	机体设计与分析工作流、进排气设计与分析工作流、活塞部件分析工作流、连杆部件分析工作流、配气机构分析工作流、凸轮设计与分析工作流、冷却系统设计与分析工作流、润滑系统设计与分析工作流、控制策略设计与分析工作流

致　　谢

本书是安世亚太科技股份有限公司的工程师和咨询师们在为中国工业企业提供仿真相关的体系咨询、计算咨询、云服务以及自主软件开发的大量实践中形成的。仿真能力建设方法论、仿真生态发展以及仿真自主研发的材料均来源于这些实践的方案和成果。因此，从某种程度上说，以下人员也是本书的共同创作者：杨振亚、孟志华、俞瑞霞、杨旭、杨晓晨、王斌、邵万鹏、包刚强、王昱皓、谭立方、雷先华、李元林、关文天、王恩青、盖振华、王玉山、黄志新、王德胜、徐劼勇、陈汪、丁杰、段海波等。

同时，感谢公司外的众多领导、专家和朋友们所给予的指导，包括卢山司长、李冠宇副司长、李颖巡视员、商超处长、冯伟处长、胡开博处长、迟晓光秘书长、李博洋所长、张健副所长、胡红梅总经理、王建平总工、安蓉副院长、张兵总师、陈方斌副所长、施荣明副所长、周永总师、李少阳总师、安筱鹏博士、庄苗教授、胡平教授、宁振波老师、赵敏老师、林雪萍老师、胡权院长、郝雨风老师、张群总经理、曲凯峰总经理等。与这些领导、专家和朋友们在各种场合的交流、讨论和学习，让我受益匪浅，也为本书增色不少。还有很多专家和朋友，这里无法一一列举，一并表示感谢。

本书特请宁振波老师写序。宁老师的治学和敬业精神给了笔者很深的触动，他在中国工业界马不停蹄地传播智能制造知识，不辞辛苦，值得我学习。

总之，撰写本书也是一次再次学习和思考的机会，是一段美好的光阴。

田锋

2020 年 2 月

参考文献

[1] 田锋．精益研发 2.0[M]．北京：机械工业出版社，2016.

[2] 田锋．制造业知识工程 [M]．北京：清华大学出版社，2019.

[3] 田锋，段海波，等．数字孪生体技术研究报告 [J]．安世亚太内刊，2019.

[4] 田锋，李焕，等．中国仿真标准编写指南 [J]．中国数字仿真联盟内刊，2020.

[5] 钱学森．论系统工程 [M]．上海：上海交通大学出版社，2006.

[6] 顾基发，等．物理事理人理系统方法论：理论与应用 [M]．上海：上海教育出版社，2006.

[7] INCOSE．系统工程手册 [M]．北京：机械工业出版社，2013.

[8] NASA.NASA 系统工程手册 [M]．北京：电子工业出版社，2012.

[9] 朱一凡，等．导弹武器系统工程 [M]．长沙：国防科技大学出版社，2007.

[10] 赫德·里普森，等．3D 打印：从想象到现实 [M]．北京：中信出版社，2013.

[11] 袁旭梅．系统工程学导论 [M]．北京：机械工业出版社，2006.

[12] Lenny Delligatti. SysML 精粹 [M]．侯伯薇，等译．北京：机械工业出版社，2015.

[13] 麻省理工学院．公理设计：应用与发展 [M]．北京：机械工业出版社，2004.

[14] 张新国．国防装备系统工程中的成熟度理论与应用 [M]．北京：国防工业出版社，2013.

[15] James M Morgan，等．丰田产品开发体系 [M]．北京：中国财政经济出版社，2008.

[16] 朱信旭，等．智能制造蓝皮书 [M]．北京：北京理工大学出版社，2015.

[17]　GE 公司 . 工业互联网 [M]. 北京：机械工业出版社，2015.

[18]　许正 . 工业互联网：互联网＋时代的产业转型 [M]. 北京：机械工业出版社，2015.

[19]　乌尔里希·森德勒 . 工业 4.0[M]. 北京：机械工业出版社，2015.

[20]　韦康博 . 工业 4.0 时代的盈利模式 [M]. 北京：电子工业出版社，2015.

[21]　国防科工局 . 我国智慧军工体系建设构想 [J/OL]. 国防科技工业，2013(7). http://www.sastind.gov.cn/n174/n52519/c54320/attr/63505.pdf.

[22]　单家元 . 半实物仿真 [M]. 北京：国防工业出版社，2013.

[23]　全国压力容器标准化委员会 . 钢制压力容器——分析设计标准 [S].2005.

[24]　尹定邦 . 设计学概论 [M]. 长沙：湖南科学技术出版社，1999.

[25]　张宪荣，等 . 工业设计理念与方法 [M]. 北京：北京理工大学出版社，1996.

[26]　金伟新，肖田元，谢宁，等 . 复杂军事系统仿真方法论 [J]. 计算机仿真，2003.

[27]　李刚 . 组织的进化 [M]. 北京：电子工业出版社，2018.